カバールを
超突破せよ

アセンションミステリー

この世は感知不能の
バーチャルリアリティの牢獄

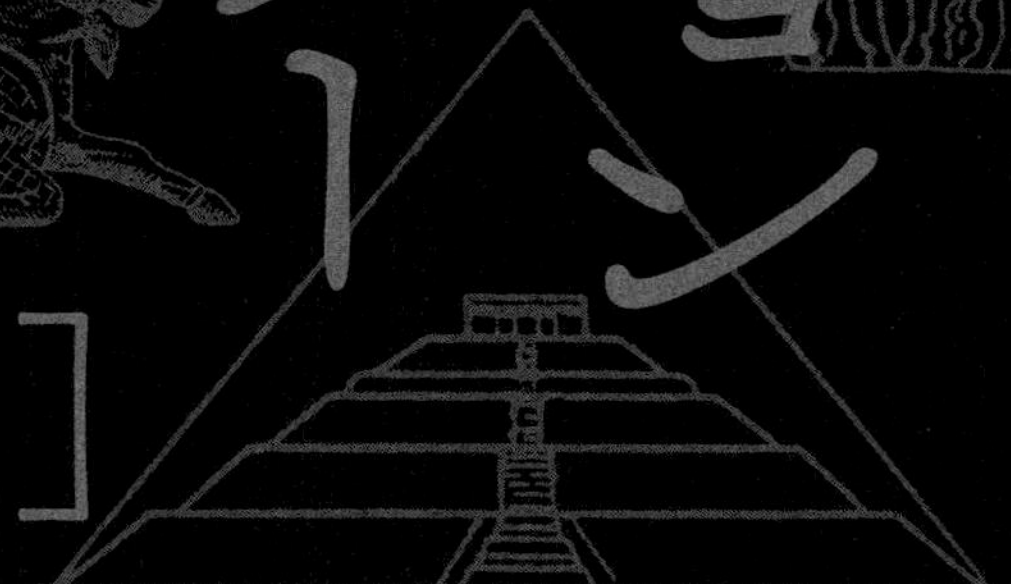

[上]

ディヴィッド・ウイルコック

Rieko [訳]

ヒカルランド

コーリーによると、
地球の軍産複合体は900以上の異なる文明とビジネス関係にあるといいます。
彼らの取引にはお金は必要とされません。
その代わりに、すべては交換で行われます。
たとえば訓練された人員を相談役として交換することもあるといいます。
新たな科学技術も常に取引され、リバースエンジニアリングがなされ、さらに発展していきます。
軍需産業は多岐にわたる製品を製造し、
それらがもし世に出ていたら
地球上での生活様式が一変していたことでしょう。

ＵＦＯやテレポーテーション技術、時間旅行や反重力、
フリーエネルギーや物質化技術や素晴らしいヒーリング技術など、
私たちの生活が「スター・トレック」のようになっていたでしょう。

闇の勢力はこれらの技術を私たちからできるだけ遠ざけて、
私たちを支配下に置いておきたいのです。
この技術が知られたら、
平和と繁栄の時代がやってきてしまうから。
彼らはその代わりに、
これらの技術を使って支配を強めてきました。

架空の「宇宙人の侵略」をでっち上げて、
彼らの新世界秩序の影響力を強めていきたいのです。
そのためにありとあらゆる映画やテレビ番組を通して、
宇宙人が侵略してくると洗脳をしています。
もちろんそのような計画は、
私たちのアセンションを邪魔させまいとする善意の宇宙人によって
阻まれてきました。

最終的には自分は幻想の世界に生きている——
そして教わってきたすべてのことは、
権力者によって意図的に操作されているのだと気づくのだから。

インサイダーたちが私に伝えてくれた中でも最大の秘密は、
地球上で大規模なエネルギー・シフトが起きているということだ。
我々はこの銀河系内で高電荷のエネルギー粒子でできた
高密度な雲の中へと移動しているらしい。
この高エネルギーゾーンは
我々の意識やDNAにも影響を与えている。

宇宙はホログラムのような振る舞いをする――
固体で立体的に見えているが、
実際には何も存在していないと。

これは、量子レベルまで十分にズームインして見ると
究極的には単一の「粒子」があり、
それが全宇宙を――
すべての時空を含む宇宙全体を作っていることにもなる。
この「粒子」は4つの三角ピラミッドの集合体、
もしくは4面体が一つにくっつけられたような形をしている。

原子と分子は粒子からできているのではなく、
神聖幾何学パターンで現れる
エネルギーでできているという証拠を広範にわたって提示した。

幾何学は波動の可視形態であるということだ。

ムーン博士は原子内に粒子は存在しない――
一定の幾何学形を形成するエネルギーの波動のみが
存在すると結論した。
この最も単純な例が酸素である。

酸素粒子には８つの陽子がある。
ムーン博士はこの８つの陽子を、立方体の８つの角と見なす。
つまり酸素原子の原子核が見えたとしたら、
そこには立方体が見えるということだ。
その立方体は固体ではない——ただの波だ。

八面体に始まり、次は二十面体、そして十二面体だ。
この幾何学形状の巣は地球上の最も安定した、
たくさんの元素を次から次へと量産してゆく——
酸素（立方体）、ケイ素（八面体）、鉄（二十面体）、
パラジウム（十二面体）——
そして量子物理学にまつわる目覚ましい数の問題を解決する。

我々の大半はいまもなお、物質は粒子でできていて硬く、
固形で触れることができると信じている。
もし我々が科学モデルを一新させ、
原子は幾何学形のエネルギー・パターンであるととらえたら、
すべての物質は音波のようなもの——
宇宙全体を反響している音で形成されていることになる。
これはまさに、古代からの霊的伝統が伝えていることだ。

もしこの新しいモデルが正しければ
地球上のすべての生命は究極的にはこの宇宙のシードの果実である。

これについての私のお気に入りの証拠は
ノーベル賞受賞生物学者、リュック・モンタニエ博士からのものだ。
彼は密閉容器に入ったどこにでもある普通の水の微粒子を変質させ、
ＤＮＡに変えることに成功した。
他に必要だったものはＤＮＡ入りの水が入ったシールド管、
それがそばにあることと静電気、それだけだ。

ただの水を形成していた水素と酸素が
何らかの形で複雑なアミノ酸に変化し、
それ自体が集まってＤＮＡを構成したのだ。

モンタニエの実験はとても安定しており、
彼はこの実験を何度も繰り返し行った。
ご推察の通り、どの報道発信源もこのニュースをほとんど報じなかった。
２０１４年に彼の研究が国連で公式に提示された後ですら、
取り上げられなかった。

もし実際にこのように動作するなら――
繰り返しておくが、彼はノーベル賞を受賞している――
我々人間のDNAも同じではないだろうか？
人命を作るコードは宇宙そのものに書き込まれているのかもしれない。
彼方にある1000億×10億個の地球のような惑星の大半には
人々が住んでいるかもしれない。

宇宙が一つのシードから我々全員を作っているとしたら、
我々はここで何をしているのだろう？
我々が地球で生きている、その大いなる目的は何だろうか？

チベットのアセンションの教えでは、
「コードを断ち切ること」を重視することが多く、
もともとのトラウマに繋ぎ止めているすべてのパターンから
優しく分離させるということもあります。

その時に初めて、完全なアセンション体験に備えることができる
精神的強さを兼ね備えることができるのです。
地球外生物やＵＦＯ、太陽系中に広がる古代基地、
それにアセンションの真実についての信じられない極秘情報の開示が
次々にやってきました。

カバーデザイン　三瓶可南子
校正　麦秋アートセンター
本文仮名書体　文麗仮名（キャップス）

アセンションミステリー／上　目次

イントロダクション

第1章　我々はそれをカバール（Cabal）と呼ぶ／この世界のすべてを洗脳に染め上げた者たち

第2章 私はマークされているのか!? UFOの夢、空中浮遊の夢、映画「スター・ウォーズ」とのシンクロニシティ

第3章　シリンダー型宇宙船が現れる夢／代替現実への誘いに心躍らす日々

第4章　起こることすべてはカバールの計画の中／逃れられる者など一人としていない！

第5章 来るべきアセンションの予感に触れながら／ネガティブな存在たちの餌・「コア・トラウマ」の日々

第6章　映画「2010年」によく似た出来事が地球に起きると、長老は言った

第7章　カバールの権力維持の秘密／それは究極の拷問による脅し

第8章 ファイブリーフ・レッスン（五枚葉の学び）／すっかり、どこまでも依存症になって……

第9章　カバールが生み出した多次元的虚構の罠／見破り、超える手だてはアセンションのみ

第10章 カバールが望む光景は征服されるがまま／学習性無力感にひたりきった大衆

第11章　人間の能力を再考せよ／9・11や福島の原発事故を予言した

アセンションミステリー／下　目次

第14章 天体の大規模なエネルギーイベントは精神的進化における量子飛躍を後押しする

第15章 ミステリーズ（奥義）の核心へ／「月面にある起源不明の謎めいた幾何学構造」

●『一なるものの法則』で語られるアセンションと私の頭に浮かぶ暗号文
●ジョン閣下と斑岩　カナダでのタイムループ
●スターゲートは本当に再び開く
●常に良くなっていきます

いよいよ核心／佳境へ

イントロダクション

人知を超えた、神のようなパワーを想像してみよう。あっという間に他人の思考を読み取る、言葉ではとても追いつけない瞬時のテレパシー。巨大サイズのものでも空中浮揚させ、思考で命令して動かすテレキネシス。ただ言葉にして言うだけで何でも欲しいものを作り出すことができるマテリアライゼーション（物質化）。素晴らしくクリアな過去や未来に飛んでゆけるタイムトラベル。生と死を隔てる「ヴェール」のために、我々はもっと大いなる存在であることを忘却していたが、そのヴェールはもう取り払われている。一瞬一瞬、あなたは人間という経験をしている魂であることを完全に自覚している。あなたの情報レベルは過去に利用してきたどんな情報源をもはるかに凌《しの》いでいる。

これは夢だろうか？　現実からかけ離れた、ただのばかげた夢、絵空事なのだろうか？　それとも世界中の偉大な宗教の教師たちが言ってきたことは真実だったのだろうか？　あなたは記憶喪失状態であり、自分の真の正体を忘れてしまったまま日々を生きているのだろうか？　あなたの選択、あなたの思考は自分で認識しているよりもはるかに重要なのでは？　毎日を生き延びるための苦労は当たり前になっているようだけれど、このありふれた日常こそが宇宙で繰り広げられている善と悪の戦いの表れなのだろうか？　この隠された戦いは世界中を騒がせている数々のニュースの裏でも猛威を振るっているのだろうか？　アセンション――高次の存在として卒業すること――はあなたが人間としてここにいる究極の目的なのだろうか？　この宇宙にはネガティブな勢力がいて、あなたの恐れや怒り、罪悪感、恥辱《ちじょく》を栄養源として取り込み、人類の進化がクォンタム・リープで起きようとするのを何が何でも止めようとしているのだろうか？　我々は、惑星の支配権をめぐる途轍《とてつ》もない競争を日々目撃しているのでは？　我々の身勝手さ、嫉妬《しっと》、物質主義、貪欲、孤独感はネガティブ勢力にとってのエネルギー供給源で、これがなくなったら彼らは本当に死ぬのだろうか？　あらゆる勢力は何十万年も前からこの戦いを続けているのだろうか？　そして彼らの顕在記憶にそれが残っているのだろうか？

あなたがこれから入ってゆく世界には、こういった疑問への答えがすべて用意されている。我々は一見上は多勢いる極悪勢力によって死と破滅に脅かされている。「エリートたち」は戦争や財政破綻《はたん》、伝染病、大混乱を引き起こして富を蓄えているようだが、それだけではない。自然までもが我々を裏切っているかのようだ。この地球は死に向かっている。

水は消えつつある。動物たちは乱獲され絶滅に追いやられている。年々、気温は上昇している。地震、火山噴火、津波、ハリケーン、巨大暴風雨が我々の生命を、この地球を脅かしている。

人は古代のスピリチュアルな物語をただの「神話」に過ぎないと考えがちだ。我々が住んでいるのは「現実の世界」、はるかに孤独で脅迫に満ちた世界に生きているのだからと。大量破壊は不快ではあるがどうも不可避な事実らしく、考えないで済むように否認したり依存的行動をとったりする。ところが貧弱なパッケージが破れて事実がむき出しになると、我々の中に潜んでいる絶望感がまたさらに刺激され、深い孤独という真っ暗な失望感の奥へと不時着する。我々はそうして神の存在を信じる――最悪の事態になった時に。そして自分の中の地獄で叫ぶ、「なぜだ、なぜなんだ?」と。

あなたの運が良ければ、多くの先見者たちが「不変の叡智《えいち》」と呼ぶものに触れたことがあるかもしれない。臨死体験をして生と死を隔てるヴェールを超越する、もっと偉大な現実を垣間《かいま》見たことがあるかもしれない。あまりにも美しく見事な夢を見て涙ぐみながら目覚め、新しい一日がきっとくるという約束を切望したことがあるかもしれない。究極の恐怖にしろ至上のエクスタシーにしろ、感情がピークを迎える出来事が起き、突破が起きて偉大なるマスターたちが味わった眩《まばゆ》いばかりの静寂へ到達したかもしれない――時間がゆったりと流れ、自分の人生が「全体図」の視点から見えるところだ。あまりにも奇妙で紛れもなく超自然的なことが起きて驚嘆のあまり全身がピリピリとし、振動したことがあるかもしれない。あまり起きることのないそういった貴重な瞬間、あなたは本当に深遠な何かのエッセンスに触れている。恐れも苦しみもない、喪失も孤独もない――愛、喜び、幸せ、そして無限に輝く白い光だけの現実を経験したのだ。

この畏怖を感じさせる開放的な永遠の感覚は、儚《はかな》く感じられる。魔法を一瞬垣間見たはいいけれど、あっという間に日常のありふれた現実がまたあなたの元に立ち戻る。永遠の潜在力というキャンドルの灯火《ともしび》は、現実という冷たく厳しい風に吹き消されてしまう――我々がいま見ているこの現実によって。ありがたいことに、そうである必要はない。現代の最大のミステリーの一つだが、ポジティブなスピリチュアルな存在は確かにいる。もしあなたが一定のガイドラインに従えば、彼らと直接コンタクトをとることもできる。私の元にはほぼ毎日、奇妙で神秘的な現象を体験したという手紙がくる。私はスピリチュアルな存在たちと接触するために懸命な努力を積んできたが、その結果は非常に有意義で奥深い。

本著では私自身の経験――途轍もない苦難をくぐり抜け、どのようにしてアセンションや我々の未来について隠されている事実を、その眩いばかりに輝く事実を発見したかをお伝えする。グノーシス主義の霊的伝統によると情報は生きており、宇宙の本質を伝える情報に触れるとそれが引き金となって我々の内からの変容が起き、最終的にはそれがアセンションを促すという。前著ではその情報を科学的見地から伝えたが、本著では前半でこの非物質的な真実が個人としてのあなたの人生の中でどのように現れるかを明かそう。

歴史のミステリー／その裏に見え隠れする存在たち

科学的には、人は洞窟で見事につまらない生活をしていて、そこから進化したという。遠い祖先は読み書きを知らない狩猟採集民で、厳しい自然に耐えて生きるしかなかったと。やがてその古代の祖先の知性は発達し、車輪を発明し、農作物を植え付け、動物を飼い慣らし、売買制度を作り出し、頑丈な住まいを建て、群集して町や都市ができた。徐々に文明が生まれ、書記言語や数学、陶磁器、冶金《やきん》、天文学、政治、法律、宗教が発達した。

人は神のことも崇拝した。地球上の実質上すべての文化で、かなり進化した高度知的生命体との直接の接触があったことが伝えられている。つまり、文明は無作為に起きたのではない、と我々は教わっている。話し方も、読み方も、書き方も、農作物の育て方も、住まいの建て方も、星の観察も、万国共通の科学の理解も、高度に洗練された存在から教わったのだ。我々に残されている文書記録には、人間の姿をした進化した人々がそれらの知識を解く鍵をもたらしたのだという物語が真面目に、何度も繰り返し記述されている。多くの場合、この進化した人々は千年単位とは言わないまでも何百年ものあいだ我々とともに歩み、神授王権という形で我々の世界を統治していたと推定される。このような「神々」の中には我々にもっと思いやりを持ち、他者を許すことを説《と》き、我々の主流宗教を発生させる手助けをした存在もいる――この主流宗教には、現時点ではほぼ誰も本当のところは理解不可能な深いミステリーが隠されている可能性もある。他に、親切や善良とは程遠い「神々」もいた。互いと戦争をし、狭量《きょうりょう》・狡猾《こうかつ》で欺《あざむ》いては惑わせる。裏切られた臣下たちが怒りのあまりこの「神々」に対して蜂起し、打倒・破壊されたというケースが多い。

これら古代の「神々」が実際は地球外生命体だったという可能性はあるだろうか？　私は20年間、公的にありとあらゆる形式でこの疑問に取り組んできた。私のホームページDivineCosmos.comを含め、著書『ソースフィールドの研究（The Source Field Investigation）』『ザ・シンクロニシティ・キー（The Synchronicity Key）』でも、そしてヒストリー・チャンネルの中でもナンバーワンの番組「古代の宇宙人（Ancient Aliens）」ではエピソード数としては80をゆうに超え、いまこれを書いている時点で第10シーズンが開始している。それでも大勢の人はいまだにガリレオの望遠鏡を覗くのを拒否する僧侶たちのように振る舞っている。現在、多くの人がいま常識として持っている世界観は一つの信念体系に過ぎず、それは宗教と何ら変わりはない。伝道に熱を上げる狂信者のごとく我々は現代の科学モデルを防御し、真実は唯一無二、科学界の司祭がすべての答えを持っていると主張している。

信念体系の「筋書き」は2013年に変わった／地球類似の居住可能惑星の数は1000億×10億個

従来、懐疑論者たちは科学を究極の権威として自分たちの信念体系を守ってきた。いまという時代には彼らも混乱していることだろう。その権威そのものが、常に筋書きを変え続けているからだ。我々が教わり続けてきたことはすべて、2013年10月22日に全米科学アカデミー紀要で発表された論文によってひそかに転換した。主流メディアでは一切公表されなかったものだ。エリック・ペティグラ博士率いる3人の科学者チームがNASAのケプラー望遠鏡を使って、この太陽系の太陽に類似する近隣の4万2000の星を研究した。彼らはそれぞれの星の光度が計測可能範囲で急落する瞬間を探し求めた。その星の前を惑星が横断する際に、この光度の減少が起きる。ペティグラのチームは合計で603の惑星を発見した。そのうち10の惑星は地球サイズで「居住可能ゾーン」内を周回していた――暑すぎず寒すぎず、海の形成が可能な領域――にあった。ペティグラのチームはこれら10の惑星には液体水がありそうである、というデータもすでにとっていた。二つの水素原子と一つの酸素原子を結合させれば水ができる。星が数えきれないほどのトン単位の水素や酸素ガスを排出していることはNASAも証明済みだ。これらのガスが適温の惑星に到達すれば、水となる――そして大気を、雨や海を形成する。

ペティグラの研究では、宇宙に存在する太陽に似たすべての星のうち驚くことに22％は水を持った、地球のような惑星――生命が生まれるのに適切な環境が整っているゾーン――がその周りを回っていると結論した。地球に似た惑星が周回している星のうち最も近接したものはわずか12光年の距離にあり、もし我々の技術が発達して光速移動が可能になれば簡単に人の一生の間に到達することができる。だが、この22という数字を我々の既知の宇宙に持ってくることで本当の魔法が起きる。その結果は決定的に驚くべきもので、ウェブサイトWaitButWhy.comの「The Fermi Paradox」という記事に要約されている。

天の川銀河だけでも1000億～4000億もの星があると推定されている。現時点で、天の川のそれぞれの星に宇宙の銀河全体が存在することがわかっている。銀河とは、星でできた巨大な集団に他ならない。こういった数字がわかってくると、地球上にある砂一粒ごとに、宇宙には1万もの星が存在することも証明できる。この数字だけでもすでに理解不可能だ、我々は何も考えずにこれまで無数の砂を踏んで歩いてきたのだから。NASAのデータが示すようにそのうち5%は太陽類似星だと推定すると、我々のストーリーはいっそう荒唐無稽《こうとうむけい》になる。つまり宇宙には500×100京個、もしくは5000億×10億の太陽類似星があることになる。

このそれぞれの太陽類似星には「居住可能ゾーン」があり、その惑星は液体水の海を育むことができる。宇宙にあるすべての星のうち5%が我々の太陽に類似しているなら、ペティグラのチームによる発見ではその星の5分の1にはそれを周回する地球のような惑星があるはずである。つまりこの宇宙のすべての星の1%は他の惑星にとって故郷となれる、我々の暮らせる場所となるかもしれない。宇宙には地球のような星が1000億×10億あることになる。これは、地球上にある砂一粒に対し宇宙には地球のような星が100あることになる。この数値に基づいて計算すると、この銀河系だけでも地球は約10億個あることになる。水のある惑星のうち何らかの生命形態が生まれるのは1%のみと推定したとしても、地球上の砂一粒あたり一つは何かが住んでいる地球のような惑星が存在することになる。

そのほんの1％の居住者のいる惑星で、生命体が進化して知的文明を持っていると仮定しよう。いまの地球のような状態だ。とするとこの宇宙には1京個、もしくは1000万×10億個の知的文明が存在することになる。この論理を天の川に当てはめると10億個の地球類似星のうち10万の星に知的文明の種子が発達しており、我々を待っていることになる。これはNASAのデータと連携する公的情報源から直接きている数字で、我々が知っていると思っていたすべてのことを根本から捉え直しにさせるものだ。そしてこのような数字をもってすれば、宇宙には私たちしか存在しないなんて考えは実に不合理になる――極度の原理主義者の宗教信念ならあっさりと却下されるが、それに通じるものだ。

「The Fermi Paradox」はさらに、宇宙の年代を考慮するように、と説いている。現在は130億年と推定されている。地球はほんの45・4億年前に形成された。もっと古い太陽類似星の周りに地球のような星が80億年前に現れたとしても、まったくあり得る。ではこの惑星が、我々の現在のこの地球での知性と技術レベルまで、我々が発展させてきたのと同じだけの時間――つまり45・4億年かかって到達したと想像してみよう。そうすると、この惑星は現在の我々のレベルを超えてさらに34・6億年分は進化していることになる。それだけの時間をかけて発展した技術、知性、高度化は我々の理解能力すら超越しているかもしれない。

2015年3月5日、NASAは火星のほぼ半分はかつて、地球のように海に覆われていたと発表した。海は最深部で1マイル（訳注：約1・6km）あったという。そして2015年9月28日には、NASAは火星の地表は現在もなお限定量の水に覆われていると発表した。ついには2015年11月5日、火星にはかつて地球のような大気があったが壊滅したこと、その原因がおそらくは何らかの太陽現象であったとNASAは発表した。冥王星には奇妙にも地球のような大気がある。BBCの2015年3月12日のNASAを引用した記事によると、木星の衛星ガニメデを初めあらゆる衛星にも地表に海があることが発見されたとのことだ……「海がある衛星、準惑星の冥王星、ケレスも含む。その他の木星の衛星――エウロパ、カリスト。土星の衛星であるエンケラドス、タイタン、ミマス。海王星の衛星、トリトンもその可能性あり。アメリカ宇宙機関の惑星科学長官、ジム・グリーンは『太陽系はずいぶん湿っぽい所だったんですね』と冗談を言った」

こういった公的発見が、我々の教わってきた真実を何もかも変え続ける。我々のいる太陽系の中にも、どのような形にせよ生命に適切な場所は複数存在している。火星はかなり地球と似ていたようで、我々のこの歴史上において、火星上で知的文明が繁栄していた可能性がある。人生を変えるような、そんな調査結果がメディアでもぽつぽつと、一つずつではあるが公表が続いている。一日か二日は小さな見出しで出るけれど、この情報飽和の現代社会では見過ごされやすく、そして忘れ去られる。単純にピースを繋《つな》げていけば、大部分の人々が絶対的真実として信じている世界観とは根本的にまったく異なる世界観を築くことができるのだ。

宇宙の種／宇宙は量子レベルの単一粒子（４つの三角形ピラミッドの集合体）のみで創造されていた

2013年9月の全米科学アカデミー紀要調査報告のちょうど1カ月前に、もう一つ別の科学革命が起きた。このデータを『ザ・シンクロニシティ・キー』で取り上げるには間に合わなかったものの、確実に入れたかった内容である。飛行機の座席でQuanta誌の「A Jewel at the Heart of Quantum Physics」（訳注：「量子物理学の核心、掌中の玉」の意）を読んだ時の、その情景はいまでも隅々まで覚えている。飛行機は高度上昇中だったけれど、私は喜びと驚きのあまりシートベルトを外して大声で叫びながら通路を走り回りたかったほどだ。長年を科学的調査とジャーナリズムに費やしてきて、それが報われたのだ

——正直なところ、まさか予想すらしなかった形でだ。私の頭の中では何百ものパズルのピースがカチッとかみ合い、そのすべてが一つの完全体となった。その謎を解く壮大な答えが、この時に初めて見えたのだ。

我々の大半が、宇宙は「ビッグ・バン」から始まったと信じている。この説で我々は「初めは無だった」と教わった。そしてその「無」が「何か」になった。実際のところ、推定上では宇宙に存在するすべての物質は一回の突然の爆発、すなわちビッグ・バンによって創造されたと。「無が爆発した」そしてその一瞬の間に全宇宙が生まれたというところが、明らかに疑わしい。我々はなお、この中核となる問題に立ち返る。我々は無から何かを得るという科学の主張がそれだ。我々がもしこの概念を受け入れられるとしたら、物質はなぜ一度だけ、宇宙の始まりの時にだけ創造されるのだろうか？　どうして今は何らかの形の目に見えないエネルギー、もしくは「無」は我々が日常で目にするような物質へと変質をしないのだろう？

ビッグ・バンというモデルはスティーブン・ホーキンスのブラック・ホール理論によって科学的に裏付けがされている。だがビッグ・バンは立証のない仮説に過ぎない。ホーキンス自身の主任教授だったロジャー・ペンローズは宇宙の起源と本質についてまったく異なる理論に取り組んでいたが、それを知る人はほとんどいない。ホーキンスとペンローズはそれぞれの二つの異なるモデルについてもう長年の間、公的に議論を交わしているが、ペンローズの概念はメディアに完全に無視されてきた。ペンローズは我々が量子レベルで見えるエネルギーの動きを研究し、その動きを統一させる隠されたパターンを探し求めていた。彼は、我々がこの宇宙で見ているすべて——すべての空間と時間——はある一つの点（ポイント）から一瞬ごとに形成されている、という説得力のある証拠を突き止めた。これはつまり、我々の知っている空間や物質、エネルギー、時間は存在しないということ、あるのはこの単一ポイントの「歪《ゆが》み」のみ、ということになる。宇宙の始まりも、中間も、終わりも、すべては同時に存在しているのだ。
ペンローズはこの「ポイント」は実際、奇妙な形の三次元幾何学の形をしていると確信したというから、話はどんどん奇妙になっていく。それは主に三角形からできた、こういうものだ。

ペンローズは数学を用いてこの宇宙の仕組みを証明しようとした。圧倒的な進展があったが、停滞を迎えた。彼の理論は興味深いものではあるが、実証のない科学的ミステリーとしてそのままになっていたが、カリフォルニア工科大学（カルテック）のニーマ・アーカニ＝ハメドとヤロスラフ・トルンカという二人の科学者が研究を再開させた。数学の天

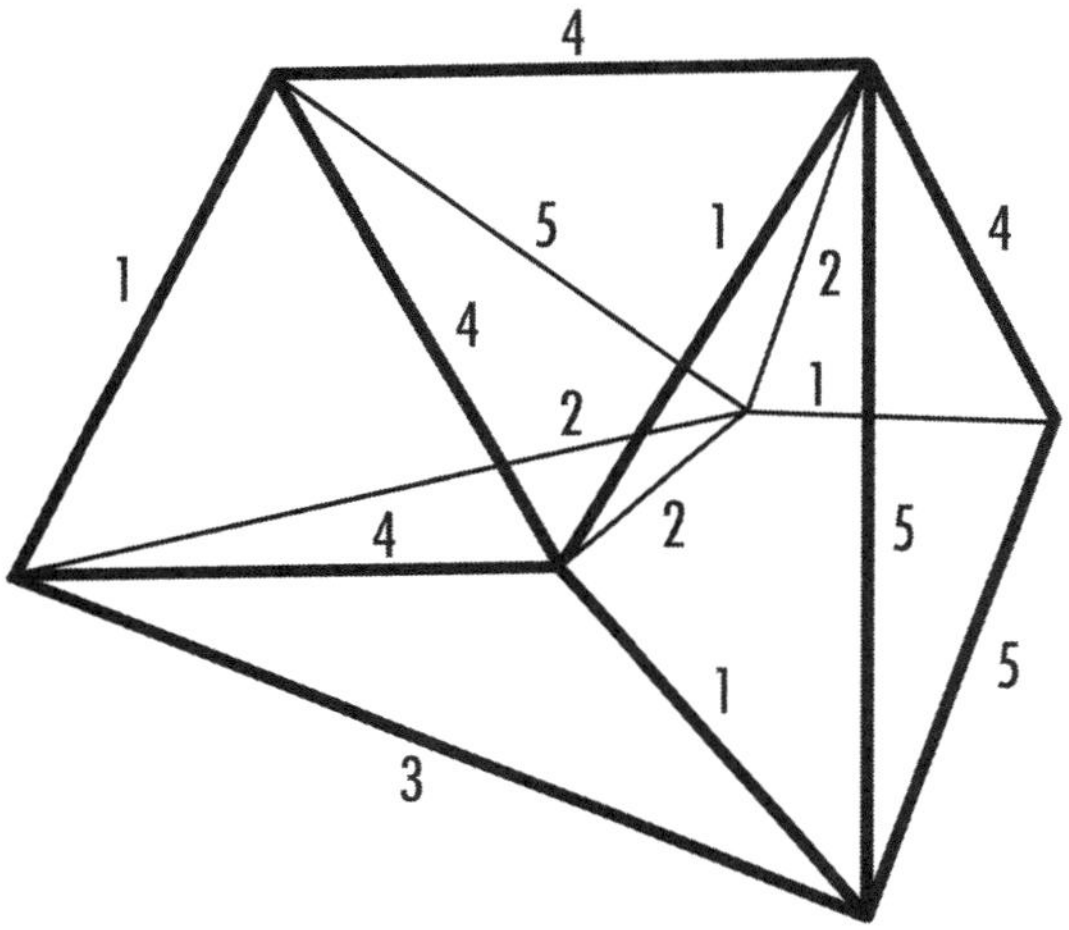

ロジャー・ペンローズの宇宙幾何学シード

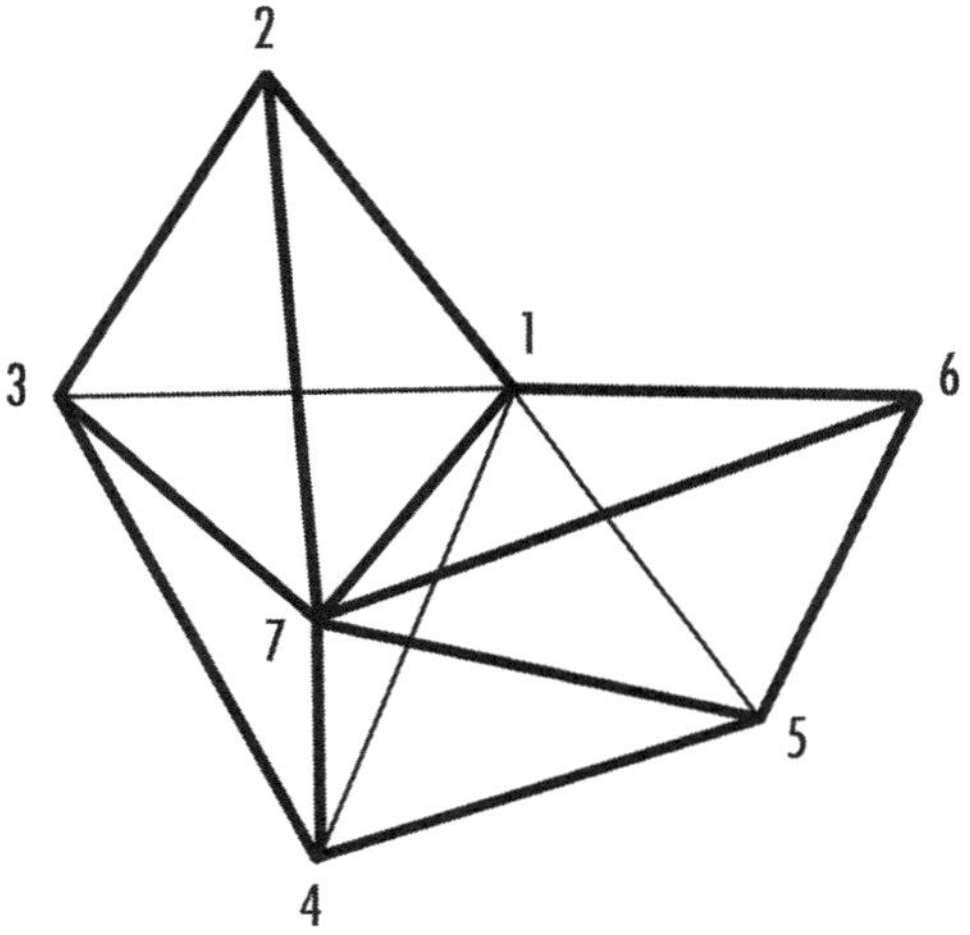

「アンプリチュヘドロン」――宇宙幾何学シード

才による圧倒的な功績により、二人はペンローズの基本的概念は正しかったことを証明することができた――形だけが違っていたのだ。最終的には数学を正確に施し、この科学者たちは我々が知る通りの宇宙は存在しないことを効率的に証明した。宇宙はホログラムのような振る舞いをする――固体で立体的に見えているが、実際には何も存在していないと。
これは、量子レベルまで十分にズームインして見ると究極的には単一の「粒子」があり、それが全宇宙を――すべての時空を含む宇宙全体を作っていることにもなる。この「粒子」は4つの三角ピラミッドの集合体、もしくは4面体が一つにくっつけられたような形をしている。

宇宙には1000億〜4000億もの銀河があり、可能性として地球類似惑星が1000億×10億――地球上の砂一粒につき100の水を持った惑星――があるように見えているが、それらはすべてこのたった一つの幾何学形から生じているという証拠がいまはあるのだ。宇宙は巨大な木のようなもので、数えきれないほど無数の枝があり、そのすべてはあり得ないほど小さな一つの種子から生えている。そして複雑なことに、実際に存在しているのはその種子だけ、なのだ。木は幻想でしかない。始まりも終わりもない。種も木も、同時に共存している。

原子と分子は神聖幾何学パターンで現れるエネルギーからできている

そこで疑問は「宇宙とは何なのか?」となる。我々に見えている、一見したところ固体のような物質を何と説明すればいいのだろう? 私の一冊目の著書『ソースフィールドの研究』で、原子と分子は粒子からできているのではなく、神聖幾何学パターンで現れるエネルギーでできているという証拠を広範にわたって提示した。原子核は陽子と中性子でできていると科学では説明する。原子爆弾の創始者の一人、ロバート・ムーン博士は、一つ一つの陽子を単純な幾何学形の角として見ると、つまり立方体のように捉えると、原子にまつわる最大の謎の多くは解決することを1987年に発見した。これによって波動・粒子の二重性、つまり亜原子粒子は波動的な動きをし、その反対もまた同じという概念にまつわる問題点はきれいに解決した。ムーン博士は、原子内に粒子は存在しない――一定の幾何学形を形成するエネルギーの波動のみが存在すると結論した。この最も単純な例が酸素である。酸素粒子には8つの陽子がある。ムーン博士はこの8つの陽子を、立方体の8つの角と見なす。つまり酸素原子の原子核が見えたとしたら、そこには立方体が見えると

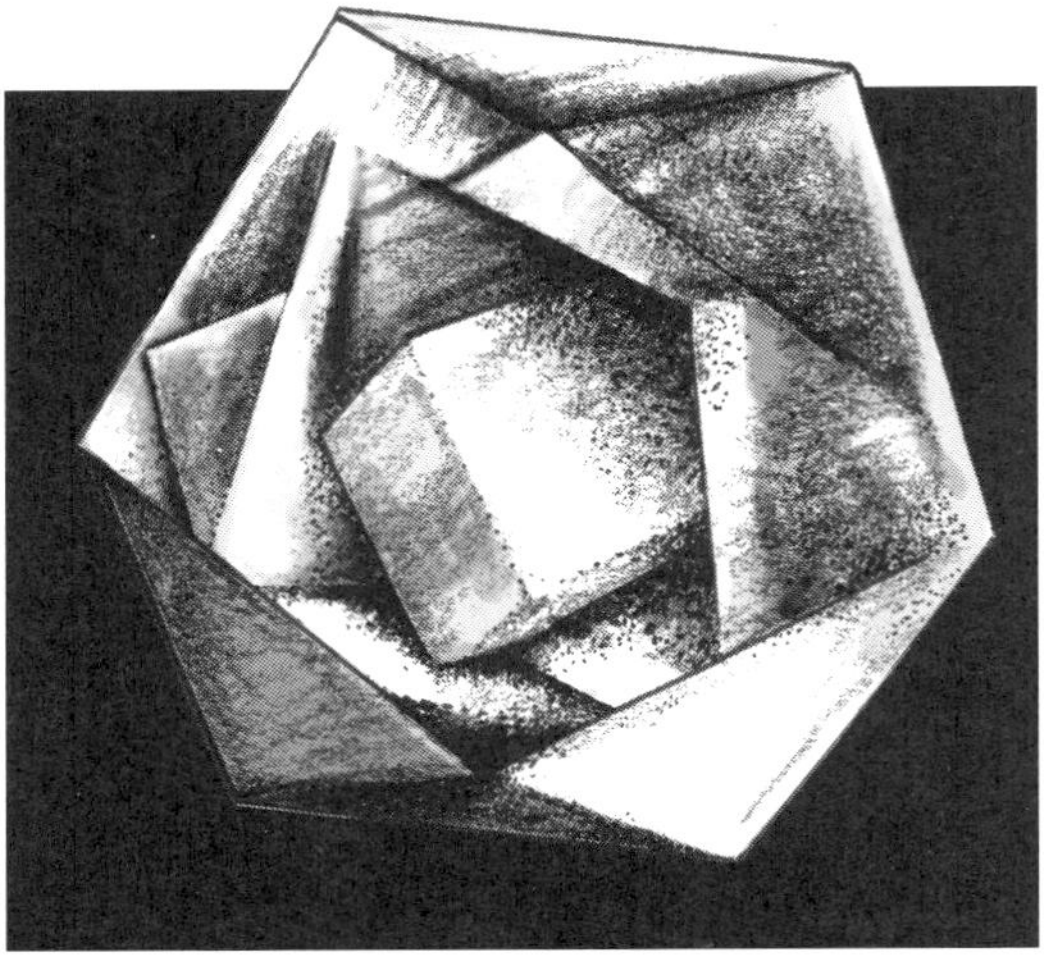

ロバート・ムーン博士の原子の幾何学モデル

いうことだ。その立方体は固体ではない――ただの波だ。

そこでもっと重い元素を見るなら、立方体は原子核の中にとどまり、その角は陽子として数えるが、新たな幾何学形がそれを覆って形成されてゆく。八面体に始まり、次は二十面体、そして十二面体だ。この幾何学形状の巣は地球上の最も安定した、たくさんの元素を次から次へと量産してゆく――酸素（立方体）、ケイ素（八面体）、鉄（二十面体）、パラジウム（十二面体）――そして量子物理学にまつわる目覚ましい数の問題を解決する。

このような技術的詳細を検証したいの

は山々だが、すでに『ソースフィールドの研究』に著述してある。この概念についてはまた後に立ち返るが、本著では意識、生物学、物理学に関する科学論文を提示する目的はない。最も重要な、我々がいま知っておくべきことは、幾何学は波動の可視形態であるということだ。これについてはハンス・ジェニー博士がとても優雅な形で証明した。水滴の中に美しい幾何学パターンを――立方体も含め――生成したのだ。ジェニー博士はまず、水滴の中に浮かぶ砂から始めた。それは濁った白っぽい液体になった。そこで彼はその水滴

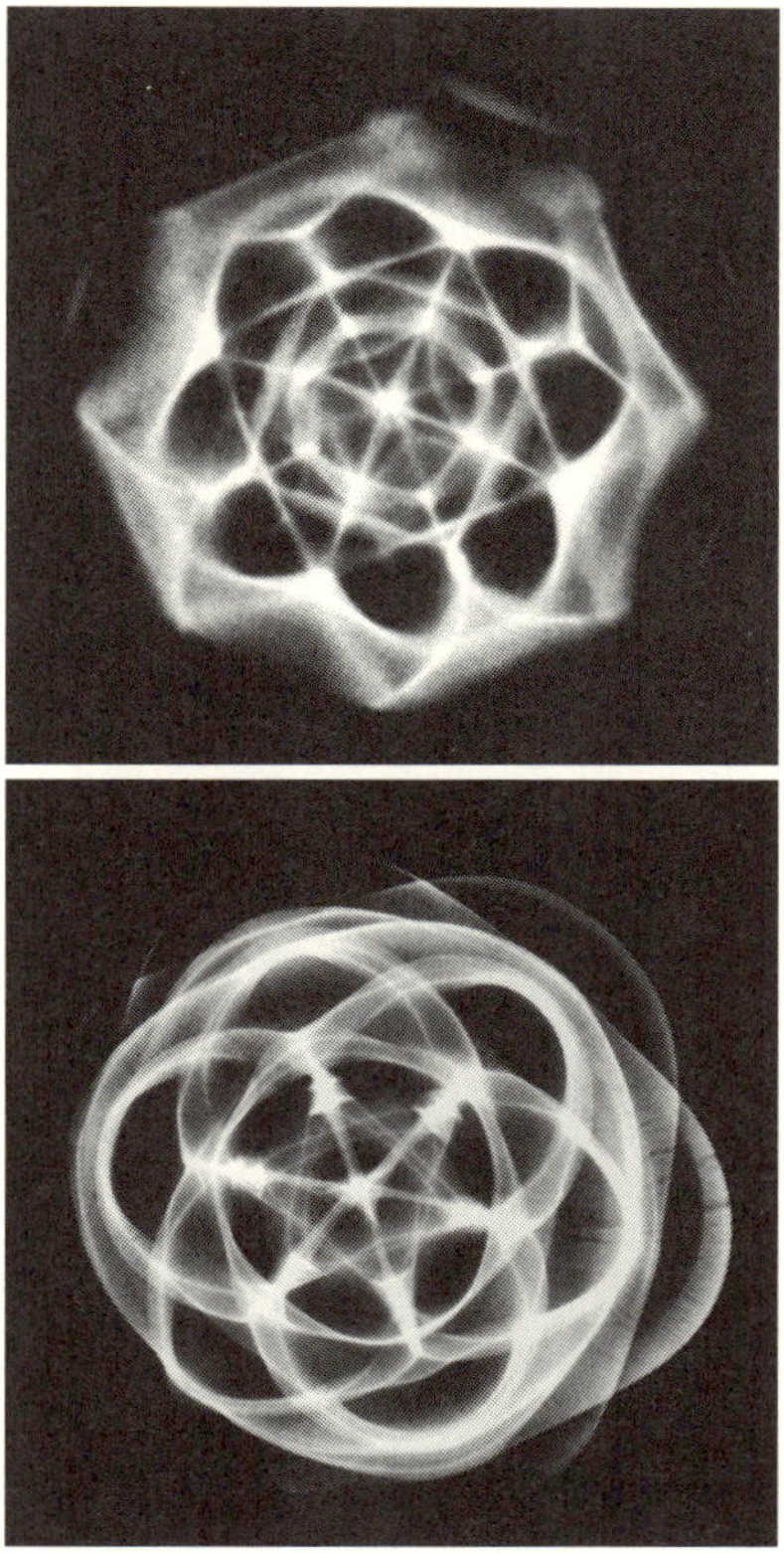

振動する水滴の中に現れた幾何学パターン
ハンス・ジェニー博士の観測による

を純粋なトーンの音で振動させた。ピアノの白鍵を弾いた時のような音色だ。奇跡のごとく、砂の粒子は整ってゆき美しい幾何学波動パターンが形成された——まるで何らかのミステリアスな、目に見えない力によって動かされているかのように。

同じ水滴と同じ砂が、どんな音を振動させるかによってまったく異なる幾何学パターンを形成する——立方体も含めてだ。ご覧のように、ある一定の音声周波数によってダビデの立方的な星のような三角形パターンが現れる。このパターンは、カルテックの科学者たちが発見した宇宙のシード（種子）に酷似している。

我々の大半はいまもなお、物質は粒子でできていて硬く、固形で触れることができると信じている。もし我々が科学モデルを一新させ、原子は幾何学形のエネルギー・パターンであるととらえたら、すべての物質は音波のようなもの——宇宙全体を反響している音で形成されていることになる。これはまさに、古代からの霊的伝統が伝えていることだ。ヒンドゥーや仏教徒は、宇宙はａｕｍ（オーム）という根源的な音から作られたと信じている。彼らはこの音を何時間も詠唱し、そうすることで創造主に近づくと信じている。創世記には「はじめに言葉があった」と記されており、アメリカ先住民は母——すなわち宇宙の鼓動を讃《たた》えて太鼓を叩く。

少しの間、このカルテックの科学者たちが正しく、全宇宙は単一の種から発していると想定してみよう。我々は意識を持って生きている存在だということはわかっている。我々は大量の生物・生命体に囲まれている。我々は周囲のすべてのものから分離しているかのように見えているけれど、隠れたエネルギーは量子領域の中を流れ通過しながらすべての物質を作り上げており、その隠れたエネルギーによって我々は繋がっている。もしこの新しいモデルが正しければ地球上のすべての生命は究極的にはこの宇宙のシードの果実である。したがって、このシードは生物学的な生命と意識を作るために必要となるすべての原料が備わっていなければならない。シードそのものが生き、知性を持っていなければならない。いま地球にあるような知的文明を作るために必要なものはすべて、シードに含まれているのだ。ということは、知的生命を作るための原料は本質的に宇宙のように無限で、感覚を持った生命が宇宙中の至るところで栄えていてもおかしくはない。さらに、物理的・生物学的原料がなくとも存在できる、そんなエネルギー成分が生命には備わっている可能性もある。エネルギーそのものが生きており、私が「ソース・フィールド」と呼ぶものを形成している――そして宇宙に存在するすべての物質は宇宙という生き物の一部なのだ。

もしすでに『ソースフィールドの研究』と『ザ・シンクロニシティ・キー』を読まれた

なら、これらの主張を広範にわたって裏付ける科学的証明をご覧になっただろう。

核融合で燃え尽きてゆくガスが無分別に斑点のように散らばっている闇の虚空、宇宙はそんなものではない。宇宙は生きており、意識があり、知性を持っている。生物学的な生命体を作り出すように設計されている。ＤＮＡやタンパク質、細胞を作るコードは量子物理学の法則に直接書き込まれている。

これについての私のお気に入りの証拠はノーベル賞受賞生物学者、リュック・モンタニエ博士からのものだ。彼は密閉容器に入ったどこにでもある普通の水の微粒子を変質させ、ＤＮＡに変えることに成功した。他に必要だったものはＤＮＡ入りの水が入ったシールド管、それがそばにあることと静電気、それだけだ。ただの水を形成していた水素と酸素が何らかの形で複雑なアミノ酸に変化し、それ自体が集まってＤＮＡを構成したのだ。モンタニエの実験はとても安定しており、彼はこの実験を何度も繰り返し行った。ご推察の通り、どの報道発信源もこのニュースをほとんど報じなかった。２０１４年に彼の研究が国連で公式に提示された後ですら、取り上げられなかった。もし実際にこのように動作するなら――繰り返しておくが、彼はノーベル賞を受賞している――我々人間のＤＮＡも同じではないだろうか？　人命を作るコードは宇宙そのものに書き込まれているのかもしれない。彼方にある１０００億×10億個の地球のような惑星の大半には人々が住んでいるかもしれない。

本著後半では『一なるものの法則』という一連の霊的著書について取り上げるが、この著作物によると宇宙全体に存在するすべての知的生命体のうち約40%は人間か、もしくはヒト科の姿をしているとのこと——つまり頭と目、鼻、口、耳があり、直立二足歩行をし、2本の腕と道具を作るための何らかの形をした手を持っているらしい。さらにこの銀河系だけでも6700万の居住世界があるという——ペティグラの推定では地球のような惑星の約67%ということになる。

宇宙が一つのシードから我々全員を作っているとしたら、我々はここで何をしているのだろう？　我々が地球で生きている、その大いなる目的は何だろうか？　我々の地球はなぜこんなにひどく傷つけられ、今にも大惨事が起きそうになっているのだろう？　大勢の人たちが激しい苦痛や孤独に苦しんでいるのはなぜ？　宇宙には我々以外の存在がいるという確実な証拠はないが、我々はどうしようもないほど混乱しているように思えるのはなぜだろう？　他に知的文明が存在したとしても、彼らは順調にやっている——彼らの存在を我々が気づいていようといまいと関係なく。どうして彼らはただ姿を現し、自分が何者かを我々に告げ、宇宙の本質を明かしてはくれないのだろう？　我々が単に惑星としては未熟で、秘密を明かしてもらえるほど成長していないからかもしれない。

ＵＦＯ隠蔽工作の破壊／地球外生命体と接触したインサイダーたち

本著ではもう一つ中心となるミステリーを追っていく。謎の多い、政府の秘密の世界だ。スノーデン文書が２０１３年６月に公表されたが、その直前に私は『ザ・シンクロニシティ・キー』を書き終えたばかりで、その中でこういった情報が暴露されてゆくであろうと予見していた。それまで長年「陰謀論者」と嘲笑《あざわら》われていた内部告発者は突然、ゾッとするような真実を告げる勇敢な存在となった。初めの６カ月の間だけでも圧倒的に大量な情報が公開され、それ以来情報公開は引き続いている。我々はいま、想像できるほぼすべての形で四六時中、監視されている。プライバシーは一切ない。もし自分のヌード写真を撮ったとしたら、スノーデンのようにＮＳＡに勤務する人間がソフトウェアを使っていつでもそれを見ることができるのだ。スマートフォンやノート型パソコンのカメラを通して覗くことも可能だ。すべての会話はアップル社のＳｉｒｉのようなシステムで文字に起こすことも可能、その記録は巨大データベースにまとめられ、そこでキーワード検索できるようになっている。この「何でもお見通しの目」はもう長年行われているが、完全な秘密として隠されてきた。驚くほど精巧な秘密が隠されていることをスノーデンは証明した――それは我々の、この地球上での生活に関するすべての考えを根底から変えてしまうような秘密だ。

本著では複数の内部告発者からの証言も織り交ぜてゆく。この内部告発者たちの持つ情報に比べればスノーデンの暴露は幼稚園レベルに見えてくる。我々には、UFOや地球外生命体が存在するという圧倒的な証拠がある。現代だけではない、有史時代からずっと存在していたのだ。ほとんどの人が「宇宙には我々しかいないのだろうか？」という疑問には絶対の証拠がないまま、それでもなお興味をかき立てられている。だが、私はありとあらゆる人間に似たETたちと直接会った、実際に対面したという内部告発者にも何人も会ってきた。彼らにとってはもはや、UFOが実在するかどうかを疑う余地もないのだ。

中には身元を公表した人もいるので、引き続き知りたい方、彼らの証言をもっと自分で読みたいという方のためにリンクを付記する（下巻参照）。それ以外の人は私が個人的に会って話しただけだが、彼らから聞いた話はまったく驚嘆させられる。インサイダーたちが提示する概念は心そそられるもので、実に様々な種類の知的文明がいま、すでに地球上に存在しているという――そして真実は入念に我々から遠ざけられてきたという。私は調査結果をYouTubeの動画やテレビ番組、ホームページ、その他あらゆる所で公表してきたが、何百万人もの人がそれをフォローし、大多数の人が内部告発者の暴露内容を知りたがっている。かなりのストーリーなので、適切に伝えるためにはありとあらゆる興味深い人たちから聞いてきた22年分もの「漏洩《ろうえい》」を要約して伝えねばならない。告発者の中には自らの身の安全のために身元を隠さねばならない人もいる。本著の後半（下巻）で、彼らから聞いた内容に焦点を絞り、そのすべてがいかにモザイク全体像を成しているか説明しよう。

自分自身にこう尋ねてほしい――１９６９年にはもう月面着陸するほどの技術があったのに、あれ以来二度と行かないのはおかしくないか？　スペース・シャトル計画が完全に打ち切りになって、まるでもう宇宙に価値のある発見はないという雰囲気だが、おかしくないか？　アメリカ政府はＸ－37Ｂという秘密の宇宙往還機を所有していて、着陸するまで2年近くも地球の周りを回っていたことを公表したって？　政府は宇宙で何をしていたんだろう？　月や、ともすれば火星への宇宙飛行ミッションは実はいまも続行していて、すでに基地まであるという可能性は？　私は月や火星、その他この太陽系内や太陽系外の惑星の基地に住み、勤務していたと主張する複数のインサイダーに話を聞いた。そのインサイダーの多くが、地球外生命体と接触したと言う。彼らの話で最も驚いたのは、その地球外生命体の大部分は人間のような姿をしている、もしくは少なくともヒト科のような外見であるという点だ。

ヘンリー・ディーコンは43種類の人間の姿をした地球外生命体に会ったと言う。ピート・ピーターソンは約13種類は見たと言う。この二人は、私が特集で出演した「プロジェクト・キャメロット」のビデオで名乗りを上げた。クリフォード・ストーン軍曹は2001年5月に開催されたディスクロージャー・プロジェクトで身元を明かし、彼が個人として知るところではこの地球の領空域内で57種類のETが活動していると言った。このイベントのためにスティーブン・グリア博士は39人ものハイレベルな内部告発者を一堂に集めていた。ワシントンD.C.のナショナル・プレス・クラブ、つまり世界のメディアの目前で彼らの知っている内容を話してもらうことになっており、この画期的なイベントに私も立ち会っていた。インサイダーは一人ずつ議会の前で証言を申し出、真実を話すことを宣誓し、厳しい詰問にさらされた。何も起きなかった。彼らのうち誰一人、召喚されることはなかった。だが私がそこにいる間に、彼らの大半と話すチャンスがあった。彼らのストーリーはこの上なく興味深いものだが、その大部分がほとんどの人には知られていない。我々のストーリーのもっと後になって私の元に現れた他のインサイダーたちは、ディスクロージャー・プロジェクトで会った人々をはるかに凌ぐ量の情報を持っていた。

さぞばかげた話に聞こえることだろう、こんな話を聞くのはまるで初めてという人ならなおさらだ。どうか先入観を持たないでほしい、そしてすぐにこれは全部デタラメだと決めないでいただきたい。この調査をしていて一番興味をそそられるのは、この22年の間、それぞれのインサイダーが皆、同じことを言い続けているところだ。私は意図的に、彼らが話した内容の大部分を差し控えた。そうすることでイカサマ、はったり、詐欺師を除外した。UFOコミュニティ内で新たな面白いストーリーが「急速に広まる」と手早く有名になれる。そういった利益を求めてインターネット上でストーリーをでっち上げ、利用しようとする例は数えきれないほどある。私は作り話をする人を非難するつもりはさらさらない。疑わしい人物がいても、その人が本物か偽物かの言及はしないように努めている。昔わかったことだが、そうすると怒ったフォロワーたちが爆発し、ありとあらゆる手段を使って発言者や発言者のネット上での名声を破壊するのだ。インサイダーのふりをする人はいくらでもいる。私が聞いたことを少し公表すると、1~2週間後に彼らは「新しい情報を話す」と名乗り出る。それを聞いて興奮した人たちから私の元にeメールが送られてくるのだが、私が1~2週間前にすでに話したのとまったく同じ情報を聞かされていることには気づいていない。

インサイダーが本物かどうかを見分ける一つの大きな手がかりは、一度会って話す中ですでに他の人たちから聞いた情報でネットにも一度も出ていない20~30ほどの情報をその人が話すかどうかだ。こういった人たちが接触した真実には共通の部分があるはずで、我々はそれを期待している。疑い深い人たちは、政府の人々は書類さえどのファイル棚に入っているかわからないのに秘密など守れるはずがないなどと言うが、それは違う。マンハッタン計画で証明された通り、政府は大規模な秘密を我々から隠し通すことができる。マンハッタン計画では10年以上もの間、核爆弾の開発のために13万人を超える雇用者が勤務していた。原子の幾何学的性質を発見したロバート・ムーン博士もその一人だ。その大勢は、自分たちが何に関わっているかまったく知らなかったのだ。設備は秘密にされ、技術も隠されていた。雇用者は誰一人、秘密を漏らさなかった。ただ一度だけ、実際に爆弾が爆発したために彼らは長年何に関わっていたかを知ることとなった。

同じような話として、私のインサイダーの一人は軍事基地に勤務していたそうだが、彼の仕事はありとあらゆる地球外生命体の死体を解剖し、識別可能な器官系を探すことだったと言う。最初の9カ月間は「サーモンのフィレ」と呼ばれる小さな生物組織を渡され、それを解剖・分析するよう命じられた。その次の2期目の9カ月間は腕や脚など、人間のようだが人間のものではない身体のパーツを渡されるようになった。そして3期目の9カ月間は完全なままの死体や半分そのままの死体を受け取るようになった。それが地球外生命体だとは一度も告げられなかった。その死体がどこから来たのか、彼のしていることが何なのかといった質問は一切禁じられていた。彼自身は約２０００種類ものあらゆる人間の姿をしたＥＴの解剖をしたと主張している。身長は30㎝以下のものから13・72ｍのものまでいたという。ついには幹部にいた彼の友人が同基地内の格納庫にこっそり連れて行ってくれた。そこで奇妙なダイヤモンド型の宇宙船を見せられたという。彼は捕まり、殴られ、もしそこで見たものについて誰かに話したら殺すと脅迫され、解雇された。その後、勤務地の近くの山でただ自転車に乗っていたというだけで再度彼は捕らえられ、脅され、また殴られた。このような経験のせいで彼は現在まで深刻なＰＴＳＤ（心的外傷後ストレス障害）を負っている。彼は決して人前に出たくはなかったし、名乗り出ることで利益を得たことは一切ない。私が他の本物のインサイダーたちから個人的に聞いたのと同じ秘密を、この彼もたくさん知っていた。

インサイダー情報を集積していると、非常に大規模な一つのストーリーが見えてくる。本著ではその全体像が見えるよう要約してお伝えする。個人レベル、宇宙レベルの両方からだ。手始めとしてＥＴには善良なＥＴと悪いＥＴがいること、そして彼らはこの太陽系内で何十万年もの間、戦争をしてきたということを知ってゆこう。どちらの側のＥＴも、それぞれが伝えようとするメッセージを受け入れようとする地球の人たちに直接、接触をしている。ネガティブなＥＴたちはすでに大金と権力を所有している人々に接触し、彼らの支配力をさらに増強させるツールを与える傾向にある。ポジティブなETたちはもっと一私人として人格の特質や美徳――許し、受容、忍耐、愛といった性質で人を判断し、接触する傾向にある。ETからの接触の方法については、本著内で私自身の直接体験を例に挙げて要点をくまなく述べる。彼らは初めは意図的に、想像を通して接近してくる。あなたが目にしたり聞こえたりしているのはリアルなのかただの夢なのか、確信は持てない。生活していると、奇妙な偶然がどんどん増えてゆく。何かをうすうす感じつつも定かではなく、理解できたり大混乱が起きたりを行ったり来たりする。これはすべて恐れを生じさせないように起こっており、このより偉大な現実を穏やかに、平穏に導入するためでもある。

どちらのタイプのETも、我々の過去のあらゆる時代に地球上に滞在してきた。そして我々が個人として、そして集団としてどんな選択をとるかが一人一人にとってのこの戦いの結果を左右する。ポジティブなETもネガティブなETもプライム・ディレクティブ（最重要指令）の制約を受けている。これは「スター・トレック」に出てくるものと同じで、我々の中で彼らの介入を歓迎する人数が十分な大多数に達するまでは、彼らは公的に我々に対して身を明かすこともできないし我々の成長に介入することもできない、と定めるものだ。現代の科学探検者は先住民部族と接する際に同様の方針を採用している。もし姿を見せて自己紹介をすると、「文化化」という現象が生じる。先住民部族はすぐに自らの言語、文化、習慣を放棄し、訪問者の食物、言語、技術、情報、信念を採用するのだ。

多くのインサイダーが言うには、真実を暴露するための段階的計画がもう長年——少なくとも1950年代から進められているという。これを情報の加工リリース（Processed Release of Information- PRI）と呼ぶ人もいる。公的にはUFOは存在しないと告げられながらも、無数におよぶ映画やテレビ番組で真実は明白とばかりUFOについて言及し、疑うほうがおかしいと冗談まで言われている。どれほど著名な懐疑派たちも、宗教の熱狂者にしか見えなくなる始末である。

彼らインサイダーたちが私に伝えてくれた中でも最大の秘密は、地球上で大規模なエネルギー・シフトが起きているということだ。我々はこの銀河系内で高電荷のエネルギー粒子でできた高密度な雲の中へと移動しているらしい。この高エネルギーゾーンは我々の意識やDNAにも影響を与えている。私は長年、宗教の情報源を読んできたが、それらにこういうことが起こると書かれている。このストーリーがあらゆるバージョンで聖書やコーラン、ヒンドゥー経典、仏教経典、その他数々の古文書に出てくる。すべて合わせると35もの異なる古代宗教伝統が地球上に大規模な衝突と苦痛の時がくる、そしていま我々の住んでいる世界よりはるかに偉大な黄金時代を迎えると予言している。私は何年もかけてこれが実際に起きていることを実証する科学的論証をまとめるために懸命な努力を続けてきた。

これまで、大量に及ぶ科学的データを統合させるという形でこの調査に取り組んでいた。それと共に古代文明の謎についても広範にわたって探求していた。「神々」が我々と共に実際に地球上にいて、巨大な石の建造物を建築したと言われているもので、その建造物は今日でも訪れることができる。その建造物の多くは石でできているがあまりにも重く、現在でもこのサイズの石を持ち上げられるだけの大きさのクレーンは地球上に存在しない。

レバノンのバールベックにある寺院には3枚の巨大な長方形の石の厚板があり、1枚が1000トン以上の重さだが、ある構造物によって地面から数十センチ離れたところで支えられている。2015年には彫刻されたさらに大きな長方形の石が近くで発見されたが実に1650トン、長さは19・81m。この石はもう1枚のほぼ同じ重さだが無造作に置かれていた石の下に発見された。つまり、下の石に彫刻を施すために上の石は持ち上げられ、脇に置かれたことになる。主流派の考古学者たちは未開人の原始的な作業だとして潤滑油を塗った丸太の上を転がしたのだろう、大人数で間に合わせのロープで引っ張ったのだろうと説明した。『ソースフィールドの研究』ではいくつかの証拠を再考察し、この概念は完全にあり得ない、ばからしくさえあることを明らかにした。どうしてこれらの巨大な石の建造物はありとあらゆる文化で見られるのだろう？　それも世界中のまったく別々の距離が離れた地域でだ。原始的らしき人々が、現代の技術をもってしてもほぼ達成不可能な土木計画にどうして取り組む気になるだろう？　原始的な人々にとって100トン、もしくは1000トンもの石のブロックを組み合わせて巨大な美しい遺跡を建造することがそんなに簡単だとしたら、現代でも原始的な文化で同じような建造物を建てているはずだが、そういう例がないのはどうしてだろう？

こういった疑問を投げかけ、答えを探求するのも霊的な成長に必要なことだ。友人や家族から笑われ、ばかにされるかもしれないが、そのリスクを冒すくらい強くあるべきだ。我々はすべて知っていると思っていながら世界観をすっかり変えてしまうような大発見がなされる、そういった実例は歴史上にいくらでもある。目では見えないほど小さな生物がいてそれが感染を起こすなど、人間は理解していなかった。そのため医師は外科手術を行う際に手を洗ったりしなかった。人間はあらゆる健康状態は「悪い血」が原因で、「瀉血《しゃけつ》」することで人は良くなると考えていた。地球は平坦で太陽系の中心にあり、太陽は他の惑星と同じように地球の周りを回っていると考えていた。物が落ちるのは魔法だと考え、ニュートンまでは重力というものを理解していなかった。20世紀になっても有名な科学者は重航空機の飛行など不可能だと言い、ライト兄弟が飛行機を発明してキティーホークでの飛行に初成功した後も丸々4年間はその発明を偽りだとして暴こうとしていた。

ポジティブなETたちが伝えたがっている最も重要なメッセージはただ一つのようで、偉大なる世界中の宗教がその霊的なメッセージを伝えている。世界はどうしようもないほど壊れ、我々は解決の手掛かりもない問題に日々直面している。だがどれだけ悲惨で気が滅入るような絶望的な人生を送っていても、すべての人が大規模な転換を経ることができる。私の大勢の読者や視聴者は私を権威のある人間として見上げているが、このいまの私自身に達するまでどれほどの深い苦しみを味わってきたかを理解してはいない。これからおわかりいただけるだろう。ティーンエイジャーだった頃の私を思い浮かべてもらおう、そこにいるのはどこにも通じない道にいる私だ。相当太っていて、長く伸ばした髪はわざわざ櫛《くし》でとかしたこともない。黒いロックンロールのTシャツを着ていて、誰とも話をしたくなかった。極度の内気で、拒否されることを恐れて友だちやクラスメイトたちからひどい扱いを受けるがままだった。いじめは、報復の恐れもないので基本的にやりたい放題である。高校の20周年同窓会では、私が人生を一変させたことを皆が見てとり、ひどく驚いていた。

初めは、本著に私個人の情報を含めるつもりはまったくなかった。私は成人以降に何度か休暇をとったのだが、ある休暇をとった時にすべてが変わってしまった。カナダのアルバータ州、バンフの山にまる1カ月滞在した。私は立ち返って新約聖書の4つの書を読んだ。マタイ書、マルコ書、ルカ書、ヨハネ書である。私は総じてキリスト教を疎遠に感じていたため、一度もこれらの書を読んだことはなかった。実際に読んでみると、アセンションのことを示す表現がいくらでも出てくることに気がついた――個人レベルでも、世界全体のレベルでもだ――私はそれを知らずにいたのだと。

実に不本意ながら、私の調査の重要な要素はすべて聖書に記述されていることを認めざるを得なかった。世界的な悪党はいる、ほとんどの人々が目にするのも耐えられないほど邪悪な悪党だ。悪党はこの社会の隅々まで浸透している。政府、軍部、経済体制、主流メディア、企業もだ。この存在は、それはそれは邪悪な地球外にいる人間たちから秘密裏に支援を受けている。もしくは支配されているとも言えるかもしれない。これらの存在は我々をあまりにも純粋に憎悪しており、そういう意味では完璧な悪の具現と言える。このスペクトルの対極にいるのがイエスで、私が長年耳にし、人にも伝えてきた愛と許しのメッセージと同じ教えをイエスは説いた。イエスは世界を救うためのキーは愛だと言った。我々が自発的に集団進化を経る間に神聖な「真実の瞬間」のようなものがあると聖書には言及がある。これにはどうも、太陽から目もくらむような信じられないほどの眩い光が放出され、我々は新しいレベルの人間に完全に進化することも含まれているらしい。

この新たな証拠を聖書に見出した私は、それまでにヒンドゥー教とゾロアスター教の経典にも同じような出来事について書かれているのを見つけていたので、そちらをもう一度見直した。ヒンドゥー教はこの太陽の閃光をサマヴァルタカの火（Samavartaka fire）と呼び、ゾロアスター教はこのイベントをフラソ・ケレティ（Fraso-kereti）と呼んだ。どちらのストーリーも、『ソースフィールドの研究』で簡潔に述べてある。『ザ・シンクロニシティ・キー』の一番最後にはコーランに出てくる同種の出来事を予言する部分をいくつか引用した。そこで私はありとあらゆる宗教的・哲学的書物を見直し、見つけられる限り多くの詳細を探し求めた。一定のキーワードから、これまで見たことのない忘れ去られていたデータの世界が見えてきた。インターネット上で学術論文も見つけていった。ビューの数としてはたったの27のページであっても、そこでは学術用語で同じ太陽の閃光イベントのことが討論されていた。ありとあらゆる文化にわたって同様のイベントについて数多くの論及があることがわかった――その論及はかなり具体的な内容だった。その結果、これまで長年私が進めてきたアセンションの謎という壮大なパズルはついに解けたと思っている。

我々の知っているこの地球上の生命をあますところなく完全に変容させる大規模イベントに我々は突入しようとしている。その圧倒的な証拠が存在しているのだ。もしこれが本当に起こるのなら、そしてこれが避けようのない自然現象であるなら、我々にできることがあるとすればそれに向けて準備を整えること、それが最善である。我々が個人単位でアセンションに向けて準備すればするほど、集団レベルでこのイベントが起きることを「認可する」時期も早まるようだ。

ネガティブな存在たちはトラウマの反復強迫とオピオイド反応を利用する！

この課題について私が見つけた霊的情報源の圧倒的大多数が、アセンションを迎える準備をするにあたって最も重要な方法は日頃の暮らしの中で自分に対しても他人に対しても愛情深く寛大であること、この「作業に取り組む」ことだと伝えている。これを実践するのは実際の段になると容易ではない。我々は劇的な出来事やストレス、不健康な状況に身体的に中毒になり得るからだ。心理療法の父、ジークムント・フロイトはこれを「反復強迫」と名付けた。ベッセル・A・バン・デァ・コルク博士は「トラウマ反復の衝動」の中でこの現象について素晴らしい概要を示した。この研究論文には文末にあまりも多くの参照番号が振られているので、読みやすいようここでは番号を除外した。

トラウマを抱えた人の多くは、元のトラウマを思い出させるような状況に、見たところ衝動的に身をさらす。この行動再現は初期の人生体験に関連しているが、それが意識的に理解されていることは稀だ。この「反復強迫」は70年前に発見され、臨床文献には定期的に述べられるものの、驚くことに体系立てられた調査はほとんど行われていない……虐待の再現は暴力を起こす主要原因である。犯罪者は大抵、子供の頃に身体的あるいは性的に虐待を受けている……自己破壊的行為は虐待を受けた子供によく見られる……最近事故に遭った大人についてのある調査では、57%が行動再現を示し、51%にイメージ再発が起きていた……少なくとも4つの家庭内暴力についての調査で、子供時代の身体的虐待の苛酷度と後々の夫婦間暴力とは直接関係があったとしている。興味深いことに、人間以外の霊長類の動物でも幼少時に虐待・喪失を被った場合、成長後に仲間とより暴力的な関係に携わる傾向が高まる……

トラウマを抱えた人の中には、他の生命経験を使って自分自身や他者のために何らかの形で再現し続け、そうしてトラウマのことで頭をいっぱいにし続ける人もいる。退役軍人は雇われ兵として入隊する可能性があり、近親相姦の犠牲者は娼婦になる可能性があり、子供時代の身体的虐待の犠牲者は里親の家族からも引き続き虐待を誘発させたり自傷行為を行うようだ。また他に、攻撃者に自分を重ね合わせ、自分にされたことを他者に行う者もいる。臨床的にはこのような人々はトラウマを連想させる活動に関わっていないと曖昧な不安、空虚感、倦怠《けんたい》、懸念といった感覚になることが認められる……トラウマ的繋がりを観察した多くの人が、犠牲者は加害者に依存していると推測している。エルシャックは尋ねる、負傷を負わせ明らかに苦痛を与えているのになぜ加害者はやめないのか、なぜ犠牲者はそこを去らないのか？　と。彼は答える、「彼らは互いに、そして虐待の依存症になっている。その状況、相互のやり取り、関係が支配するのだ。人間は麻薬依存者同然、非力なのだ」と。

バン・デァ・コルク博士はこの後、この依存症は本来、生化学的な性質のものだと明かす。身体には生来「オピオイド・システム」が備わっており、それがヘロインやモルヒネのような基礎化学成分を放出する。自分のトラウマの反復強迫に携わっている時、我々は実際のところそれでハイになっているのだ。これは「ストレス誘発鎮痛」という全身の鎮痛が緩和する感覚を生み出すもので、危険なほどに依存性がある……

スター、ソロモン、エルシャック、それ以外の者たちの言う通り、人は生理学的に共依存関係になるのかもしれない……高度のストレスも、社会的ストレスも含め、オピオイド・システムを活性化させる。ショックを避けられない状態で受けさせられた動物は、直後に再度ストレスにさらされるとストレス誘発鎮痛（SーA）を生じる……我々はPTSDを抱えるベトナム帰還兵8名のうち、7名はベトナムでの戦闘を描写する映画を見ると疼痛の知覚が30％減少することがわかった……15分の戦闘映画を見て生成された鎮痛量はモルヒネを8㎎注射した後に等しい……オピオイド反応を条件付ける刺激要因によっては、自己破壊的行動として虐待的なパートナーや性的マゾヒズム、自己飢餓、自らや他者への暴行に慢性的に関わることになる……このパターンはウォーカーが述べた配偶者虐待を思い起こさせる……「緊張が徐々に高まり、突然に殴打（自傷）が始まり、そして『穏やかな、愛に満ちた休息』がやってくる」

この地球の台本に出てくる大いなる悪党たちは、新聞の見出しを恐怖とトラウマで絶えず埋め尽くしてゆく。恐るべきメディアは大量破壊の脅威などといった恐怖ホラーを提示し、我々をハイにするモルヒネ反応を引き起こさせる――これを私は「恐怖ポルノ」と称している。そこから影響を受けて他者を虐待する人もいれば、犠牲者の感覚にハイになる人もいる。この現象を理解し、このシステムを非活性化させる最良の方法は、依存症になり、そこから回復した人の個人的な証言から学ぶことだと私は思う。この習慣を断ち切ることがアセンションのプロセスの核心だと私は信じており、だからこそ本著でここまで私自身のことを伝えている。私の幼少時代の最も重要だった事柄をすべて詳しく思い出すために多大な時間、瞑想、集中を要した。記憶の中の時期計測については映画、アルバム、テレビ番組などで計ったものが多い。それらの正確な時期はインターネットで調べがつくからだ。世界の重大な出来事や家族内での重要な出来事も手掛かりとなった。一つ思い出すと、即座にあと二つ、三つと記憶が現れるのが実に興味深かった。忘れ去っていたことは信じられないほどたくさんあったが、それらを復元させることができた。思い出した途端、その記憶は非常に明瞭になった。それは素晴らしい癒しの旅路で、チベットの僧侶は山にこもって何年も瞑想しながらこれによく似た「人生回想」をすることを知った。

悪党たちはあなたに霊性が備わっていることをあなたが無視するように、そして嫉妬、物質主義、恐怖に陥るように、この壮大なる変化を迎える準備を滞らせるためには手段を選ばずにできる限りのことを行っている。トラウマ依存を断ち切る唯一の方法は自らを愛し守ること、そしてその次にあなたを傷つけた人を許すことだ。ポジティブな勢力はいきなり空に現れて我々の未来に何が起きるかを教えることなどできない。あなたが自由意志で受け入れるか拒否するかを選択できるよう、彼らは情報を提示する必要がある。

　これを書いていてわかったことで何より素晴らしいのは、すべてがどれほど危機に瀕し、修復の可能性などあり得ないほど損傷を受けているように見えても、我々と協働している高次の存在たちはこのゾーン内でどこまでも安らかなのだ。彼らは道のりの紆余曲折をすべて、明るみも闇もすべて知っていて、さらに絶対に不可能にしか思えないパラドックスから我々を助け出すこともできる。私が自らの目覚めのストーリーを伝えることで、どうしようもないほどつらく壊れきって無駄になってしまった人生がどのようにして本当の価値を生み出す人生へと一変し、他の人々を刺激し励ませるようになるかがわかるかもしれない。そのように告げられた。結局のところ、完璧でなくてもよいのだ。自分を愛し、他の人を愛せるようになれば、あなたの人生は魔法のように変容する。恐怖に依存し続けるなら新たなトラウマが何度も姿を現すだろうし、ハイな時間もそう長くは続かない。日常に耐えるためにストレス摂食、衝動買い、薬物依存を含むありとあらゆる依存行為に耽《ふけ》るのかもしれない。もしあなたが愛、忍耐、謙虚、受容、寛容、真実に直面する勇気を行動でもって示すなら、アセンションはあなたの掌中にある。完全に新しいレベルの人間への進化を飛躍的に遂げるのかもしれない――そしてイエスのようなマスターの能力はすべてあなたのものになる。

第1章

我々はそれをカバール（Cabal）と呼ぶ／この世界のすべてを洗脳に染め上げた者たち

肉体⁉　命⁉　魂⁉／我々はいったい何者なのか⁉

1978年の秋、寒く暗い夜だった。私は自分がベッドの上で空中浮遊していることに気がついた。天井はもっと離れているはずが、ずいぶん近くに迫っていた。周りのすべてが目に見えないエネルギーで振動しているようだった。私は腕を下に向かって押してみたが、何にも当たらない。次に左肩を持ち上げ、右肩を下ろし、胴体をねじった。すると空中で身体をひっくり返すことができた。とてつもなく驚いたことに、5歳の自分自身の身体がベッドで穏やかに眠っているのが見えた。胸が膨らんでは落ちてゆくので、明らかに死んではいない。初めに思ったのは、「あれが自分だとしたら、この僕はいったい誰なんだろう？」ということだった。すぐに関心が向いたのが、この浮いている自分もきちんと服を着ていたことだ——ベッドにいる自分とまったく同じ、赤い袖口の黄色い上下パジャマを着ていた。安っぽい「プラスチック」ポリエステル製の一組のパジャマがいったいどうやっていきなり2着になったのだろう？　この体験は5～6分間続いたが、周りのものはすべて安定していて最後まで鮮やかなリアルさがあった。

　やがてこの信じられない出来事から抜け出た時はあまりにも目がくらみ、ほとんど眠ることができなかった。ほとんどの人はまったく気づいていない新たな未開拓領域を自分は発見したのだ、とすぐにわかった。死んだ後も命は続くのかと思いを馳《は》せることもなくなった。この肉体が死んだとしても、自分にはまだこのエネルギーの身体が――魂が――後にあるのだ。命は単に肉体だけのものではない。我々は何者でどういう存在なのか、そこには人が通常認識しているよりももっとはるかに大きな何かがある。私はこの出来事によって深遠な変容を遂げたため、このパジャマをとっておいた。今でもクローゼットにしまってある。最終的に一番驚いたのは、これは自然な出来事で誰でも潜在的にはできることなのに、経験した人はほとんどいなかったことだ――そんなことが可能だと信じてすらいなかった。それが、この世界は何かが本当におかしいのだという大きな手掛かりとなった。それは今日も同じことだ。私は自分が潜在的に長距離を移動し、どこか他所《よそ》で起きている物事を観察して有益な情報を得ることができるということに気づいた。自分の一部が常時そういうことをしているに違いないということにも、ふと気がついた。そういった経験を顕在意識では覚えていなかったのか、ただの夢だと思っていたかのどちらかだ。その頃は、これが素晴らしい新たな現実の初めての兆候だということは思いもしなかった。この新たな現実は人類に真の希望をもたらしてくれる――大半の人々がどれだけ想像力を働かせても追いつかないほどの世界規模の悪党を打倒するための希望をだ。「ベッドの下に潜んでいるモンスター」に対する我々の集合的な恐れは新しい脅迫が生じるたびに我々をハイにするかもしれない。だが我々が集団レベルで冷静に真実に直面するまでは、依存を断ち世界を癒すことは望めないだろう。

ケネディ暗殺の隠蔽失敗と英国の侵略としてのビートルズ

とても人気のあったアメリカ大統領、ジョン・フィッツジェラルド・ケネディが白昼公然と頭部に弾丸による負傷を受けて暗殺された時、私の両親はアメリカ国民の悲しみを分かち合った。明らかに複数の弾丸があらゆる位置から発射されているように見えたが、ウォーレン委員会は一つの弾丸がジグザグに飛んだのだという説明で片付けた。ほとんどのアメリカ人同様、私の両親もそのストーリーではつじつまが合わないことはわかっていた。すべての責任を一人の殺し屋、リー・ハーヴィー・オズワルドに負わせるのはあまりにも都合が良すぎた。彼は公判に付される前に射殺された。その頃は、アメリカ政府の因子がケネディ暗殺に関与しているとは誰も考えようとしなかった。誰もが眠りから目覚めないまま、身を潜めて静かにしておくことを選択した。この事件から生じた恐怖によるモルヒネ反応を感じながら。集団の抗議運動も、具体的な結果を出すための新たな調査を要求することも一切なかった。ケネディの副大統領、リンドン・ベインズ・ジョンソンが大統領として就任した――そして「軍事活動」を練り上げ、それが間もなくベトナム戦争として知られることになった。第一回として３５００人の海兵隊員が配置されたのが１９６５年３月で、同年12月には20万の軍隊配置に増員された。

１９６３年11月のケネディ暗殺から３カ月も経たないうちに、アメリカにはビートルズという新たな「英国侵略」が到来した。『ザ・シンクロニシティ・キー』で述べたように、女性のビートルズ・ファンの耳をつんざくような叫び声や号泣はＪＦＫ暗殺のトラウマを嚥下《えんか》させる集団カタルシスのように見えた――政府とメディアが参加した隠蔽《いんぺい》工作が失敗したのは明らかだったので、それも忘れさせるためだ。ジョン、ポール、ジョージ、リンゴは突然に新しいヒーローとなり、ケネディが残した壮大な空《むな》しさを埋め、音楽的遺産と名声を生み出した。彼らに匹敵するものも、彼らに勝るものもいまだ現れてはいない。ある意味ではビートルズは新たなハイを生み出し、そうして人々は直前のトラウマを忘れたのだ――そして二度と振り返らなかった。泣き叫ぶファンにあまりにも囲まれるので、このバンドは４枚目のアルバム以降はツアーをやめ、ほとんどの時間をスタジオで過ごした。

最高傑作のアルバム「ラバー・ソウル」と「リボルバー」の後に「サージャント・ペパーズ・ロンリー・ハーツ・クラブバンド」が1967年初めに発表されたが、これはサマー・オブ・ラブ（訳注：1967年夏に起きた文化的、政治的な社会現象。10万人ものヒッピーが集まった）に大きな影響を与えた。

ビートルズはその名声を利用し、殺人に関与している当時の権力に立ち向かうために1967年6月25日、「オール・ユー・ニード・イズ・ラブ」をシングルレコードでリリースした。「アワー・ワールド」というテレビ番組でライブ演奏を行ったが、新たな完全衛星ベースの放送技術を使っての初めての放送だった。25カ国で40億人以上が視聴し、これがテレビ史上で最も人気が高かった瞬間となった。ビートルズは予定していた演目をぎりぎり直前に変更し、若者の間で進んでいた革命を見事に誘発させた。第一次・第二次大戦の頃とは異なり英国は牽引力を持たず、ベトナム戦争にはたった2000人の兵士しか派遣しなかった――だがビートルズは明らかにアメリカのブラザー、シスターたちの状況をずいぶん心配していたのだ。当時はあらゆる変化が起き続け、何百万人もの若者が大きな影響を受けていた。私の両親もそのうちの二人だ。沈黙は死に等しいことが明らかとなり、若者たちは自らの未来を守るために政権勢力に立ち向かわねばならなかった。

宮廷の道化師⁉　ローリング・ストーンズと英国両陛下の要請

1960年代後期の変革期、ビートルズにひけをとらず競合していた唯一のバンドがローリング・ストーンズだ。魔法の一年となった1967年の12月8日、サマー・オブ・ラブの余波が残る中、ローリング・ストーンズは「サタニック・マジェスティーズ・リクエスト」という奇妙なアルバムをリリースした。このタイトルはすべての英国パスポートに記載されている文章をパロディにしたもので、その文章とは「英国女王陛下は要請・要求する」と始まるものだ。アルバム写真に写っているリード・ボーカルのミック・ジャガーは低能帽をかぶっており、これは彼が愚か者、もしくは宮廷の道化師――シェークスピアの戯曲で秘密の政治情報を暴露する登場人物――であることを示している。つまり「宮廷の道化師」は大英帝国を「悪魔のような両陛下」だと発表しているようだった。アルバムの表紙や音楽スタイルは明らかに同年のビートルズの最高傑作のレコードのコピーと意図されていたが、当時のストーンズはかなり麻薬をやっていて「サタニック・マジェスティーズ」は「サージャント・ペパーズ」のような時代を超越した内容ではなかった。

奇妙なことに、ストーンズのドラマーは伝説的な英国王ヘンリー8世そっくりの衣装を着て写っていた。ヘンリーには8人の妻がいたが、うち二人を殺害した。ローマカトリック教会と訣別したことで有名である。ヘンリーはイギリスの憲法を根本から変更して神授王権を制定し、さらにイギリス国王は英国国教会に対する完全支配権を有すると宣誓した——これで実際上、ヘンリー自身と彼の継承者はキリスト教を従える神のような役割を得た。ヘンリーはさらに「私権剥奪法」(尋問なく背信・異端支持の罪を着せる)を行使し、公式裁判を行うことなく多数の反対者を処刑した。ビートルズの主な競合相手が悪魔崇拝をこれほどあからさまに言及・宣伝するアルバムを出したのは相当不可解に見えたが、これは悪魔崇拝が大英帝国にすっかり入り込んでいることを示唆していた。ビートルズが「愛こそすべて(All You Need Is Love)」と言って革命を引き起こしたちょうど6カ月後のことだった。

「サタニック・マジェスティーズ」は地球に落ちてきた地球外文明を讃《たた》えるために書かれたという興味深い暗示をも含んでいる。輪を持った惑星、おそらく土星だろう、がカバー写真のバンドの背後に写っている。著作権法の関係で全歌詞をここに掲載することはできないが、見る価値はある。「2000マン(2000 Man)」という曲のコーラスの歌詞はこうだ……「あぁお父さん、あなたの惑星を誇りに思って　あぁお母さん、あなたの太陽を誇りに思って……あなたは墜落してきたの？」２０１４年にインサイダーからの証言を聞いた後、それについては本著の後半で再度説明するが、こういった歌詞は他の惑星や太陽からやってきた文明が地球に不時着した様子を伝えているのかもしれないと気づいた。――その文明はいま我々がルシファーと呼んでいる地球外生命体に導かれて降りてきたのだと。ルシファーは彼の支持者、聖書には「堕天使」として出てくるが、その支持者たちとともに地球に来たのだ。

地球上でルシファーなんて存在を支持する人間なんているだろうか？　そんなことがあり得るとすら思えない。ここ最近までは、もしこんな概念をあえて信じでもしたら友人や家族から嘲《あざけ》られ、排斥されるしかなかっただろう。膨大な時間とエネルギーを費やし、膨大な調査をし、膨大量のインサイダーからの証言を聞き、そして私個人のリスクを大々的に冒して発見に至ったのだが、地球上にはルシファーを善人と考える巨大な秘密カルトが存在する。この組織を新世界秩序（New World Order）、ビルダーバーガーズ、三極委員会（トライラテラル・コミッション）、イルミナティと呼ぶ人もいるが、ここではカバール（Cabal）と呼ぶことにする。

このカバールはキリスト教の神は知識、自由、性、科学的進歩を抑圧する悪の権化だと信じている。さらにとんでもないことに、この組織は途方もないほどの権力を築き上げている――メディア、金融システム、西欧諸国政府、軍事企業複合体まで、恐ろしいほどの支配力を持っている。直面するのさえ不可能か、もしくは深い動揺を感じることだろう――だがこれについて学びもせずに真実から目をそらして「どこかへ消えてしまう」のを望んでいるほうがはるかに危険だ。十分な数の証拠にあたってゆき、ついには納得すると、最後には「魂の闇夜」を味わうことになる。その深い悲しみのプロセスの間に自分は生まれてからこのかたずっと騙《だま》されていたこと、そして恐ろしい世界規模の悪党が四方八方から自分をいやらしい目つきで見つめていて逃げ場がないことに気づくのだ。これは目覚めのプロセスで不可避な段階である。最終的には自分は幻想の世界に生きている――そして教わってきたすべてのことは、権力者によって意図的に操作されているのだと気づくのだから。
あらゆるインサイダーたちは命がけでこれらの隠された真実を暴露してきた。現代の若者層は、それ以前の世代よりももっと強くこの事実に直面せざるを得ない状態に置かれている。「サタニック・マジェスティーズ」のようなアルバムはトラブルの兆候を簡易に示していたが、それとは違って新世紀世代は映画、ミュージックビデオ、スーパーボウルのハーフタイム・ショー、ミュージック・アワード授賞式、ビデオゲーム、テレビ番組を通して絶え間ないルシファー崇拝のシンボリズムの爆撃漬けになっている。レディー・ガガ、ケイティ・ペリー、リアーナ、ニッキー・ミナージュ、マイリー・サイラスといったポップ・ミュージック界のアイコンのミュージック・ビデオやライブ・パフォーマンスは驚くほど「イルミナティ」のシンボリズムで埋め尽くされている。オール・シーイング・アイ（All Seeing Eye　訳注：全能の目、プロビデンスの目のこと）がその例だ。このカバールは現在、自分たちの宗教を最新流行で格好よく見せようとしてずいぶん積極的な宣伝キャンペーンを展開しているようだ。とはいえ、だからと言ってスターが必ずしもそのメッセージに賛同しているとは限らない。インサイダーによると、このスターたちはひどい虐待を受けている場合が多いらしい。歌手のケシャは前プロデューサーにレイプされたと公然と訴えた。彼女が２０１６年に訴訟を取り下げると、彼女の元にはアデルやテイラー・スウィフト、レディー・ガガなど他のポップスターたちから広く同情が寄せられた。少なくとも18人のセレブたちがケシャを支援すると表明した。

多くのインサイダーから聞いたのだが、この秘密グループは自らの存在を正式に「グレート・リビーリング（The Great Revealing）」という名で発表するほどに組織を築き上げている。幸い、今は膨大量におよぶＹｏｕＴｕｂｅ動画があり、その計略を暴いている——そしてその多くが何百万ものビュー数を得ている。これが次の大規模な若年層の革命となりつつある——人数も潜在的な影響力も、初代のウッドストックをはるかに凌《しの》ぐ規模だ。このミステリーについて壮大な何世代にもわたっての調査がいま進んでおり、その一部として過去に見過ごされたり忘れ去られていた手掛かりが掘り出され、再調査もされている。

重要なので気に留めておくべきことだが、このエリートたちは自分たちが何か悪いことをしているとは思ってもいない。彼らは、我々が弱く無知なので、その弱さ・無知から我々を解放していると信じている。「新世界秩序」の追求のために死ぬことは許容できるとされている。彼らにとっての「悟り」に向かって我々が前進するからだ。彼らが最も厳重に漏らさないようにしている極秘情報の一つが、彼らは地球を訪れた古代地球外生命体の人間の直属血統の子孫で、彼らの祖先は他の我々よりも進化していてファラオや王、神になったということである。この「魔法の血統」というのが彼らが他の誰よりも優れていると思わせる口実で、したがって彼らは地球を支配する権利が――そしてその必要が――あるというわけだ。我々が得た上層部インサイダーからの最高の情報では、彼らは5万5000年前に不時着したET難民グループだったという。戦争で無惨に敗れ、到着したものの、ここを去る技術やノウハウを持っていなかった。彼らは世界中に散らばり、支配体制を敷き、何度かの文明崩壊や支配を企んだ者による暴動を切り抜けて生き残った。「サタニック・マジェスティーズ」の中の歌、「2000マン」では「旋回する太陽」

——おそらく別の太陽系のことだろう——が「私たちはみな、そこから来た」と言う。「ランターン」という曲には「私たちは……星が正しいと知っていた……夜の海を横断した」という言葉が出てくる。そして「２０００光年のかなたに（2000 Light Years from Home）」でメッセージはクライマックスに達するようで、「私たちは……行き先は燃える海のある星……とても寂しい、あなたは故郷から２０００光年も離れたところにいる」という歌詞が出てくる。すべてが明らかに宇宙旅行のことだが、どうしてこれが「サタニック・マジェスティーズ・リクエスト」という名のアルバムに入っているのだろう？　ブルースという極めて重要な存在のインサイダーがいる。彼のことは本著後半で取り上げるが、彼は私にこう言った。「ディヴィッド、君がこれを信じるか、もしくは他の誰かがこれを信じるかどうかは関係ない。それが本当に真実なのかすら関係ない。肝心なのは、〝彼ら〟がこれを絶対的に信じているってことだ。宗教だよ——そして彼らはとても敬虔《けいけん》な信者なんだ。それがわかったら、彼らのやっていることすべてがもっと腑に落ちる。彼らは自分の宗教を実践すれば超自然的な、魔法の力が身につき、多大な名声と富が得られると信じている。金と権力を得れば得るほど、悟りが得られるんだ」だからといって、アーティストたちが必ずしも悪魔崇拝者とは限らない。権力エリートが身代わりを立てるのはよくあることで、彼らが暴露された場合はその身代わりが彼らの代わりに逮捕されるのだ。彼らは自分たちの宗教を魅力的に見せるためには数えきれないほどの嘘を並べ立てることだろう。

ロックンロールは「Top of the Pops」というテレビ番組を通じてイギリス国民に紹介されていた。毎週、売上げで1位だったバンドが番組でライブ演奏をすることができたのだが、ローリング・ストーンズは驚くことに33回も出演した――１９６７年12月21日の「２０００光年のかなたに」も含めてだ。２０１３年、番組のメイン司会者だったジミー・サビルが連続強姦犯だったことが世間に知れ渡った。４５０人以上の犠牲者が名乗り出て、彼がどのように虐待したかについて恐ろしい話を打ち明けた。推定では、犠牲者の総数は軽くその3倍を超えるということだ。サビルはあらゆる小児科病院に融資をしていたが、犠牲者の一人はサビルの関わる病院のうちの一つにある秘密の部屋に連れて行かれたとイギリスのデイリー・エクスプレス紙に伝えた。その部屋は暗く、ろうそくだけが灯されていた。サビルは他の数人とともにそこにいて、みなローブとマスクを身につけていた。サビルは「アヴェ・サタナス」つまりラテン語で「サタン万歳」を詠唱しながら、彼女を性的に虐待し拷問した。これは決してローリング・ストーンズが悪魔儀式で人々を拷問・強姦していたというわけではない。だが、カバールはストーンズの音楽を利用してネガティブなメッセージを広めていたことを強く示唆している。サビルはあまりにも大勢の犠牲者を出したためＢＢＣに彼の行為の噂《うわさ》が伝わらないわけがなかった――それでも彼は１９９０年代までずっと大人気のテレビスターだった。２０１３年以降、さらに発覚したところではイギリス政府上層部に小児愛者が複数いるというものだった――これは小児愛を良しとする、強力な秘密の文化が存在していることを示している。２０１５年５月20日、イギリス警察当局は２６１名もの「公的な有名人」が児童の性的虐待の調査を受けていると発表した。ここにはテレビ・映画・ラジオ界から１３５名、地方・中央の政治家が合わせて76名、音楽業界から43名、スポーツ界からの７名が含まれていた。

２０１６年３月26日、ニューヨークタイムズ紙は暴露記事を発表した。退職した裁判官デイム・ジャネット・スミスがＢＢＣを対象に行った、３年間にわたる独自調査の結果である……「７００ページ以上にわたる批判的な報告において、デイム・ジャネット・スミスは……ＢＢＣスタッフはサビル氏に対する苦情については知っていたが『苦情を申し立てないという文化』のため、その非難が最高幹部に伝えられることはなかった、と言った……デイム・ジャネットは『恐れの空気』はまだ社内に存在しており、この報告のためにインタビューを受けた人々の中には名前を公表しないと保証するとやっと話す人もいた、と言った。彼らは何らかの報復措置を恐れているのではないかと思う、と彼女は言った」

この惑星は邪悪な宇宙戦争の餌食となっている⁉︎／ヒントは公にある

1968年初期までに55万のアメリカ軍隊がベトナムに配置された。大勢の意思に反してのことだった。アメリカの風潮はとても暗かった。この年、私の父は母に出会った。二人ともニューヨークのスケネクタディにあるゼネラル・エレクトリック社で働いていて、二人は会ってすぐに恋に落ちた。母はキリスト教原理主義の家庭で育ち、結局幻滅して家を出てフィラデルフィア聖書学校に行った後に家族と訣別した。彼女は教わっている教義について知的な質問をしたため、権威筋は彼女の考えを徹底的にこき下ろして論破した。最終的に彼女は不滅の魂に誓う文書に強制的に署名させられた。彼らが彼女に教えたことは隅々まで信じる、さもなくば卒業証書は受け取れないという内容の文書だった。極度に厳格なしつけを受けた結果、彼女はすべての音楽、映画、テレビ番組を避けてポップ・カルチャーとはほぼ完全に切り離された生活をしていた。

私の父はホラー映画が大好きで、母に一緒に「ローズマリーの赤ちゃん」を見に行こうと説き伏せた。この映画が彼女にはあまりにも怖くて嫌な気分になったようで、私は子供時代何度も彼女がその時のことを話すのを聞いた。この映画は平凡な人々の中に悪魔崇拝者がうまく溶け込んで生きている様子を描いたもので、かなり真実味を持っている。主人公夫婦と同じ建物に住む親切そうな年配夫婦が実は夜になると悪魔崇拝の儀式を行っている。映画の中で、売れない俳優が「奥さんと子供を作り、その子供を生け贄《いにえ》としてサタンに捧げたら彼のキャリアは好転する」と告げられる。彼の妻は薬を飲まされて悪魔儀式に運び込まれる。そこで悪魔が肉体を持って現れ、彼女を妊娠させる。映画の最後で、彼女は自分の赤ちゃんの目が赤く光っていることに気づいて恐怖に襲われる。カルトから、彼女は「選ばれし者」だと告げられ、自分の赤ちゃんがサタンの卵であることを光栄に思うべきだと言われる。さらに、嫌ならカルトに加わらなくともよいとも告げられる。彼女は、赤ちゃんが恐ろしい姿をしているにもかかわらず、愛し育てる決心をする。悪魔が肉体を持って現れるという非現実的な概念にもかかわらず、この映画には圧倒的なリアル感と恐怖感があった。映画を見た人は悪魔崇拝者は私たちの中にも混じって生活しているかもしれない、その可能性は十分にあると信じさせられた——それにローリング・ストーンズの当時の最新アルバムのタイトルは洒落にならなかった。

「ローズマリーの赤ちゃん」はロマン・ポランスキーが監督した映画で、もともとは主人公に彼の妻であるシャロン・テイトをキャスティングしたいと思っていた。ポランスキーは撮影スタジオにプッシュはせず、スタジオ側から彼の妻を提案することを期待していた。だがそうはならなかった。テイトは脚本に注記を書いて貢献した。妊娠させられるシーンについてもだ。彼女は舞台セットに何度も姿を現し、映画の宣伝のためにエスクァイア誌による彼女の撮影も行われた。

1968年11月、ビートルズは複雑な情緒的アルバム「ザ・ビートルズ」をリリースした。これは「ホワイト・アルバム」として知られている。ちょうどリチャード・ミルハウス・ニクソンがアメリカ大統領選に勝利した頃だ。このホワイト・アルバムに「レボリューション1」という曲があり、公然と大々的な政治的方向転換を予言している。これが再度、世界中の当時の若者たちが変化を望む気持ちを結晶化させる後押しをした。このアルバムはとても暗いテーマも扱っていた。ジョン・レノンが次第に重い麻薬依存に陥っていったからだ――それが「ハピネス・イズ・ア・ウォーム・ガン」のような曲に繋《つな》がっている。この曲はヘロインを打つ様を露骨に描写しており、みだらなブルースにのってレノンは孤独だ、自殺してしまいたい、ロックンロールなんて大嫌いだと叫んでいる。ポール・マッカートニーの「ヘルタースケルター」も荒れていて粗野で暴力的な感覚が伴う。アルバムの中で一番変わっているのは「レボリューション9」で、実に嫌な気分になる音の「バッド・トリップ」が延々と続く。機関銃の発射音、人々の叫び声、いつまでも耳に残るホラー映画の不快な音なども入っている。ポール・マッカートニーが彼の自伝『メニー・イヤーズ・フロム・ナウ』で明かしたところでは、アルバムからこの曲を外すようかなり抗議したが、彼は負けたと言っている。ホワイト・アルバムはビートルズの全作品の中でも最高の売上げ枚数を出した。だがローリング・ストーンズ誌のジャーナリストたちは「サージャント・ペパー」、「リボルバー」、「ラバー・ソウル」のほうがクォリティでは優れていると見なしている。

ローリング・ストーンズは１９６８年12月6日に彼らの最高傑作アルバム「ベガーズ・バンケット」をリリースしたが、クオリティは前年の「サタニック・マジェスティーズ・リクエスト」に比べて目覚ましい改善を見せた。１９６９年2月にこのレーベルはそのうちの1曲「悪魔を憐れむ歌（Sympathy for the Devil）」をシングルでリリースした。これは「サタニック・マジェスティーズ」でほのめかしたミステリーをダイレクトに引き続き暴露しているように思われた。確かにこの歌はかなりショッキングで分析の価値はある。ミック・ジャガーは自分がルシファーであるかのように歌う――世界に自己紹介をし、我々の理解と尊重を求めるのだ。ルシファーに扮したジャガーは自分はイギリスのエリート層のように極めて裕福で教養があり、もし彼と話をしたければ最高レベルの礼儀とマナーをもって近づかなければならないと歌っている。

ルシファー役のジャガーは、いくつかの重要な歴史的出来事は自分の手柄だと言う。順番に言うとイエスの誘惑、1917年のロシア革命のきっかけとなったサンクトペテルブルクのロシア皇帝暗殺、ナチス・ドイツの武力侵略、王や女王が「自分たちで作った神」を巡って行った100年以上にわたる戦争、ケネディ暗殺、インドのボンベイに向かっていたイギリス兵の死。ベトナム戦争との関係もほのめかしている。有効な調査や内部告発者が明らかにしているが、実際にロシア革命もナチスドイツもケネディ暗殺も大英帝国もたった一つの組織が資金調達を行ってきた。そして第一次世界大戦・第二次世界大戦の両サイドを保有かつ支配していたのもそうだ。この証拠については私のオンライン書籍『Financial Tyranny』にまとめてある。したがって、このローリング・ストーンズの歌は確かに「悪魔を憐れむ」純粋な試みであるようだ。ルシファー役のジャガーは我々が最も当惑・混乱する出来事、それが彼のゲームの本質だと言う。ルシファーは――あるいはこの場合は英国両陛下で、ルシファーは守護聖人であろう――地球を最も傷つけてきた出来事の多くは彼の仕業だったのだ。後にインサイダーから言われたのだが、ルシファーの最大のトリックは、彼は存在しないとすべての人に思い込ませているところだそうだ。暴露の可能性のある一節もある。ミックが高音域を裏声で「一度だけ言う、君の責任だ」と歌うが、これはもし我々がこのミステリーを自分たちで解かなければ、我々はこのような犯罪が継続することを間接的に認可しているのだ、と示唆している。

ドアーズのジム・モリソン／その死そのメッセージの謎

父が母をドアーズ出演のライブコンサートに連れて行った頃、母はまだキリスト教への幻滅に心揺らいでいた。ジム・モリソンが絶頂期を迎えていた頃だ。モリソンはLSDを試し、バンド名はオルダス・ハクスリーの麻薬体験記録「知覚の扉」へのオマージュだった。モリソンが母に与えた影響はとてつもなかった。一夜にして彼女の人生はすっかり変わったのだ——彼女の態度、価値観、目標まで。彼女が子供時代から育てられるのに指針となった宗教への不満、彼女が漂わせていた抑圧的な雰囲気、そして国中の若者がぞんざいに放り込まれていた恐ろしい地獄が変容した。ほとんどあっという間に彼女は音楽や1960年代後半の若者たちによる反戦運動の思考・概念を受け入れた。これを目覚めと呼ぶ人もいるだろう。モリソンは時のヒーローとなり、ムーブメントの顔となっていた。ステージ上で恐れ知らずに権力への抵抗をはっきりと示し、人生を一変させるような、超越的な音楽を生み出していた。

ジム・モリソンにもきわめて暗い面があり、彼が悲劇的な死を遂げる前にはそれがどんどん明らかになっていった。ドアーズの1971年のシングル「ライダーズ・オン・ザ・ストーム」はLSDを摂取する人物を描いており、「彼の脳はヒキガエルのようにもぞもぞ動いている」と歌う。この人物は最終的には妹、弟、父親、母親を残忍に殺す。さらには連続殺人犯となってヒッチハイクする――「もしこの男を車に乗せたら、温かな家族は死ぬことになる」少なくとも一度、インタビューでモリソンは連続殺人犯のビリー・クックからインスピレーションを得てこの曲を書いたと言った。クックは6人を殺害したが、その中にはカリフォルニアへ向かうヒッチハイク中に殺した若い家族も含まれていた。奇妙なことにモリソンは「ライダーズ・オン・ザ・ストーム」がビルボード・ホット100チャートで3位になったその日に麻薬とアルコールの過剰摂取で死亡した――この曲とそのメッセージにまつわる、記憶にいつまでも残る強烈で心かき乱す謎を残して。

死の落とし穴ベトナムへようこそ／軍人はアメリカ政府の所有物

私の父はモリソンのライブを見に行った頃、ベトナムという死の落とし穴に送り込まれる恐怖に怯えていた。父は徴兵を避けることを願って、陸軍予備軍に契約をした。そして1968年にヴァージニア州フォート・リーにやむなく移住して母と結婚し、1969年6月にベトナムで兵役を開始することになった――これは父にとって最悪の悪夢の実現だった。彼の父親はこの時ほど息子のことを誇りに思ったことはないと告げたが、父にとってこの言葉は信じられないほどの裏切りだった。父は軍用機ではなく、民間航空機で飛ばされた。着陸すると、魅力的な女性客室乗務員がまったく通常通りの調子でアナウンスをした……「時間は午前8時30分、現地の気温は華氏99度です。ベトナムへようこそ！」

兵士たちは飛行機から降りると、滑走路上に火が燃やされていて、その火を囲んで輪になるように告げられた。これが最後のチャンスだ。もし違法の品物を持ってきていたら、ここで火中に投げ入れることができる。何か尋ねられることも一切ない。ここで捨て損なった兵士は調べを受け、それは厳しい罰を受けることになる。父は自分の母親からもらった不安神経症の睡眠薬をこっそり持っていた。戦闘が進行している地域でこの薬を所有していると、彼にとっては非常に都合が悪い。彼は薬を火の中に投げ入れ、それまでの彼の人生のすべての秘密と執着を放棄した。その次に兵士たちはハンバーガー・ヒルについて話を聞いた。そこに送られるとベトコン兵士たちに包囲された丘を強制的に急襲させられ、ほぼ確実に殺されることになる。その場でくじ引きが行われ、そこに立っていた大勢の男たちが確実に、即座に死ぬ場所へ送られた。父は幸運なことに行かずに済んだが、この経験と予想外の圧倒的な酷暑のせいで心の奥底まで揺さぶられた。彼は「アメリカ政府の所有物」となったこと、政府は彼に対し完全に全面的な支配力を有していること――彼の生死も含めて――を告げられた。

父はベトナムで最大の米軍基地があったロンビンに配置された。陸軍予備軍に入隊していたおかげで、彼は軍の記者として勤務することができ、前線には行かずに済んだ。記事となるストーリーはAP通信社などから「ワイヤー」（訳注：通信回線）を通して入り、父はそれを全兵士たちが読めるよう日刊新聞に組み入れた。父は自分でも記事を担当し、戦場で出た死者の報告も一人残らず載せた。

父は勇敢にもロックンロールという音楽を通じて起きていた革命のことを記事に書いた。こんなことをするとすぐに軍法会議にかけられるか、「事故」で殺される可能性があった。私の父がいなければ、ベトナムで最大の米軍基地にいた兵士たちは1969年のこの重要な時期に音楽界で何が起きていたかほとんど知る由もなかっただろう。このように父は映画「グッドモーニング、ベトナム」でロビン・ウィリアムズ演じるラジオDJにそっくりな存在となった。母は父に最新のレコードをすべて郵送し、父はそれを聴いて記事を書き続けた。また、故郷で起きていたもっと大きな社会問題――アメリカにいる兵士の友人たちが戦争を終結させるために戦っていることを暴露した。その一つがニューヨークのベスルで開催予定の大規模な音楽フェスティバルについての報道だった。ベスルの農家が取引を白紙に戻し、最後の土壇場にこのフェスティバルはウッドストックへと移行したのだった。

ウッドストックとマンソン事件／支配者への反抗はこうして潰される

ウッドストック開始の６日前の１９６９年８月９日、ギターをかき鳴らすロック・スター気取りのチャールズ・マンソンは彼の信奉者一団を率いてロマン・ポランスキーの妻で芸能人のシャロン・テイトを殺害した。彼女は妊娠８カ月半だった。彼女も赤ちゃんも攻撃で死亡し、他にも４名が同時に残酷に殺された。テイトは「ローズマリーの赤ちゃん」で夫の脚本を手伝った他に、映画出演もした。「Eye of the Devil」（１９６６年）ではブドウ園の名声を取り戻すために血の捧げものを欲する魔女を演じ、「哀愁の花びら（Valley of the Dolls １９６７年）では麻薬の極度にネガティブな効果を演じた。１９６７年の「吸血鬼（The Fearless Vampire Killers）」も出演作である。

妊娠中のセレブがお腹の子供もろとも殺害されるとは非常に恐ろしいことだった。それも似たような脚本を書く手助けをしてちょうど2年後のことだった。「ローズマリーの赤ちゃん」では、夫が俳優としてもっと成功するように、女性の子供は生け贄にされることになっていた。実在の悪魔崇拝カルトがテイトと赤ちゃんを生け贄にする予定だったという その概念が、大半の人にとって気分が悪く耐え難いものだ。マンソンと彼の信奉者らが集団殺人に及ぶあいだ、彼はビートルズのホワイト・アルバムをかけていたと言った。彼は具体的に「ハピネス・イズ・ア・ウォーム・ガン」と「ヘルター・スケルター」を引き合いに出し、彼がやらねばならないというメッセージがそれらの歌に符号化されていると主張した。

2000年半ばに複数のインサイダーからマンソン殺人事件は意図的なやらせだったと聞いた。ヒッピー運動を破壊し、ヒッピーは全員、潜在的に暴力的な連続殺人犯なのだと悪魔に仕立て上げるためだ。具体的にウッドストックに嫌悪感と恐怖の雰囲気を徹底的に着せ、その勢いを崩すことを意図して行われたのだ。身の毛がよだつ殺人の記事はウッドストックのイベントが始まるまでの6日間、毎日新聞の見出しを埋め尽くした。殺人を犯したのはロックを愛するヒッピーで、木々のため・自然のためにやったのだというのが彼の言い分だった。この残虐行為の陰の主催者は、エリートに対抗するこの新たな革命をこれから受け入れようとする新しい人々を怖がらせて追い払いたかったそうだ。そしてビートルズを悪そのものの化身にまつりあげようとしたのだ。だがこのきわめてネガティブで大規模なトラウマにもかかわらず、ウッドストックは人々の想像をはるかに超えて人気を博した――私の父は多大な身の危険を冒し、ベトナムにある最大の米軍基地にいる兵士たちのために全ストーリーを報道した。

そのほんの数カ月後の１９６９年12月６日、サンフランシスコのローリング・ストーンズのコンサート会場の最前列で、メレディス・ハンターという名の黒人男性がヘルス・エンジェルスという暴走族に刺殺された。そう聞いても驚きでもないかもしれない。議論を呼ぶことではあるが、ヘルス・エンジェルスはイベントの警備のために雇われていた。ハンターはステージに接近し、ヘルス・エンジェルスに手荒く追い払われ、ハンターがエンジェルスに銃を突きつけたので、刺されて死に至ったのだ。これを「人間の生け贄」と呼ぶ人もおり、この映像はローリング・ストーンズの有名なドキュメンタリー「ギミー・シェルター」に登場する。

この議論にもかかわらず、ローリング・ストーンズは１９７３年８月31日にルシファーを主題とした別のアルバム「山羊の頭のスープ（Goat's Head Soup）」をリリースした。カバーには女装したミック・ジャガーが顔にヴェールをまとった姿で写っている。その髪は昔ながらの英国風のまとめ髪で、頭の上にまとめられた髪は微妙ながら紛れもなく悪魔の角の形をとっている。このアルバムにはストーンズの有名なヒット曲「悲しみのアンジー」が収められているが、ほかにも「ダンシング・ウィズ・ミスターD」という曲が入っている。この曲中は麻薬（Drugs）、死（Death）という言葉が何度も歌われる。そしてその中で歌手は墓地で首の周りに頭蓋骨をつけた人物に出会い、「密会」——性的経験——を持つ。また、黒い服を着た女性が欲望に満ちた目でこの歌手を見つめるが、結局彼女の身体の肉は骨から剝《は》がれ落ち、彼女の目は地獄の火のように燃えるという情景が歌われている。

母の願いはスピリチュアル・リーダー／私（ディヴィッド・ウィルコック）はこうして生まれた

父がベトナムから戻ると両親はしばらくの間妊活に取り組んだ。そして1972年6月にようやく子供ができた。その直後、6月17日にリチャード・ニクソンの大領領再選チームが2期目の再選を勝ち取るために民主党全国委員会の本部に盗聴器を仕掛けようとして侵入し、捕まった。これがウォーターゲート事件として知られるドミノ倒し効果の始まりだ。この事件は最終的に戦争を商売にするニクソン体制の発覚・破綻《はたん》に繋がり、若者世代を丸ごと犠牲者にしていた致死的なベトナム戦争は終結した。母は妊娠期間中に夢やビジョンを見た。それを通して彼女が身ごもっている赤ちゃんはスピリチュアルなリーダーになる、彼女は彼がスピリチュアル・リーダーになるように育てなければいけないと告げられた。母は2000年代後半までこのことを私には言わなかった。自惚《うぬぼ》れずにこの話を聞けるだけの謙虚さが私になかったら、一生言わないでおこうと思っていたらしい。

9カ月後の1973年3月8日、私は生まれた。ちょうどその3週間前の2月14日に、ゼネラルエレクトリック（GE）社は父を解雇した。父は薔薇《ばら》の花とチョコレートを持って家に帰り、母にハッピー・バレンタインの幸運を贈り、そして自分が解雇されたことを伝えた。父はやむなく緊急で仕事を探すしかなく、唯一見つかったのはニューヨーク州のバッファローでの仕事だった。スケネクタディの自宅から車で片道4時間離れたところだ。結果的に私が生まれてすぐに父は仕事に赴き、母は父の両親とともにスケネクタディに残った。

ウォーターゲート事件を受けて1973年3月17日から8月7日までの間上院委員会公聴会が行われ、前政府関係者が証言を行った。3大ネットワーク——ABC、CBS、N

BC――は一日ごとにそれぞれの放送局が独占報道できるよう交互に公聴会をライブで放送した。テレビを持っているアメリカ人の85％がこの3局の、少なくとも公聴会の部分は視聴していたと推定されている。最大で85％のアメリカ人が、自分たちの知っている政府が、自分たちで選出し、多くの場合愛してもいた政府が非道な独裁だったことに恐怖を覚え、動揺していた。秘密を隠し通し、嘘をつき、政敵を倒すために盗聴を働いていたのだから。この公聴会が始まって14カ月後にニクソンは強制的に辞任させられた。8カ月後にベトナム戦争が終わり、この見るからに腐敗した政府は若者をトラウマ的・致死的な戦闘現場に送り込むことはできなくなった。
奇妙なことに、ウォーターゲート事件の公聴会がテレビで始まるたびにベビーベッドにいた私は眠っていても必ず泣き始めることに母は気がついた。さらに、私がぐっすり眠っている間にアパートの廊下の先にある洗濯物を取りに行くつもりで部屋から出て行こうとすると、ドアのノブに触れた途端に私は目覚め、泣き始めた。どちらも何度も繰り返し起きたので、それが「ただの偶然」と思うほうが不合理になっていた。私が泣いたのはこの時だけで、それ以外はとても穏やかでのんびりした赤ちゃんだった。こんなに幼い頃でさえ、私は直感的に周囲の人間の思考や感情を個人レベル・集団レベルの両方で感じ取り、それに反応しているのだと私の母は感じていた。

第2章

私はマークされているのか⁉
UFOの夢、空中浮遊の夢、
映画「スター・ウォーズ」との
シンクロニシティ

シャーマニズムへの関心とカルロス・カスタネダの登場

1960年代の麻薬文化がきっかけとなってアメリカ先住民のシャーマニズムへの関心が高まった。それはカルロス・カスタネダが書いた人気の書籍を中心に具体化していった。カルロスによると、これは彼がドンファンと呼ぶヤキのシャーマンと彼との会話・体験を記録に残したものらしい。カスタネダの友人らはそのとても本当だとは思えない話の多くは、特に後期の本は作り話であることを明かした。しかし根本的な概念は多勢の人々にとって——私の母にとっても——貴重なものだった。私たちの周りには別の現実があり、そこで目に見えない霊的な力が私たちを導いている。私の母はそんな可能性に気づいた。適切な霊的指示の下で練習を積めば、その「セカンド・アテンション」に入ってそういう存在たちと直接コンタクトすることが可能だった。こういった概念から私の母は刺激を受け、彼女はベッド脇にノートを置いて夢を書くということを始めた。そして彼らはシンボルを使って有益なガイダンスを出してくれていることを発見した。私は幼い頃からこのことを聞いていて、私自身も夢を生き生きと詳細まで思い出すということを始めた。

父はどうにかしてGE社で別の仕事に就くことができたので、祖父母の助けを得て我々はニューヨーク州スコシアにある寝室が３部屋、バスルームが１つの家に引っ越した。モホーク川の反対側、スケネクタディの向かいの辺りだ。これで父の通勤は楽になり、ラッシュアワーで渋滞していても15分以上かかりはしなかった。我々の引っ越し日は偶然にも１９７３年10月31日、ハロウィンの日だった。幸運なことに、私はこの家で残りの子供時代と青春期を過ごすことができた。母は私の弟が１９９７年に大学を卒業するまでこの家を手放さなかった。我々が住んでいたのはグレンビルの米軍基地からほど近いところで、巨大なＣ－１３０ハーキュリーズ航空機が時折庭の上を信じられないほど低い高度で飛行していた。これがとてつもなく大騒音でその振動は胸の中まで響いた。飛行機はあまりにも大きくて空一面をほぼ覆い隠すほどだった。裏庭でそれを目撃することは、私にとっては極めて強烈でショッキングな出来事だった。私は似たような巨大な航空機が庭の上空を飛んでいるのを見るという夢を繰り返し見るようになった――ただ、夢の中の航空機は巨大な葉巻型の、羽のない円柱型だった。音もなく、地面の上を飛ぶ時に奇妙な動きを見せていた。私の母も、夢の中でとても似た航空機を見ていた。

テレビと音楽のパワー／カバールのルシファー化戦略、深く潜行の時代

当時は4つのテレビ局しかなかったなんてミレニアル世代（訳注：2000年代に成人あるいは社会人となる世代）にはなかなか理解できないかもしれない。選択肢にあったのはCBS、ABC、NBC、そしてPBS（公共放送 Public Broadcasting System）、この局はコマーシャルがなく、放送の維持は視聴者からの寄付に頼っていた。もっとも重要でうまく作られたテレビ番組は午後8時から始まる「プライム・タイム」（ゴールデンタイム）に放送される。3つの放送局とPBSしかないのだから、選択肢は実に限られていた。これはつまり、多勢のアメリカ人が同じ番組を見ていたことになる。断然、私の父が絶対に見逃さなかった番組は二つ。「M＊A＊S＊H＊」朝鮮戦争で起きたことを描いたもの、そして1950年代の文化を理想化して描いた「Happy Days」だ。母にとってテレビは子供向けの教育番組以外はただの我慢の対象に過ぎなかった。テレビがついている間は立ち上がって歩き回ったり、部屋を出て行ったきりになることがよくあった。

母は私が幼かった頃から一緒に座って本を読み聞かせてくれた。言葉を指差しながら大

きな声で読んでいた。そして早くからＰＢＳの教育番組を、特にジム・ヘンソンの人気番組「セサミ・ストリート」を私に見せた。思い返す限りでは、一日も見逃さなかったのを記憶している。この番組は実にうまく子供に読み方を教えてくれる、素晴らしい番組だった。覚えているのは、人の横顔の画像を映し、一定の文字の連なりや音節の発音を音で聞かせると共にその横顔から文字が次々と出てくるというもの。何度かこのようにして言葉を構成して見せていた。これでスペリングや、文字が連なった時にどんな音になるかがわかる。数を数えるというのもあった。吸血鬼の人形がいろいろな数を発音しながら画面に現れる。そうやって数え方の順番を教えていた。この番組を見て毎日の物語の時間を過ごしているうちに、私は2歳になる頃には読み方を習得していた。５歳で幼稚園に入った頃には、大半のクラスメイトよりもかなり進んでいた。

私の父は１９７０年～１９７１年に「ＫＩＴＥ」というポップ・カルチャーの地元新聞の自主発行を始め、地元にコンサートに来るメジャーなロックバンドについて知らせる記事を書いた。これが宣伝となってコンサートを開催するレコード会社にとっては経済的成功に欠かせないものとなり、私の父はレコード会社にとって貴重な存在になった。その結果、毎日午後になると家の前にＵＰＳ宅配便のワゴン車が停まり、１・３㎝～５㎝までのあらゆる厚さの60㎝サイズの段ボール箱が届けられた。中に入っていたのは貴重な宝物……世に存在するすべてのレコード会社が発売した最新レコード全種類だ。一日に2～3箱届くのが普通だった。新しいロック・アルバムは売れているものも、そうでないものもほぼすべて届いた――大半は売れなかった。どのアルバムも何らかの印付けがされていた。厚紙のアルバムジャケットにパンチ穴が開けてあったり、ジャケットの角が切り落とされていたり、「プロモーション専用」と大きなスタンプが押されていた。レコード会社はアリスタ、コロムビア、CBS、アトランティック、ワーナー・ブラザーズなどもあった。父にはすべてのコンサートへの無料チケットとバック・ステージ・パスも贈られた。父は魔法を生み出すヒーローたちに直接会いに行くことができたのだ。

父は午後5時20分にスーツ・ネクタイ姿でGE社から帰宅し、母が我々のためにテーブルに支度してあった夕食を食べ、そして2階に上がってTシャツとジーンズ、フランネルのシャツに着替えた。夕食後は当時一番だったロック・アルバムがかけられた。録音は44分にきっちりとまとめられており、レコード片面に各22分ずつ収められていた。午後7時にテレビがつけられ、ウォルター・クロンカイトの「CBSイブニングニュース」を見た。クロンカイトは「アメリカで最も信頼されている男性」と考えられていた。父は一度も欠かさずにこのニュースを見ていた。クロンカイトがよく言っていたように、「民主主義のために世界が安全であること」を確実にするためにこの番組を見ることは欠かせないほど重要だと父は考えていた。私も何年もの間、父と共に一度も欠かすことなく放送を見ていた。そしてその結果、世界で何が起きているか完全にわかっていた。

金曜の夜はウォルター・クロンカイトの後にロック・ミュージック・マラソンの時間になることがよくあった。他のどのレコードよりもはるかに多く聴いたのがレッド・ツェッペリンのヒットアルバムの特に1、2、4で、父は彼らのヘビーなブルースにとても感化されていた。私は有名なローリング・ストーンズのアルバムもすべて聴いたし、エアロスミスの初めのアルバム4枚も聴いた――エアロスミスはアメリカのレッド・ツェッペリンたる存在であり、彼らもハードロックなブルースの影響があり、大人気だった。私はさらに60年代の傑作を数多く聴いた。ジミ・ヘンドリックス、ジャニス・ジョプリン、ドアーズ、ムーディー・ブルースなどだ。そして70年代サイケデリックのゴールドディスク、たとえばピンクフロイドの「おせっかい（Meddle）」やタンジェリン・ドリームの「ルビコン（rubycon）」も聴いた（父はビートルズを嫌い、彼らの音楽は一切かけなかった。露出過度だと感じていたのだ――そのため、私はビートルズの曲の大部分を聴いたことがなく、２０１０年になって彼らがこれほど歴史的影響力を持っていた理由を調査した時に初めて彼らの曲を聴き始めた）。父はアルバムをかけている時によく立ち上がって母や私と踊った。それで私の心の深い、ほとんど無意識レベルでこの音楽はポジティブなものだという位置づけになった。その頃はローリング・ストーンズにネガティブな関連性があるとは思いもしなかった。私の父は、どれ一つ深刻にとらえてはいなかった。時が経つにつれ、他の多くのバンドが似た道をたどり、神秘的なオーラをリスナーたちに見せていた。重要なので覚えておくべきだが、カバールはこのメディアに露出している人々に突然の変化をきたすようなことはしない。彼らの目標は、徐々に、長期的にルシファー信仰のシンボリズムを一般大衆に導入してゆくことである。彼らは最終的に敵対的な世界奪取をし、新世界秩序（ニュー・ワールド・オーダー）を築くつもりだ。新世界秩序においてはすべての人間がこの新しい信念を受け入れることが要求され、受け入れなければ投獄され、拷問され、殺されることになる。

毎土曜日、父は誰もほとんど使ったことのなかった折りたたみ式のリビングテーブルに向かって座り、最新の記事をタイプで打った。その記事を父は「コラム」と呼び、グレーとブルーのスミスコロナ電動タイプライターで打っていた。その間は私が父に話しかけることも、周囲で音を立てることも禁じられ、そのルールは彼が記事を書き終えるまで厳密に守られた。父は数多くのバンドに電話でインタビューをしていた。彼はレディオ・シャックから買ってきたおかしな黒い吸着カップを受話器に取り付けて電話の内容をカセットに録音した、と言ってもほとんど聞き取れないような録音で、同時にメモもとりながら話していた。父のある記事がローリング・ストーンズ誌に実際に掲載されることになった。それはロック記者なら誰もが憧れることだったが、一記事あたりの報酬が25ドルと知って悲しみに打ちひしがれた。時間とエネルギーをローリング・ストーンズ誌の記事のために費やし、同時に家族を養うのは何をどうしても不可能だった。

私の両親は私が2歳という幼い頃に私をコンサートへ連れて行った。この時はグレートフル・デッドのコンサートでハーレイ・ダビッドソンのバイクに乗せられた。マリファナの使用は古典的なロックアルバムで大々的に宣伝されていた。ヘンドリックスは「俺の脳の中はパープルのかすみでいっぱい」と歌い、レッド・ツェッペリンのリードボーカル・ロバート・プラントは「stuff（麻薬）を吸ってワインを飲み干した」とヒット曲「カリフォルニア」で歌っている。マリファナの煙の甘く複雑な香りはどのコンサートに行っても漂っている、避けられないものだった。警備員が通り過ぎるや否や、火のついたパイプやジョイントがごっそり現れ、あたりには濃い煙が立ちこめるのだった。バンドがバックステージでマリファナを吸っている姿も普通に見られた——私は父が記者をしていたおかげで、有名なバンドに数えきれないほど会った。ほかの子供を見かけることはまずなく、私のシャツに色とりどりに輝くバックステージパスが貼り付けられているのを見て人々はよく憎らしげに私を睨《にら》んだものだった。

UFOの夢とマイケル／地球での素晴らしいイベント、スーパーパワー

私の弟マイケルは1975年4月7日に生まれた。母が妊娠中のお腹を私に見せ、もうじき弟が生まれるのよと教えてくれたのを覚えている。ある晩、私は母にこう伝えた。お母さんのことが大好き、だから弟が生まれたらもうお母さんとはこんなに仲良くできないんだと思うと悲しい、と。母は私が無邪気にこう伝えた時は落ち着きを保っていたが、すぐに部屋を出ていき、しばらく静かに泣いていた。その後、もっと年をとるまでその夜何が起きていたのか知らなかった。母はマイケルを妊娠している間、非常にリアルな夢を見ていた。裏庭に出て畏怖を感じさせるUFOを見るというもので、その中には私が夢で見ていたのとまったく同じシリンダー型のUFOもあった。私が見た夢では時折、夜に母と手を繋《つな》いでこれらの宇宙船が庭の上空に浮かんでいるのを一緒に見ている時もあった。私の母の夢はあまりにも鮮やかだったので、UFO現象には真実が隠されているに違いないと信じるに至った。そして彼女にとってUFOは大きな謎、ミステリーだった。

私は弟の存在を心から楽しんだ。彼には私とは違った才能があった。芸術を生み出すこ

とに多大な興味を持っていたのだ。彼はペンと紙を使える年齢に達した途端、複雑な迷路を描き始めた。それは解答が一つしかない、立派な迷路だった。年が経つにつれて迷路は難しくなってゆき、私はよくずるをして出口から入り口へと反対になぞったものだ。弟はほかにも絵や文字などに精緻《せいち》なデザインを施し、その中にも迷路が組み込まれていた。マイケルは幼い間、私が幼かった頃に比べてずいぶんよく泣いた。母が受けたアドバイスはそのまま泣かせておき、毎回助けに行かないように、そうしなければ依存になるからというものだった。マイケルは5歳か6歳頃になるまで恐ろしい癇癪《かんしゃく》を起こすことがあり、激怒し逆上して身体を震わし、私が彼の機嫌を損ねると嚙《か》み付こうとすることもあった。私はそれが怖かったが穏やかでいるようにし、弟に傷つけられることのないようにした。

マイケルが生まれてから間もなく、私のUFOの夢はそれ以前よりかなり鮮明で私に向けられた夢になった。見た夢を細部にわたって母によく説明したが、母はそこまで覚えていられることに驚いていた。多くの場合、夢の最後には私はとても未来的な外観の宇宙船に乗っていて、窓の外を他の宇宙船が通過していくのを眺めていた。グレーの髪に髭《ひげ》をたくわえた老齢の賢人と何度もミーティングをした。彼はフード付きのローブを着ていて、いつもそのフードは下ろされていた。彼は何度も繰り返し、地球で素晴らしいイベントが起きる、世界は非常に良い方向に変わり、我々にはスーパーパワーがもたらされるのだと私に語った。私が生きているうちに、それを目撃することになるだろうと彼は言った。さらに、その過程で私が重要な役割を果たすことになる、そしてとても有名になるよと言った――私の父が会っていたロックスターくらい、もしくはもっと有名になると。ある時は空港のような所にいて、そこには巨大な司令塔も完備してあった。だがそこに停められていた宇宙船は断然に格好よく、そのような乗り物は他のどこにも見たことがなかった。

セス『個人的現実の本質』／あなたは自分の現実を創造している

私の母は幼少期に宗教的教育を受けたことや再生派キリスト教にどれほど幻滅したか話してくれたのを覚えている。原理主義者は他のタイプの人たちよりずっとはるかに批判的・虐待的で、彼らと考えを異にする人がいると彼らは心からその人は地獄で永遠に焼かれると信じているからね、と母には警告された。また、母は良い人間であること、他人に親切にすることの大切さについても私に語った。彼女の話では、我々が気づいていようといまいと、我々は皆家を建てるためにここにいる。愛に満ちたことを考えたり誰かのために良いことをするたびに、壁のレンガが一つ増える。人を憎んだり傷つけたりする時は、我々は自らレンガを一つ取り除いている。私にはこの話が腑に落ち、心の底から母の言う通りだと信じていた。

母はヤマハ音楽スクールでピアノを教え始めた。私がとても幼かった頃に母にヤマハスクールに連れて行かれたのを覚えている。私は手を伸ばして壁際の黒い太いパイプ管に触れ、ひどい火傷を負った。パイプの中を火傷を負うほどの熱湯が大量に流れていたのだ。母はレッスンをキャンセルし、私を家に連れて帰らねばならなかった。この経験で初めて自分は脆《もろ》く、簡単に怪我を負うものなのだと知った。そして一見無害そうに見えるものがとても危険な可能性があることも学んだ。この怪我を負って間もなく、母は『個人的現実の本質』という本を読み始めた。ジェーン・ロバーツという女性がセスという進化した幽霊のような存在とマインドだけを使って話す方法を学んだのだと教えてくれた。セスが話してもらいたがっている言葉をジェーンは話すことができた。それを彼女の夫ロバートが書き留めた。本は丸々、セスによって書かれたものだという。その本が伝える主なメッセージは一文に要約できる……「あなたは自分の現実を創造している」。母はとても興奮した。彼女に強力な目覚めをもたらしたのだ。そして彼女は自分の人生をまったく新しい見方でとらえることができた。

この時期に並行して、私の両親の不仲がどんどん明らかになっていった。二人が互いに愛情をもって接し合う姿を見ることは殆《ほとん》どなかった。いつも空気が緊張していた。私とマイケルがベッドに寝かしつけられた後に言い争っているのが聞こえることもあり、時には怒鳴り合いもあった。これが原因で私は深刻な不安症になり、初めて重度の依存症にかかった……指しゃぶりだ。必ず右手側の親指をしゃぶっていた。5歳になる頃には顔の構造に深いダメージを及ぼしていた。鼻は右側にずれて左の鼻腔《びくう》が崩れ、骨は口蓋《こうがい》に向かって押し上げられ、顎《あご》全体が斜めになって対角上に収まり、顔の右側は左側よりもわずかに上に上がっていた。このような微妙な変化はよくあることでほとんどの人は気づきもしないが、鼻腔が塞がっていたために呼吸が困難になり、病気になるとかなり具合が悪くなっていた。

空中浮遊への試みとミステリアスな記憶

私はありとあらゆる夢の中で、まったく努力せずに空中浮遊する夢を見始めた。地面から3～6mしか浮かばない時もあれば、鳥のように空高く、故郷の街の上空まで飛ぶこともあった。多くの場合、私は縄跳びを持って両足で縄の上に乗り、両端を引っ張った。どういうわけか、こうすると空中に持ち上げられるのだった。この夢に影響を受け、私は目覚めている時に私道で何度も繰り返し同じことを試してみた。一度もうまくいかなかった。時々、私道で縄跳びを持って立ったまま完全に泣き崩れた。空中浮遊しようと引っ張って引っ張って、それでもだめだった。そしてまた夢の中ではうまくゆき、刺激を受けて翌日また外に出てはもう一度試してみるのだった。

また、１９７６年７月４日にアメリカ独立２００周年記念日を祝ったこともはっきりと覚えている。我々はモホーク川沿いのファストフード店ジャンピン・ジャックまではるばる歩き、そこからウェスタンブリッジゲートを通り、スケネクタディへとショーを見に行った。あらゆる屋台がたくさん出ていて、アメリカの国旗や赤・白・青のいろんな品物、あらゆる形の自由の女神像を売っていた。大勢の人が花火を燃やし、ジャンピン・ジャックで買ったミルク・シェークやハンバーガー、ホットドッグ、フライドポテトを飲んだり食べたりしていた。私はとても奥底深いところで理解できない、という感覚があった。まるで昔、アメリカ人だったような感覚で、そんなに時間が経っていたこと、アメリカ建国から２００年も経ったことがとても信じられなかった。なぜそんなふうに感じるかはまったくわからなかったが、とても強い感覚だった。

世界初のビデオゲームで遊ぶ

１９７６年の晩夏、私は超・依存性の高い社会革命を初めて味わった。その日のことをとても鮮明に覚えている。母に連れられて、私の大好きなベビーシッターのジュリーの家に行った。当時、彼女の家はうちから2〜3ブロック行った所にあった。キッチンは散らかっていて、パン生地のような匂いがしていた。そこのカウンターの上には白黒のテレビがあり、奇妙な黒い箱が繋がっていた。その箱には丸いつまみが二つ付いていた。電源を入れるとテレビ画面に白い、ブロックのような線が映った。それは「ポン」(Pong)というビデオゲームで、１９７５年12月のちょうどクリスマス時期に発売されていた。やってみて、と言われ、私は壊れないかなと心配したが、大丈夫だよ、と言われた。つまみを回すと画面上の白い線が動いた。それがラケットになっていて、白い四角がボールだった。ボールが放たれると、私はそれが通過してしまわないようラケットで打ち返すというものだった。

コツがわかってきた時、ラジオからヒット中のシングル「ダンシング・クイーン」が流れ始めた。キラキラしたハッピーな曲で心地よい和音コーラスがダンス・ビートに乗っていて、一般的には１９７０年代の最大ヒットシングルの一枚とされている。こういう音楽は家では聴いたことがなかった。この音楽とポン・ゲームが融け合い、私は舞い上がってピュアな恍惚《こうこつ》状態になった。私は信じられない思いで、元気よくラケットを動かしながら息もつかずに「このラジオで歌っているのは誰？」と尋ねた。「アバよ」ベビーシッターが答えた。「アバっていうバンド。とても有名よ」と。「ダンシング・クイーン」の後、特集の続きでまた別のアバの曲がかけられたのだが、私は両親がこれまでアバをかけたことがなかったことが信じられなかった。私が母にどうしてアバを聴かないの、と尋ねると、彼女から「お父さんに尋ねなきゃね」と言われた。家に帰るなり父に尋ねると「あれはディスコだ。うちはディスコは聴かない。ガラクタでしかないからね」と言われ、話はバッサリと打ち切られた。

インフルエンザ注射で陥った母の深刻な健康危機

私の母は１９７６年10月、私が３歳だった時にインフルエンザの予防接種を受けたのだが、それ以来奇妙なことが彼女に起き始めた。注射をして1週間か2週間も経たない頃、彼女はスケネクタディのステート・ストリートを歩いていたのだが、真っすぐ歩いているつもりなのにビルの壁に何度もぶつかってしまうことに気がついた。またピアノを弾いていて左手の指を伸ばしてオクターブ下を弾こうとした時、指が遠くまで広がってしまう。ミのフラットを弾きたいのに、ドの鍵盤まで指が届くのだ。そしてとても具合が悪くなり、注射後2~3週間後に悪化の山場を迎えた。私はソファで母の横に座っていたが、母は脇に吐くためのプラスチックの受け皿を置いていた。あまりにも気分が悪く、頭を5㎝動かすだけで嘔吐《おうと》していた。母は隣に住むミズ・ワーナー(仮名)を呼んで、と私に言った。そして大声で電話番号を私に伝え、この番号を覚えなさいと言った。ミズ・ワーナーから電話を受けた父はゼネラル・エレクトリック社から急いで帰宅し、母を連れて緊急治療室に直行した。その間、私とマイケルはベビーシッターと共にいた。

母は結局、まる1週間病院に行ったきりで、マイケルと私は一度も母に会いに連れて行かれることはなかった。私たちの元にはベビーシッターをしてくれるとても優しい女性がいて、毎日朝から晩まで私たちの面倒を見てくれた。彼女は手を入れて操る鳥の人形を持っていた。発砲スチロール製でオレンジ色の羽がついていて、小さな白い目には黒い丸が入っていて彼女が人形に話をさせるとその目も動き回るのだった。彼女はシナモン・トーストを食べさせてくれたのだが、すごいご馳走に思えた。その当時は私もマイケルも知らなかったが、父とベビーシッターは二人とも、母の死期は近いと思っていた。それで私たちが機嫌良く穏やかでいられるよう気遣っていたのだ。医師は母に脳腫瘍《のうしゅよう》があると考え、おびただしい数の検査を行った。その可能性が除外されると、動脈硬化が複数箇所で起きているのだろうと考えた。母はインフルエンザ注射のせいだと主張し続けたが、医師らはそれはあり得ないと答えた――予防接種は完全に安全だと。しかし母の隣のベッドにいた女性もまったく同じ症状で、彼女もインフルエンザの注射を受けたところだった。母は高校時代の旧友で当時は農家で働いていたホープという人が注射後に同じ症状が現れ、自宅で耐えて何とかやり過ごしたらしいことを知った。母がホープに電話したところ、ほかにも大勢の人が注射を受けた後に同じような命に関わるような疾病にかかっていることを知った。

あからさまな恐るべき陰謀とは言わないまでも、これはすべて医療産業界の隠蔽《いんぺい》を証明するしるしだ。母は1週間の入院中に徐々に回復し、一連の検査を行った。退院するなり、彼女は切迫した緊急事態でもない限り主流医療システムは二度と利用しないと誓った。彼女はドクター・リースというカイロプラクターの元に通い始めた。診療所はハッカのような樟脳油《しょうのうゆ》の匂いがプンプンしていた。彼はビタミンA、B、C、Dを母に毎日摂らせ、実に嫌な匂いのする醸造用酵母も飲ませた。私たちはパットンズという地元の健康食品店に定期的に通い始めた。さらに、週に2~3度はYWCAのオリンピックサイズ・プールで50mを何周か泳ぎ始めた。こういった実践と健康な食生活を送ることで彼女は一度も病気にならず、調合薬を一度もとらず、一度も医師の治療を受けることもなかった。

母が健康食品に目覚めてマイナスだったのは、私たちが砂糖をあまり摂らないよう厳重に禁じられたことだ。テレビでは四六時中、砂糖たっぷりのシリアルを宣伝していた。ココア・ペブルズ、カウント・チョキュラ、フランケン・ベリー、ラッキー・チャームズ、フルー・ループス、トリックスなど、子供心にぐっとくる漫画キャラクターが必ずついていた。私がこのシリアルを買ってとどれだけ乞い、お願いし倒しても母には断固拒否された。父は毎朝ライス・チェックスを食べる習慣があり、マイケルと私が食べたシリアルの中で最高だったのはチーリオ、ケロッグのコーンフレーク、ライス・クリスピー、グレープ・ナッツ、キックス・コーンパフだ。母は何よりまずラベルの一覧表の砂糖をチェックし、数グラムを超えるものはすべて自動的に禁止となった。その当時はこのことで母に怒りを覚え、子供にとって楽しいことをすべて奪われているかのように感じていたが、大人になった今ではどれほど私が頼んでも断固としてNOと言ってくれた母にとても感謝している。また、強烈に記憶に残っているのは、つかの間だけ発売されていた青い箱に入った新しいシリアルを両親が買ったことだ。原料の一つをチェックするためだけに買ったのだが、セルロースかもしれないものが、結論としては「プラスチック」だった。メーカーが食品にプラスチックを入れるという考え自体が両親にはショックだった。私にとってもショックだった。

空飛ぶ夢とアセンションパワー獲得

初めて本物の自転車を持ったのは１９７７年だった。輝くインディゴブルーで、チェーンガードには「The Rabbit」という文字と身体を伸ばしたアニメのウサギが描かれていた。両方のタイヤに縁がついていて、スタンドと走っている間倒れないように補助輪が付いていた。この「ラビット」を手に入れた途端、私は悪夢を見始めた。いつも同じ夢だ。母と私でウェスタンゲートブリッジを運転する車に乗っていて、突然その車が横転して橋から落ちるのだ。死の転落だ。いつも水面に達する前に夢が終わった。他の夢では私自身が運転していて――もちろん運転の仕方など知らないから、実に怖かった――そして車が橋から落ちるのだった。死ぬ前に目覚めるのだが、叫びながら起きることもよくあった。この同じ夢を何度も繰り返し見ていた理由がわかったのは何年も後になってからだ。

その頃、ケッズ・スニーカーのコマーシャルを見た。そのコマーシャルでは子供がスニーカーを履くと空を飛べるというものだった。綺麗な光の線が足元から出て、木の中へ向かって2・4m〜3m舞い上がる。私はこれを本当に信じ、自分はこのケッズ・スニーカーが絶対に要るんだと母に言った。モホーク・モールの子供用の靴屋に行くと黒い天然パーマの髪のおかしな男性がいて、見かけも話し方もリチャード・シモンズそっくりだった。私は黒い靴のためにサイズを測ってもらい、家に帰って履くのがとても待ちきれなかった。私は黒い樺《かば》の木の前に立ってできる限りのジャンプをした……何も起こらなかった。縄跳びの時とまったく同じだった。私は精神的に打ちのめされた。テレビが嘘をついた。この靴は僕を飛ばせられないんだ。私は何を使っても飛ぶことはできないことに気づき始めた。もし死ぬような落下が起きたら、たとえばあの悪夢のような状況になっても、おそらく僕は何もできず落ちてゆくしかないんだ。この時のことをいまこうして思い返すと、飛ぶ夢はアセンションのパワーを得るための準備になっていたことに気づいた。夢の中でこう告げられていた。これは皆に起きる。僕はすでに飛ぶ能力を使ってみることができる――ただ現実の世界は夢の世界にまだ追いついていないのだと。

オビ＝ワン・ケノービと私の夢、私の現実とのシンクロニシティ

叙事詩的大作映画「スター・ウォーズ」は１９７７年5月25日、ちょうど夏の映画シーズンに合わせて封切られた。私の父は公開されるその週末のうちに私たちが確実に映画が見られるよう準備してくれた。私は何もかもが完全にリアルに見えるこのＳＦの別世界に連れて行かれて、完全に目がくらんだ。宇宙船、惑星、星、イメージはどれもとても馴染みがあり、どうして皆がそこまで映画の虜《とりこ》になっているかがわからなかった。私にとってはただの「普通」のことだった。ルークは「フォース」の訓練を受けて得た能力は、私が夢で使っていた力とまったく同じものだった。長老オビ＝ワン・ケノービは悪党ダース・ベイダーと対決し、明らかに負けていた。オビ＝ワンはそこで「私を斬り伏せたところで、お前など及びもつかぬ力で、私は蘇《よみがえ》る」と言った。ベイダーはライトセーバーでオビ＝ワンを斬ったがオビ＝ワンはこつ然と姿を消し、地面には彼のローブだけが残っていた。そして映画のもっと後に、幽霊のような白い光の存在となってルークの元に戻ってくる。

私は即座に、オビ＝ワンと私の夢で話しかけてきた男性とが似ていることに気がついた。

私の両親は二人して驚いていた。というのも映画が公表されるずっと前から二人は弟にオビ（Obie）というあだ名をつけ、さらにオビミアス（Obimious—聖書に出てくる書物、オバダイアにも似ている）とも呼んでいたからだ。そしてばかばかしく聞こえるだろうがオビワン（Obie-Wan）とも呼んでいたのだ。その名前のせいで私は一瞬、映画から現実に戻された。その呼び名が映画から聞こえてくることが信じられなかった——カール・ユング博士のいうシンクロニシティ（共時性）が起きた、私にとって初めての体験の一つだった。私の両親はフルネームを採用し、弟をオビ＝ワン・ケノービと呼ぶようになった。「スター・ウォーズ」を見たその日の翌朝、長老はオビ＝ワン・ケノービの姿で再び現れた——彼の宇宙船の内装は「スター・ウォーズ」のシーンで出てきたものに近づいていた。彼は映画の中のオビ＝ワンのように、輝く光の姿で現れたのだ。これはどうやら、夢プレーンに出てくるとてもリアルな存在と物理プレーンのシンボルを繋ごうとしているらしく、私はいまなら簡単に特定・解釈することができる。長老は、地球上の多勢の人がこのような光り輝く姿になる、もし私が母の言う通りに良い人間でいたら私も同じような姿になるのだと告げられた。私は両親よりも彼のほうに親しみを感じていて、目覚めてそれが夢だったと気づいた時は泣いた。何度もそういうことがあった。

第3章

シリンダー型宇宙船が現れる夢／代替現実への誘いに心躍らす日々

オビ＝ワンの姿で現れた長老に科学を学ぶ⁉

今やすっかりオビ＝ワンの姿で夢に現れる長老には、私はできる限り科学を学ぶべきである、それが私のミッションで重要な役割を果たすことになるからと告げられた。その言葉が私の中に残り、できる限りの情報を集めようとした。父にはいろいろな質問をした。空はなぜ青いのか、鳥はなぜ飛べるのか、といった答えにくい質問だ。彼は私に苛立《いらだ》ち、本当にわからないんだと言った。１９７７年に「スター・ウォーズ」を見てすぐ、現代科学者は「ビッグ・バン」とかいうものを信じていることを知った。彼らは、宇宙は「無」から始まったと言っていた。私は無というものが存在することすら想像もできなかった――ただ、まったく意味を成さなかったのだ。彼らは「無が爆発した」、そして一瞬のうちに全宇宙が生まれたと言っていた。これが正しいはずがない、ととても強く感じていた。私はできる限り懸命に集中して「初めは宇宙はどんなふうに存在していたんだろう？」という疑問への真の答えを自分で見ようとした。尋ねるたびに私が得た答えはいつも、純粋な白い光だった。とても大きいようにも小さいようにも見えたが、大きさはまったく関係なかった。サイズは重要ではなかった……ただ、光だった。その光はとてもフレンドリーな雰囲気で――実際、とても楽しげなのだ。幸せのあまり歌っているようだった。

記憶の宇宙ラッシュ／ライトセーバー技術への誘い

私は一定の物体や地域に深い宇宙的な感覚を感じ取るようになった。その感覚は何とも説明できない。幼い頃の例を挙げるなら、教会の保育園に入った後のことだ。原理主義タイプの変わった男性が入ってきて神について話をしていた。車のセールスマンやゼネラル・エレクトリック社の父の上司みたいに、この男性は口先だけだと私は感じていた。彼は自分の宗教について力強いセールストークをし、最後に私たちのまるまるした指にぴったりサイズの合った白いプラスチックの指輪を皆に手渡した。指輪には赤いキラキラする線で漫画のハチが浮き彫りしてあった。この指輪を見た時、まったく別の現実へと完全に飛ばされたように感じた。何かがそこにあった――とても強力で、とても古くて、素晴らしいものが。それが何かはわからなかったがその感覚はあまりにも強烈で私はもう少しで倒れそうになった。なぜその指輪がそう感じさせたのかはいまもわからない。この男性はそれとは真逆の人だったからなおさらである。もしかしたら、別の代替現実の中で私が身につけていた宝石に似ていたのかもしれない。こういう記憶は予測不可能で、まったくランダムで説明のつかない時があるようだ。

木製の、車両が一連に繋《つな》がった電車のような乗り物のおもちゃがあり、その黒い車輪を転がして遊んでいる時にこれと同じ現象がまた起きた。このおもちゃを引っ張った時に、また来た。夢の中で見ていた巨大な空港、そこにはびっくりするような宇宙船が多数あった。うち何機かはこのおもちゃのように繋がっていて――だがあまりよく覚えていない。それとは別に、ベビーシッターと初めて市バスに乗ってボウリング場に向かっていた時。それまでバスには乗ったことがなかったので怖かった。バスに座って座席に座っている人々を見た時に、ドーンと――また起こった。宇宙を飛ぶ、もっと進化した宇宙船の中で似たような情景を見た記憶があるような、そんな感覚だった。

毎年、ブルー・エンジェルスという戦闘機が自宅のある通りの上空で曲芸飛行をしていた。私たちは航空ショーをやっている軍事基地の近所に住んでいたからだ。飛行機はフォーメーションを組んで飛び、上下逆さまに飛んだり、ギリギリのところを行き交ったり、地面すれすれを飛ぶ時もあった。航空ショーの4～5日前にリハーサルをやることになっていて、私は必ず外に見に行った。航空機を見た時、説明のつかない莫大な宇宙の知識の感覚があるようにいつも感じていた――数回、実際に航空ショーを見に行って展示されたあらゆる航空機を見た時は、もっと感じた。その結果、建物の中に入って航空機の写真を撮り、部屋の壁にはあらゆるジェット機のポスターを長年貼っていた。

もう一つ別の「宇宙ラッシュ」の例は、祖母と一緒に森林エリアに住む祖母の友人を訪ねに行った時だ。その女性は茶色のプラスチック製の瓶を私にくれた。ミルクを入れられるようになっていて、哺乳瓶に似ているが、もっと成長した子供のためのミルク瓶だった。初めはこのプレゼントをもらって少し侮辱《ぶじょく》された気がした。瓶の上部には型抜きされたプラスチック製の漫画のような牛の顔がついていて、赤いプラスチックの舌と黒いプラスチックの目があり、その目はほとんど閉じていた。ところがこの物体を手にした途端、とても深遠なところでラッシュが起きた。それが部分的に「スター・ウォーズ」のルークのライトセーバーのように見えていて、ただもっとはるかに深遠な何かがあった。この瓶が私の知っている何かに似ていた――それはライトセーバーのような技術だったのかもしれない。それが何だったのかはまったくわからないが、その感覚は強烈で信じ難いものだった。

一定の場所からも、このような感覚をかなり確実に受けていた。石製の建物あるいは城のような建物、特にその建物が木々に囲まれていると起きた。先進的な技術を持ちながら石を使って素晴らしい建造物を築いていた社会の記憶が蘇《よみがえ》っているのかもしれない。この特定のビジョンは中世音楽、特に管楽器と強烈に結びついていた。オーボエの音を聴いただけでもこの感覚は起きることがあり、昔のタンジェリン・ドリームの音楽のように強いエコーがかかっているとなおさらだった。レンガの建物でも同効果を得ることがあり、ベビーシッターだったジュリーの家族が少し遠くの木々に囲まれた建物に引っ越した時もそうだった。だがこの深い宇宙的な素晴らしい感覚が一番確実に起こる元となった場所は一つ、スケネクタディ博物館とプラネタリウムだった。私は母に何度も何度もそこに連れて行ってと頼んだ。毎回同じことが起きるからだ。建物の内部は高いドーム状の黒く塗られた天井になっていた。支えの梁《はり》は何カ所か剝《む》き出しになっていた。壁は白く、波立つ滑らかな曲線になっていた。レール式可動照明が格好よく配置され、その効果で展示物がキラキラと輝いていた。展示は2〜3カ月ごとに替えられていた。

退屈なGEの展示もよく行われた。大きなタービン、エジソンの写真、電球の原型モデル、昔の電気器具、発明の歴史の説明パネルなどだ。私が一番インスピレーションを受けたのは巨大クリスタルで、保護ガラスの向こうに置かれてあった。クラスターの中には光り輝く紫色のものもあった。照明がクリスタルをキラキラ輝かせ、それを見るとこの上なく深遠な何かに繫がるのを感じた。まるでかつて、クリスタル技術の世界を知っていたかのようだった——だが記憶を思い出すことはできなかった。流れるような曲線を描く壁と博物館の照明が、一種の宇宙船の中を思い出させた――夢で見ていたものに似ていたが、もっと昔の、もっと強烈な感覚だった。

ある時、その博物館でホログラムの展示があり、ホログラムの周囲を歩き回ったりホログラムが動くのを――たとえば女性が話しているところなどを見ることができた。そこに奇妙な虹の色があった。大部分が黄色と赤でその中に手を差し入れることができた。これが、私がそれまで経験した中でもおそらく一番深遠なエネルギーラッシュと何かの宇宙記憶を引き起こしたのだ。あまりにも強烈で恍惚《こうこつ》に陥り、もう少しで倒れるところだった。

この頃までに、私は人から聞かなくともその人が何を考えているかわかるという経験が増えていった。人の感情を簡単に感じることができ、その人が感情を隠そうとしてもわかった。これが父といる時に役立った。父が実際に怒りだす前に、彼が怒っているのを感知できたからだ。もっと平和な時も多々あった。誰かが自分の考えを話し始める前に、その思考が私の頭の中に入ってきたものだった。特定な誰かのことを考えていたら直後にそこにいる人がその人のことを話題にし始めたり、その当の本人から電話がかかってきたりした。あまりに自然なことなので考えにも及ばず、あまりにも簡単・楽に起きるので誰でも皆できるのだろうと思っていた。

7／7／77のシンクロニシティ

私の母はサカンダガ・ロードのヒューイッツ・ガーデン・センターでヒッピーの男性に出会い、彼らが他のグループの人々とある農場に住んでいることを知った。彼らはその農場をトーテムと呼んでいた。泥道の果て、木々が深く生い茂った場所にある荒れ果てた一軒家に全員でぎゅうぎゅう詰めになって住んでいたのだ。彼らは奇妙でサイケデリックなテクノの音楽を聴いていた。たとえばジェントルジャイアントというバンドで、私は自宅では聴いたこともなかった。大人になったいまの私がそれを最適に表現するとしたら、音楽的統合失調症といったところだ。トーテムでは大量のマリファナを育てていて、衣類の乾燥機を使って葉を乾燥させていた。濃いマリファナの煙が家から漏れ出ていて、そこを通り過ぎると煙がまとわりつくのだった。

初めてそこに行った時、トイレに入って便器を見て気分が悪くなった。白いはずなのに、そこで使っている井戸水はミネラル分が多く便器全体が焦茶色に染まっていた。私はそれが大便の塊だと思い、彼らが掃除もしないことに恐れおののいた。そのトイレを使うなんて絶対にできなかった。私は早足で出て行き、右手をお尻に押しつけ、左手の人差し指でトイレを指差し「あんな汚《けが》らわしいトイレは生まれてこのかた見たことがない！」と叫んだ。彼らがなぜ笑い始めたのか理解できなかった――ひたすら笑い続け、少なくとも10分間はノンストップだった。息ができずにあえぎ、床を転げ回っている人もいた。私は最後には彼らを笑わせたのだからいいだろうということにし、冗談に乗った。だが彼らにとって「汚物」でいっぱいのトイレの何がそこまでおかしかったのかはわからなかった。

私の母がそこに通い始めてからそう長く経たないうちに、恐ろしい話がこのグループから出てきた。そこにいた男性の兄弟でラーズという名の男性がＬＳＤというドラッグをしたらしい。私はそれまでこのドラッグのことは聞いたことがなかった。このドラッグのせいで、彼は完全に気がふれてしまったという。彼らはラーズを何日間か家に留まらせようとしたが、あまりにも狂っていたので病院に連れて行くしかなかった。彼は最終的に「精神科病棟」に入れられ、長期間そこにいさせられてやっと退院した。彼はもうまったくの別人になってしまった。臆病で恐がりになった。この話全体がゾッとするほど恐ろしかった。私の母は絶対に何があってもＬＳＤをしないように、と言いつけた。非常に危険だから、それにＬＳＤをする人はどんなことに深入りしているのかまったくわかっていないのだと。私は母に絶対にしないと約束した。ヘロインとコカインについても母から同じ警告を受けた。一度やったら止められなくなるのよ、そして人生は滅茶苦茶になるからと言われた。

トーテムは最後に7／7／77というパーティを開いた。ご想像の通り、1977年7月7日にだ。トーテムの男性数人でバンドを組んでいて、ステージ上にはフェンダー・ローズのキーボードが置かれていた。彼らはシンプルなブルース・ロックでジャムセッションをしながら、母にステージに上がって皆の前で弾いてくれ、と求めた。彼女の能力的にはまったく可能範囲だったが、聴衆の前での演奏を恐れていた。それにロックンロールを弾いたこともなかった。ステージに引っぱり上げられた母だったが、弾き始めた途端、聴衆は彼女に夢中になった。生まれつきの才能があったのだ。母はあっという間に病みつきになり、そのグループのメンバーで結成されたあらゆるバンドで演奏を始めた。1980年半ばには結婚式で演奏するプロのギグ・ミュージシャンになっていた——すべては7／7／77で始まったのだ。これが私にとって初めての「数字のシンクロ」体験だった。同数字が並ぶのは深い意味の現れ、というものだ。その先、これらのパターンが最も予期しない形で現れるのだが、どうも私が霊的に意義深い重要な考えを抱いている時に直接の回答として現れるらしい。

ライトオブヴィーナス／フリーメーソンの危険な儀式

７／７／77が終わって間もない頃、私の子供時代で最も奇妙かつ恐ろしい出来事が起きた。ありがたいことに私自身は目撃せずに済んだが、翌日両親から長々と話を聞いた。父と母がベッドで夜遅くまで起きていた。父は小さな白黒テレビを見ていた。ベトナムから持ち帰ってきたテレビだった。光は消され、部屋は暗かった。両親の寝室は２階にあり、窓からは外の通りを見下ろすことができた。月の光が明るかったので外の様子はよく見えた。父は通りで何かが動くのに気づいた。よく見ると、夫婦が横に並んで一緒に歩いていた。話もせず、互いを見ることもなく、腕も動かさない。ロボットのごとく、まるでトランス状態でもあるかのように歩いていた。彼らは通りの向かいの家の私道に着き、90度方向転換をして裏口まで歩み寄り、ノックもせずに開け、そのまま中に入っていった。その家は中も外も真っ暗だった。

父の頭は好奇心と恐怖でいっぱいになった。そっと、でも急いで母に起きていることに注意を向けるよう促した……「ほら！　見て！」と。両親はさらに３組のカップルがまったく同じように家に入ってゆくのを見た。家の中は真っ暗で、中に入っていったカップルが周りを見るにはろうそくの灯りのようなものが必要なはずだ。この人たちは、私たちの知っている、いつも見かける人たちだった。ミズ・ワーナー、母が緊急治療室に入ったあの日に私に電話をかけさせた女性もいた。それぞれのカップルの男性は皆フリーメーソンという秘密結社の高位にいた。だが秘密結社とこの夜に両親が目撃した出来事に繋がりがある可能性を知るまで何年もかかった。男性のうち一人はイタリア人で町で有名な靴の修理店のオーナーだった。通り向かいに住む人たちは車のディーラーの中でも一番人気があって成功している店のオーナーだった。毎年、彼らは通りの端でパレードのリハーサルをしていた。彼らはスコティッシュ・ライト・フリーメーソンだったので集まる時はキルトを身につけ、いつまでも耳に残るバグパイプを演奏した。うち数人はシュライナー（訳注：フリーメーソンの内部組織のメンバーのこと）でもあり、パレードでは赤いトルコ帽をつけて小さなゴーカートを乗り回していた。彼らがその家の前のポーチで集まり、座って話している様子はよく見かけていた。その夜、彼らが入っていった裏口のすぐ右のところである。都合のいいことに、その向かいの家の所有者は1年も経たないうちに引っ越していった——だが他の人たちはそのまま住んでいた。

正直、これほど恐れている両親を見たことはなかった。それまで「ローズマリーの赤ちゃん」のことは何度も聞いていたが、両親はまるでこの映画みたいだと何度も言い続けていた。母は父にどうしたらいいかしら、何か言うべきかしら、と尋ねた。すると父は言った。「絶対に何も言っちゃだめだ。このシーンそっくりの映画はたくさん見てきたんだ。俺たちが目撃したことが知れたら、恐ろしいことが起きるかもしれない。皆殺しになるかもしれないぞ。それに、俺たちに何が起きたかは誰にもわからないままだ。俺たちはただ消えてしまうんだよ」両親が私とマイケルにもこの話をすることに私は驚いていた。まだ幼い子供なのにだ。これが私の人生の中で一番強烈な体験の一つだ。この人たちは秘密結社のメンバーでその夜集まっていた、おそらくは何か邪悪なものに関わっていたのだろうとだけ私は結論しておく。父は、私たちが彼らに会っても普通通りに振る舞うことが肝心だ、見たことについては何も言うなと言った。最近になってやっとあるインサイダーから直接聞いたのだが、これはおそらく「ライトオブヴィーナス」という儀式だろうということだった。マスクをつけ、心かき乱すスタンレー・キューブリックの「アイズ・ワイド・シャット」で見るような乱交パーティをする儀式だ。

「未知との遭遇」／私は夢の中でリアルにこれを体験した

次の大きな出来事は1977年12月14日公開後に「未知との遭遇」を見たことだ。私の父はこの映画に感嘆し、私たちも見るべきだと言って連れて行ってくれたのだった。私は完全にぶっ飛んだ。私が見ていた夢にそっくりだったからだ。この映画を見たのは、人生の中でも最高の経験の一つだ。私はこれは完全にリアルだと思った。私は映画に出てくる子供にすっかり一体化し、これに似たことがもっと大きなレベルで未来に起きるのだと思った。庭の上空に巨大宇宙船がやってくる夢は数えきれないほど見てきて、それがいま銀幕に映っている。映画の最後にマザーシップが現れた時は涙が頬《ほお》を伝った。それは見応えのある光のショーだ。小さなETがシップから出てきた時は畏敬の念を覚え、特に背の高い細いETにはうっとりした。主人公がシップに入って一緒に発つシーンで、それまで以上にまた泣いた。それほどまで――私はそうしたかったのだ。それが目の前にあった。自分がこんな映画を見ていることが信じられなかった。

頭脳は最上級のピラミッド・プログラムに入ったが身体の調整能力は最低の特別クラスへ

１９７８年、私はサカンダガ幼稚園のクラスに入った。幼稚園は私の読み能力が他の大半の子供たちをずっと上回っていることにすぐに気づき、私を特別な才能に恵まれた子供のためのプログラムに入れた。そのプログラムはピラミッドと呼ばれていた。幼稚園の読み方の本『Learning How To Read』はマスタード色の表紙に子供たちが遊んでいる絵が描かれていて、そのうちの一人は真ん中でロープに繋がれたタイヤにぶら下がっている。1年生の本は『Cloverleaf』といって色紙でできた牛が口にクローバーをくわえている絵だ。私は他の数名の子供と一緒に『Cloverleaf』を使うクラスに入れられた。一人はエリックという名で、私の家から通りをたった2、３本離れたところに住んでいることがわかった。私たちは何となく姿も似ていて、すぐに友だちになった。よく自転車に乗って彼の家に行ったものだ。

この頃、私は古いおもちゃの分解も始めていた。すべてのねじを外すためのスクリュードライバーは全種揃《そろ》っていた。どのような仕組みになっているかとても興味を持っていて、それを見たかったのだ。

初めに成功した体験は、電気缶切りが壊れた時だ。レバーを下ろしても缶が回らなくなっていたので、母は缶切りを捨てようとした。分解して直せるかどうか僕に試させて、と母に頼むと母は喜んでやらせてくれた。ねじを全部外して裏を開けると、缶から削られた金属の粉塵《ふんじん》がいっぱい入っていた。私は古い歯ブラシで粉塵や汚れをすべてこすり落とし、スクリュードライバーの道具箱に入っていたWD－40（訳注：防錆潤滑剤）を差した。また組み立て直し、電源に繋ぎ、レバーを押すと、ジャーン――動いたのだ！　両親は二人とも私が実際に修理したことにずいぶん驚いていたが、私に言わせればとても簡単なことだった。

私は読み方が得意で缶切りを修理することはできたが、他の分野ではずっと遅れていた。1年目の体操のクラスで先生は子供たちをただジムに解放し、叫んだり笑いながら走り回らせた。私は走り回るのを楽しみながら、こんなふうに他の子供たちが周りにたくさんいて好き好きな方向に走り回っているって素晴らしいな、と思った。だが先生たちは私を念入りに見て私はこの年齢に相応の調整能力がないと判断された。

私はあまりうまくボールを受け取ったり投げたりできなかった。私は両親とフリスビーをしたがらなかった。フリスビーを投げられ、キャッチしようとして怪我をするからだ。

上半身はほとんど力が入らず、先生にロープ登りや懸垂をしなさいと言われるとうまくいかなかった。私はどうやっても一度も懸垂ができなかった。他の子供たちが5～6回できるのを見て感嘆した。先生は最終的に、調整能力の成長を促すための特別クラスに私を入れた。

聖なるパジャマ、幽体離脱、UFOの夢の中へ……

まだ幼稚園にいた頃、クリスマスの前のこと。子供時代でおそらく一番プラスとなった素晴らしい体験をした……第2章でお伝えした幽体離脱だ。

この驚きの出来事以来、私はすべてのもの、人だけではなくすべてには物理的な形とは別に幽霊のような存在がある、という結論に達した。さらに、母がカルロス・カスタネダの本で読んだように、この代替現実に入ってゆくことは可能だということもわかっていた。もう死ぬんだという気がして怖くなった自分はなんて馬鹿だったんだろう、と突然気づいた。それがきっかけで私は素晴らしい体験中に恐怖へ陥り、その途端に一瞬にして身体の中に戻っていたからだ。私はチャンスを失ってしまったことを後悔していた。あの時、家の外で宇宙船か何かが僕を待っていたのかもしれない、という気がした。夢の中ではそうだった。もし怖がらなかったら宇宙船の中へ吸い込まれてあの長老に、夢の中だけじゃなくて本当に会えていたのかもしれない。人生で最大のチャンスを無駄にしてしまったことに気づいた時は涙が溢れた。それから2年間は毎晩毎晩、もう一度チャンスをくださいとお祈りをし続けた。それがもう一度起きるかどうか、自分には直接コントロールできないことはわかっていた――「彼ら」がコントロールするのだ。

私はそのパジャマを二度と着ることなく保管していた。いまもクローゼットにしまってある。洗濯も絶対にしなかった。洗濯すると、同時に2カ所に存在できる魔法が消えてしまうかもしれないからだ。ついにはそれを「聖なるパジャマ」と呼ぶことにした。子供時代からとってある、数少ないものの一つだ。

この後も私のUFOの夢は続いた。いつもの、裏庭にシリンダー型の宇宙船が現れる夢だ。だが、何か新しいことが起きていた。UFOのうちの一機が、私と母が立っている場所からそう遠くない場所に不時着する。何かトラブルが起きたのかもしれない、私たちの助けを必要としている気がする。私は母の手を握り、彼女の目を見て、あそこに走っていって助けてあげなきゃ、と言う。夢はいつもここで終わった――目覚めた時にそれが現実ではないことに気づき、よく泣いたものだ。

長老とのミーティングはどんどん頻度が減ってゆき、夢はもっとミステリアスでシンボリックな様相を帯びていった。それから2年間は毎晩、長老と彼の友人たちにもう一度チャンスをくださいとお祈りをした――だが二度とチャンスは来なかった。最終的に私は自分の手で何とかする決意をした――ただそれが起きたのは、このストーリーのもう少し後だ。

第4章

起こることすべてはカバールの計画の中／逃れられる者など一人としていない！

ジョーンズタウンの大量殺人／その裏に隠されたソ連の秘密ミサイル基地攻撃

1978年11月18日、私が空を浮かぶ幽霊のような身体になるという驚くべき変容が起きた数日後、南米の小国ガイアナのジョーンズタウンという村で集団自殺が起きたらしいというニュースが世界を揺るがした。米国下院議員レオ・ライアンはカルトリーダーのジム・ジョーンズが虐待したとの通報を調査するため、彼の代表団のうちの4名と共に11月17日に到着した。ライアンと彼のチームメンバーは翌日、空港で出国準備をしている間に殺された。当初のメディア報道によると、ジョーンズは信者408人を説《と》き伏せ、人を死に至らしめるシアン化合物を混ぜたフレーバーエイドを飲ませたとのこと。これが転じて「Kool-Aid（を飲む）」の言葉は辞書に載ったのだ。ガイアナ陸軍が細心の注意を払って数えたところ遺体は408体、うち82体は子供だった。うだるような暑さのため、遺体にはやむなくガス抜きのための穴が開けられた。灼熱《しゃくねつ》の太陽の下で遺体は急速に腐敗し、穴を開けなければ破裂するからだった。その後の5日の間に出たニュースでは700人が生き延び、林の中へ逃げ込んだそうだ。多数の遺体の写真が総計で150枚撮られた。中でも一番気分をかき乱す写真が繰り返しテレビニュースや雑誌、新聞に出た。広大なエリアにうつ伏せにされた遺体がきっちりと並べてある写真だ。子供だった私は何度も繰り返しこのような写真を目にしてすっかり悪夢に取り憑《つ》かれた――私の両親も同じようだった。

死が起きたほんの数時間後、ガイアナのトップ病理学者C・レスリー・ムートゥー博士はチームで現場入りし、アメリカ人病理学者のサポートを受けずに遺体を検査した。ムートゥー博士は犠牲者の80～90％が背中の左肩甲骨のところに新しい針の跡があるのを発見した。これは死に至らしめる注射で死んだということだ。自分で手を伸ばしてここに注射できるものではない。誰かがそこに注射をしたのだ。他に撃たれて死んだ人たち、窒息死の人たちもいた。生き残った目撃者の一人が、シアン化合物を飲むのを拒否した人は全員、武装衛兵に殺されたのだと言っていた。アメリカ陸軍の広報担当官は「解剖する必要はない。この件に関して死因は問題ではない」と言った。だがムートゥー博士の結論では犠牲者のうち３名を除いて全員が「不詳人物」によって殺されており、実際に自殺を図ったのはその３名のうちの２名ということだった。

４０８の遺体という数字は、その出来事があってから３日後の11月21日でもニューヨークタイムズ紙にまだ載っている。アメリカ陸軍チームは４日目の11月22日に現場入りし死者数は４０９と報じた。アメリカ陸軍のヘルミング少佐は５日目の11月23日に「死者は４

００」と報告し、11月24日、６日目はニューヨークタイムズ紙が「死者は４０９」と報じている。そしてその同じ日から死者数は不可解なことに急増してゆく——まず７００、そして７８０になり、最後には９０９。当初の４０８という数が報告されてから７日後にだ。11月25日、アメリカ当局はガイアナ人が「数を数えられない」それで追加の５００の死体が出てきたのだとニューヨークタイムズ紙に報告した。そしてアメリカ当局はもっと不合理な言い訳として新たな死体は初めからあった死体の下に隠れていたのを発見したものだと言ったのだ——隠れた死体など写真には一枚も写っておらず、もともとの犠牲者のうち82人は子供だったというのに。

　林に逃げ込んだ７００人の生存者はアメリカ軍とその同盟に組織的に追跡され殺されたのではないかと疑わしく思う人は多勢いた。同盟とはグリーンベレー部隊、林の中の生存者を探す１００以上のガイアナ部隊、そして６００人近いイギリスのブラックウォッチ特殊部隊、彼らはたまたまそのエリアで「訓練演習」をしていて捜査に加わったのだ。高位インサイダーのピーター・デイヴィッド・ビーターは彼の「音声レター」の購読者に忌《い》まわしい真実を暴露した。１９７４年以来、ビーターはレターでソビエトがガイアナに秘密の核ミサイル基地を築いたこと、それがソビエトの対アメリカの難攻不落の核先制攻撃能力となったことを報じていた。

それに先駆けてソビエトはキューバに秘密のミサイル基地を有していることが世界に知れ渡ったことがあり、それがジョン・F・ケネディの大統領就任の直後にキューバミサイル危機に火を点けたのだった。１９７８年11月30日に発行されたビーターの音声レター40号で、彼はこのジョーンズタウン大虐殺はアメリカ軍が計画的に実施したことを暴露した。一般人に大量の死者が出たことで軍は侵入を許され、ソビエトの秘密ミサイル基地の職員を全員殺害し、死体と弾頭を一連の棺《ひつぎ》に納めた。この棺を、大惨事の犠牲者を納めた棺に見せかけたのだ。アメリカは死体を運び出すためだと言って巨大航空機C－１３１を16機持ち込んだのはこのためだ。それぞれの飛行機は36の棺を収容できると主張していた――これらの飛行機は一度に戦車、トラック、戦闘部隊、弾薬すべて積載できるというのに。
以下は、この悲劇についてビーター自身が語った内容の抜粋だ。

「ジョーンズタウンの大惨事について完全な詳細が一般に知られることはまずないかもしれない。それでも私は言おう、あそこで亡くなった人の中で自ら死にたいと意図的に命を絶った人はほとんどいない――自殺とはそういうものだ。多勢が本物の死の儀式とは知らず、騙《だま》されたのだ。さらに多勢の人が抵抗したが、弱く、助けも得られないまま武装した処刑分隊に直面した。つまりありとあらゆる手段を通して何百人もの人が青酸カリを盛られたのだ。しかし逃亡を試みた人、抵抗して功を奏した人も他に多数いた。その多くがジャングルに逃げ込み、容赦《ようしゃ》なく撃たれた。最終的に大量殺人が終わると処刑者たちは恐ろしい死者のシーンを演出するという最後の仕事を遂行した。ロシアのミサイル基地を攻撃したことをサプライズに見せるため、ジョーンズタウンから報道される一番初めのニュースでこれが集団自殺シーンとして描写されること、これが何より重要不可欠だった。これが唯一、ロシアを騙して軍の関わりの実際の意義をしばらく隠し通せる方法だった。だから銃弾を受けていない死体は注意深くきっちりと列に並べられ、グループ毎に分け、一見したところでは全員が自らの意志で自殺したように見せたのだ」

意図的に一度に多数のアメリカ人の命が絶たれたのは、9・11が起きるまではこの時の出来事が最大規模となった。もしピーターが正しければ、この攻撃を指示した政府の役人は何も間違ったことをしていない何百人もの人々が大量殺戮《さつりく》にあっても気にもかけていないのは明らかだ。他の外交手段や軍事戦略ならば無実の人の命を救えたかもしれないのに、彼らはあえて一度も試みようとしなかった。このひどく心かき乱される出来事を知った当初、私はこれも明らかにウォーターゲート同様、政府かメディア主導の隠蔽《いんぺい》工作ということだけはわかった。だがこれが起きた後、誰もがまた眠りに戻り、自分の生活を続けている。今日ではスマートフォンの普及のおかげで、どんな組織もこれほど大規模な残虐《ざんぎゃく》行為を秘密裏に企てることは不可能に近い。もっと小規模の銃乱射事件が起きてもあっという間に代替メディアにこき下ろされ、大量にいるブロガーたちが何種類もの証拠を徹底的に調査するからだ。

夢は現実である／強烈な宇宙感覚と宇宙船

私はジョーンズタウン事件にかなりのショックを受けた。両親が以前、夜によく知っているカップルたちが正面の真っ暗闇の家にノックもせずに静かに入ってゆくのを見たことがあったが、それと同じくらい気味悪くて恐ろしいニュースをメディアで見たのはそれが初めてだったからだ。ジョーンズタウン事件の後、私は夢遊病で歩くようになった。ある夜は母がいるバスルームに入ってゆき、そこで「電話帳を探さなきゃ」と言い続けた。また、恐ろしい強烈な幻覚を伴う熱を出し始めた。熱を出している時に見た最悪の夢は高々と燃え上がる炎がベッドの周りを逃げ場もなく取り囲んだり、身の毛もよだつ白い蛇が私の上に迫っていたり、屋根が消えて星いっぱいの夜空が現れたり、ビッグフットのような怪獣が暴れながらクローゼットから飛び出てくるのだった。また、周囲の何もかもが幾何学パターンに、たとえば白と黒のタイルに分裂していく夢も見た。このような時はいつも叫びに叫んだ。頭の中で響く莫大な振動圧力から逃れようとしていたのもあった――それは巨大なC－130が裏庭の上空を飛んでいる時の感覚に似ていた。

ある夜、私は自分のベッドが炎に囲まれているように感じていた。その夜、私の父が部屋に走ってくる時にティッシュの箱を踏んで滑り、階段で転んだのだった。彼が部屋に突入してきた時に、私の幻覚では彼が人間のような姿をした恐竜に見えて私はさらに怖くなった。父はその夜かなりの怪我をしたので、私が叫びだした時は母がなだめにやってくることになった。彼女は私を抱いて何分か歌を歌ってくれた。頭の中の莫大な振動音はついには消え、また眠りにつくことができた。

その年のクリスマスは映画「スーパーマン」を見てアセンションを遂げたような能力にクラクラ来た上に、母方の祖母がリーダース・ダイジェストの本『世界不思議物語』を贈ってくれた。お祖母さんは読書好きで、私も読書好きにしようとしていた。『世界不思議物語』はフルサイズの厚さ6・5㎝もあるハードカバーの本で当時の私はたったの5歳、きちんと理解できる読解レベルにはほど遠かった。それにもかかわらず私は最後まで読んでありとあらゆる絵に魅了された。最も虜《とりこ》になったのは最後のセクションで、小惑星の内側にある豪華宇宙ステーションが描かれていた。見たところ、ＵＦＯの本物の写真のようだった。私は何時間もそれらの写真を眺めて過ごし、子供の頃を通じてあらゆる場で感じていたあの信じ難いほど強烈な宇宙感覚が起きた。私が夢で見ていた宇宙船に似たものを掲載している本はこれが初めてだった。私の読解レベルはみるみる上がり、ＵＦＯは偽物映画にただ出てくるだけのものではないことを悟った。この世界で作られたものには見えない宇宙船を人々は目撃し、写真に撮っていたのだ。

私たちは学校で「レンジャーリック」という雑誌を与えられた。その内容は大半が動物の写真だが、子供向けの天文学雑誌「オデッセイ」の広告が載っていた。マスコットでユリシーズという名のロボットがいて、自らをＴＣＥ（The Crabby Editor　気難しい編集者）と称する女性が動かしていた。私は両親を説き伏せてこの雑誌を定期購読させてもらい、毎日最新版が学校に届き始めた。私たちは自由時間になると必ずそれを読んでいた。これに加え、私はすべてのテスト・宿題で高得点をとっていたのであっという間に他の子供たちに嫌われるようになった――そして「オデッセイ・マン」なんてあだ名をつけられてしまったのだ。

地球外生命体と人質／操る側にとってのターゲット

これと同時期、私はラッキーなことに時折「イン・サーチ・オブ」というレナード・ニモイが司会を務める番組を見ていた。オープニングシーンではイースター島の巨大な頭の石像、ストーンヘンジ、エジプトのピラミッドなど古代遺跡の画像が流れた。この番組を見ると毎回、「コズミック・ハイ（宇宙的なハイ状態）」体験が起きた。まるで私の奥深くで何かが触発されているようだった。同じことが「ランド・オブ・ザ・ロスト」という番組を見た時にも起きた。特に気味の悪い、スリースタックという大きな黒い目の爬虫《はちゅう》類《るい》生命体が出てくると異常としかいえないほどの恐怖に陥った。ロビン・ウィリアムス出演の「モーク・アンド・ミンディ」を見た時も必ず宇宙的な感覚が起きた。毎回番組の最後に、卵に入って地球にやってきた地球外生命体・モークが会ったことのないオーソンという父親と会話をするシーンがあった。彼はおかしいことを言うのだが、それが人間についての彼の見解を集約していた。私はこれを見るたび深い重要性を感じていた。番組の方が面白かっただけで、あとは私自身の夢にそっくりだったからだ。

１９７９年11月４日、イランのアメリカ大使館でイスラム教徒の学生により60人以上が人質にとられた。これが在イラン米大使館人質事件で、４４４日間も長引いたのだった。私の父はこの事件をとても懸念し、ウォルター・クロンカイトは毎晩この事件のことを話した。イランがその人たちを決して手放さない、いつ解放されるかもわからない。その恐ろしさを何度も繰り返し耳にしたのを覚えている。

これと同時期に私とエリックは学校以外の時間に自転車で近所をどんどん遠くまで行き始めていた。ある日、私たちはクラスの女の子の家に行った。彼女をシンディと呼ぶことにする。彼女は私たちをガレージに招き入れ、ゲームをしたいと言った。そして小さなベンチの上に前屈みになってパンツを下ろして、と言った。私たちは笑い、やろうということになった。すると彼女はウィッフル・ボール（プラスチックのボール）用のバットをつかみ、虐待する親のように怒鳴り始めた。お前たちは悪い子だ、困ったことになるよ、お前たちを殴ってやると。彼女は私たちを泣かせようとしていた。私たちのどちらも抵抗もしなければ起き上がりもしなかった。彼女が私たちを殴りかけてもだ。私たちはシンディの行動に驚きのあまり、なすがままになっていた。ちょうどその時、彼女の母親が入ってきた。母親はその現場を見て震え上がり、シンディを本当に怒鳴りつけた。結局私はあたかも宇宙の良い勢力が私たちが殴られないように守ってくれた気がした。私たちはシンディとは二度と口をきかなかったし、しばらくは友だちとしてエリックと一緒に遊ぶのも控えた。私は間もなくして他に二人の友だちができたが、二人とも私に対する態度が虐待的であることがわかり、私の母はとても心配していた。だがどういうわけか、私には誰かの感情を傷つけたり「いやだ」と言うことができなかったようだ。明らかにいじめにあっていたとしても、だ。これが結局パターンとなり、それからの人生を通じて私につきまとうことになった。こうして私は、操る側の人間にとって格好のターゲットとなった。

超感覚的知覚（ESP）／新たな未知領域

私が7歳になって自転車でさらに遠くまで行くようになり、母は私に帰ってきてほしい時間になったら私道の入り口まで行って私に向かって「念を送る」ようになった。これは瞑想的実践で、私のことを強く念じながら頭とハートの中で帰ってきてほしい、と伝えるというもの。これがとてもよく効いた。私はほぼ必ず5分から10分以内に帰っていたのだ。母が送ってきているとわかった時もあれば、ただ家に帰らなければいけない気がした時もある。母からは誰にでもできると教わっていたので、これが普通のことではないとか特別なことと思ったことはなかった。

やがて私は一番の秘密を母に打ち明けた。「僕が身体から浮き出て、お父さんがそれは夢だって言ったあの夜のこと、覚えてる？　あれから毎晩、もう一度起きてくださいってお祈りしてる――でもうまくいかないんだよ。もう一度できるよう、何か学べることはないかな？」母はそれはＥＳＰもしくは超感覚的知覚という一連の特別な能力で、地下室にＥＳＰについての本があるから読んでもいいわよ、と言ってくれた。母に連れられて地下室の階段下の小さな場所に行くと、本が3段に並んでいた。その中の一冊の背表紙にあった「ＥＳＰ」という文字に私の目はすぐに釘付けになり、その本を引き抜いた。それはハロルド・シャーマン著の『あなたのためにＥＳＰが使えるようになる方法』という本だった。他にも催眠に関する本を2冊見つけ、それらを読むのもいい考えだと思った。人は催眠状態になった途端、とても素晴らしいことができることを私はすでに知っていたのだ。

結局私はシャーマンの本をそれから少なくとも2年間は毎日読み続け、その本に載っていた練習をできるだけ頻繁に行った。ほとんどの人はＥＳＰを持たず、ＥＳＰが本当にあることすら信じていないというのを読んでとても驚いた記憶がある――私にとっては日常のことだったからだ。本に出てくる話のいくつかは実に素晴らしかった。その時に自分が持っていたＥＳＰ能力をはるかに高め、そしてコントロールすることは可能だということがわかった。私はオデッセイ誌と一緒にその本を学校に持っていくようになったが、そんな本を読んでいることが他の子供に知られるのは嫌だったのでカバーの表と裏に白い紙をテープで貼り付け、表に「自由読書」と書いた。なかなかすべてを理解するのは困難だった。絵もなければ字もとても小さかった。私と同年齢の子供たちは「おおきいあかいクリフォード」に出てくる大きな文字で書かれた簡単な文を習っていたのだから。だが私は決して諦めなかった。

私は「ザッツ・インクレディブル」というテレビ番組に励まされて本を読み続けた。ジョン・デイビッドソン、フラン・ターケントン、キャシー・リー・クロスビーが出演していた番組で、ありとあらゆる奇妙な超常的現象を取り上げていた。その中にユリ・ゲラーがマインドで鉛筆を動かすというエピソードがあった。それをする時、彼は鉛筆に息を吹きかけたりできないよう顔を覆っていた。私はこの実演にとても感動した。夢の中で私が持っていた能力に似ていて、これを「スター・ウォーズ」では「フォース」と呼んでいた。中には私と弟にとってとても怖いエピソードもあった。何より一番怖かったのが悪名高き「霊が取り憑いたToys-R-Us」というエピソードだ。番組はToys-R-Us店で起きたポルターガイスト現象の再現ドラマを作ったが、それがリアルすぎてマイケルは一人で2階に上がれなくなってしまった。幽霊が彼に物を投げつけてくると思ったのだ。私たちは二人で

2階に行くようになった。そのほうが一人でいるより安全だろうと思っていた。

落葉が始まると、ある子供、ここではトムと呼ぼう、が遊び場で「クラブ」を作った。そしてそのクラブに入った子供は誰でも「かっこいい」のだと言った。クラブに入るためには儀式を通過せねばならず、私を含め15人ほどがそれに同意した。トムと彼の友だち2人は私たちをフェンスに向かって1列に並ばせた。そのフェンスは高校の陸上競技用トラックに面していた。そして一人一人、トムにお腹をなるたけの力で殴らせる。その間、泣いたり声を漏らしてはいけないというものだった。全員が殴られ、私を含めほとんどがテストを合格した。ところがいったん私たちが「合格した」途端、そのクラブは立ち消えになった。トムはその後のことを何も計画していなかったのだ――もしくはどうでもよかったのかもしれない。私たちは騙されたことに気がついた。トムはただ私たちのお腹をパンチしたかっただけなのだ。クラブなんて存在していなかった。私はすぐに、「かっこいい」自分になるために殴られる必要はないと知った。私にはすでに友だちがいた。皆の電話番号を尋ね始めた。私は薬局で小さな青いノートを買い、ポケットに入れていた。アルファベットをページにつけてゆき、みんなのファースト・ネームと電話番号を該当するアルファベットのページに記入した。

私が電話帳を作り始めたちょうどその頃、レッド・ツェッペリンのドラマー、ジョン・

ボナムが若くして亡くなり、私の両親はショックを受けて悲しんだ。バンドはもう終わりでアルバムもリリースしないと告げた。そして「最終楽章《コーダ》（Coda）」という昔の忘れ去られていた曲を寄せ集めたアルバム以外は本当にリリースされなかった。これによって私はかっこよくなるためだけに他人に痛い思いをさせるべきではないとさらに確信した。両親によるとレッド・ツェッペリンは地上で一番かっこいいバンドだった。そのドラマーが死んだ。いくらかっこよくても、ジョン・ボナムの命を救うことはできなかったのだ。

大統領職は操り人形／トップシークレットの「闇予算」

１９８０年７月にその次の大統領選が行われた時も、人質はまだイランに捕われていた。ジミー・カーター大統領は人質解放には力が及ばないと見られ、地滑り的にロナルド・レーガンが勝利した。その１カ月と１日後、ジョン・レノンはサインを求めてきた人物に撃たれて死んだ。彼はちょうどカムバック・アルバムをリリースしたところで、その中には何年も活動休止したことに対するお詫びともとれる「ウォッチング・ザ・ホィール」も収録されていた。そしてかなり影響力の高い反戦抗議も込めて活動を再開させたところだった。私のベビーシッターだったエリーはビートルズの大ファンだったのでジョン・レノンが死んでかなり動揺していた。次にエリーに会った時、すごい話を聞いた。

ジョン・レノンが死んだ日の前夜、エリーは彼の夢を見た。夢で彼は紫色のベルベットのスーツに紫色のシルクハットを被り、白い薔薇《ばら》を持っていた。唇も紫色の口紅をつけ、真っ黒の丸いサングラスに紙のように真っ白な肌だったという。エリーは彼が死んでいるのだろうかと恐ろしくなった。白い肌に紫色の唇をした彼が死体のように見えたのだ。彼女はジョン・レノンに何か起きたのだろうかと恐怖に襲われ、真夜中に目覚めたまま眠れなかった。そのまさに翌日、彼は暗殺されたのだった。これを機に私はＥＳＰを一層真剣に研究し始めた。誰でも未来を見て価値ある情報を得る可能性があるとわかったからだ。

その年のクリスマスに両親からミッキーマウスの暗闇で光る１９８１年カレンダーをもらった。ハロルド・シャーマンは、彼のＥＳＰのエクササイズを練習し始めてから何か尋常ならぬことが起きたらすべて書き留めるようにと伝えていた。私はＥＳＰ体験をするたびに、カレンダーの日にちのところにそれを書いていた。私はこの本を書いている間にそれと同じミッキーマウスのカレンダーを注文した。30年以上前に見ていた絵をこうして見たのは初めてだが興味深いもので、このおかげで子供時代の記憶がさらに蘇《よみがえ》ってきた。

その同年クリスマスの私の「一番ビッグなプレゼント」はアタリ・ビデオ・コンピュータ

ーシステム、ＶＣＳとも呼ばれるもので、それは後にアタリ２６００という名に変わった。あっという間に私はビデオゲーム依存になり、「ピットフォール！」や「リバー・レイド」といったゲームに一日に何時間も費やしていた。

イランの人質は１９８１年1月20日、ロナルド・レーガンが宣誓就任したその日に遂に解放された。これはかなり不審だった。多くの内部告発者が証言したところでは、ジョージ・Ｈ・Ｗ・ブッシュがイラン人に賄賂《わいろ》を送り、１９８０年11月にカーターが落選するまで決して人質を解放しないように伝えていたという。いまもレーガンの時代を好ましく思っている人は大勢いるが、彼の就任期間に対ソ連核戦争の危険な兆候はあっという間に悪化した。

ウォルター・クロンカイトは１９８１年3月6日、私の誕生日2日前にダン・ラザーと交代になり、ニュースは核武装競争の嵐となって私たちを攻め立てた。毎晩、さらなる爆弾を作るために国民は巨額の政府支出を支えなければならないと言われ続けていた。アメリカが保有する核爆弾の数がソ連を上回っていれば、私たちを攻撃することはないだろうということだった。もう両国とも地球上の全生命を完全に破壊してもまだ余るほどの核ミサイルを持っていたというのに、だ。それに加え、私たちは学校で核戦争の避難訓練を政府指令により行い始めた。つんざくような恐ろしいサイレンがスピーカーから流れ、机の下に隠れるようにと命じられるのだ——あたかも、そうすれば放射能の危険性がいくらかは減るとでも言いたかったのか。アメリカはまさしくジョーンズタウンのような自殺カルトへと変わっていった。誰も気に留めてそれを止めようとする様子はなかった。

ロナルド・レーガンが大統領になって69日目を迎えようという1981年3月30日、彼は暗殺者の銃弾に倒れた。レーガンは脇に銃弾を受けた。銃弾はレーガンの頭を狙っており、銃が発射したその瞬間に大統領報道官ジェームス・ブレイディが躓《つまず》いた。ブレイディは銃弾を受けたが、死には至らなかった。私の知る中で最も高位レベルにいたインサイダーの一人、ピート・ピーターソンから何年も後になってから聞いたのだが、レーガンはUFOが実在し地球外文明が地球にやってきていることを知ったのだそうだ。彼は民衆にその真実を伝えると決断したが、それを隠蔽していた人たちがレーガンを消そうとしたのだ。この事件後にレーガンは警告を受けた。もし彼がもう一度そのことについて一言でも漏らそうものなら、次回は絶対に狙いを外さないぞと——そしてレーガンはその警告に従った。

ここで指摘しておくが、カバールの組織内では大統領はそれほど高い地位にいるとは限らない。それほどのパワーは与えられていないのだ。一般人にとっての名目上のリーダーであり、情報は意図的に知らされていない。そうすればもし裁判になった時に組織内の致命的な秘密を暴露されることはない。大統領は言われるがままに行動することを拒否した場合、最も悲惨な結果になるぞと常日頃から脅迫を受けているのだ。

レーガンが襲撃されて間もない4月12日に初めてのスペースシャトルが打ち上げられた。これは私にとっては一大事で、このずっと前から雑誌オデッセイでスペースシャトル打上げについての記事はすべて読んでいた。私は宇宙飛行士になるのが夢で、これが宇宙植民地化の次のステップになるんだと思っていた。私は新しいシャトルの発射があるとすべて興味津々で見ていた。アメリカは最終的に2090億ドルをスペースシャトル計画に費やすことになった。何年も後になってインサイダーから聞いた話では、レーガン政権は核武装競争やスペースシャトル計画を利用し、防衛支出も大幅に増加して巨額のお金をトップ・シークレットの「闇予算」プログラムに投入していたそうだ。高度に進化した機密テクノロジーの開発プログラムである。

明日を見た男ノストラダムスのように／ESP実験

私はHBOの特別番組、「The Man Who Saw Tomorrow（明日を見た男）」を見て愕然《がくぜん》とした。これは1981年1月にプレミア放送され、この頃に何度も再放送された番組だ。

この時に初めて私はミシェル・ド・ノートルダムのことを知った。一般にはノストラダムスという名で知られている人物だ。この番組はオーソン・ウェルズがナレーターを務めていた。彼は１９３８年に放送されたリアルなラジオ番組「War of the Worlds（世界の戦争）」でもナレーターを務め、多勢の人が本当に大量のエイリアン侵略が実際に起きていると騙されるほどだった。この時もウェルズは多勢の人をパニックに陥れたのだが、私もその一人だった。この番組はノストラダムスが強力な霊能者で未来を正確に予言して当時の人々を驚嘆させていたことを徹底的に立証した。ノストラダムスは謎の多い四行詩あるいは四行連句を残したが、それがナポレオンやヒトラーの隆盛と敗北を含め数々の未来の出来事を正確に予言しているようだった。この番組によるとノストラダムスは我々が核戦争で全滅する、それは１９９９年かそれ以前に起こるだろうと言ったという。またこの番組ではハリウッド並みの映像で宇宙を飛ぶ核ミサイルの様子を見せ、そのような戦争が実際に起きた時の様子をありありと伝えていた。

ノストラダムス・スペシャルを見て、私には世界を変えるパワーがあると思った。程度の差はあれど彼に似た能力が自分にあることはもうわかっていたからだ。もっと一生懸命練習してＥＳＰをもっとできるようになったらノストラダムスのように未来が見えるかもしれない。そうすれば世界を救う力になれる可能性もある。１９９９年にはある程度の年齢に達しているから、人は自分の言うことを聞いてくれるだろう。夢に出てくる長老からはこの能力を伸ばすようにとたびたび言われたし、今ならその練習方法が載った本も持っている。この新たな決意を印として残すために、私はクリスマス前に郵送されてきた1981年と印字されている米国肺協会のステッカーをその本『あなたのためにESPが使えるようになる方法』の「あなたの癒しの力」という章のタイトルのすぐ下のところに貼り付けた。シャーマンはESPの練習を始めるのが若ければ若いほど良いESPになれるとも書いていた。もっと早くから始めることもできただろうけれど、それでもやってみるべきだと思った。十分な能力はなかったとしても、戦争を止める手助けはできるかもしれないからだ。

シャーマンは、深い呼吸を定期的に繰り返し、マインドはできるだけ静かに保つようにと書いていた。彼はベッドに横になって片方の腕を真っすぐ上に向かって持ち上げ、疲れるまでその状態を保つというのを両腕ともにやることを勧めている。疲れたら腕をそのまま落としてもう腕はそこに存在していないと想像する。その後、脚も1本ずつ同じことをする。最後に、胸をゆっくりと時間をかけて波打つように動かす。目指すのは身体が消え、自分は頭の中の一つの点として存在しているような感覚になること。この時点でとてもリラックスし、呼吸は深くなっているはずだ。そうなったら映画のスクリーンを思い浮かべる。そのスクリーンにわずかな瞬間、イメージが現れ始めるので、気をつけておく。ESPはこのように姿を現すのだ。私は何度もこれをやってみたが、映画スクリーンのイメージを長く保つことができなかった。自分のスクリーンに何かが現れるなど一度もなかった。この練習に私はかなりフラストレーションを感じたが、同じ練習を毎晩毎晩繰り返し、さらなるヒントを求めて本を読み続けた。

ある夜、私はついに新しい、面白いアイデアを思いついた。自分の「霊体」をどこかに送り、何か証拠を残せるかもしれない。私は友だちのエリックに集中を向けることにした。エリックの所なら、自分の「霊体」をそんなに遠くまで飛ばさなくてもよいと思ったからだ。シャーマンによると、もし特定の人物にメッセージを届けたい場合に一番大切なのは自分の頭の中の目の中で相手の顔を見るように集中すること、そしてその相手について知っていることや相手の好きなところをすべて思い浮かべるということだった。私は頭の中でエリックの顔を思い浮かべ、何度も何度もこう言った。「エリック、君は朝の3時半に目が覚める」これをしばらくやった後、もっと確証を得るために何かつけ足すべきだと気づいた。絶対に否定しようのない内容を考えた――そこで、目が覚めて金色を思い浮かべることにした。そこで彼の顔を思い浮かべながら同じ指示をとても強い調子で繰り返した。「エリック、君は朝3時半に目覚めて金色を思い浮かべる」と。

シャーマンは、このようなことをしてうまくいった場合は安堵《あんど》感を覚えるものだと書いていた。身体中がリラックスし、満足感を得るという。確かにその感覚はあったけれど、私はどうしてもこの通りにうまくいってほしかった——だからエリックにそれから1時間、同じ指示を送り続けた。私は疲れきって眠りに落ちた。翌朝、朝食を食べながら私は母にこういうことをしたんだ、と伝えた。母は、自分から何も言わないことが肝心よと言った。彼にはただ、よく眠れたかどうか尋ねてどう答えるか聞けばよいとのことだった。私はカフェテリアでエリックに会った。そこでは皆が小さなパックのミルクを飲んでいた。私は母から普通のミルクなら飲んでもよいと言われていたが、エリックはチョコレート・ミルクを飲んでいた。ストローでミルクを飲む彼に腕を回し、「それでさ、エリック、昨夜は眠れた？」と言った。彼はとてもびっくりした。すぐに後ずさりをして、彼の肩から私の腕を離した。「なぜそんなことを聞くの？」と言った。「別に、ただ気になって」と私は大きな笑みを浮かべて答えた。

エリックは真夜中に恐ろしい気分になって目覚めたんだと言った。誰かが——幽霊のように部屋の中に立っていて、自分を見つめている気がしたと言う。目覚めた後、まず思い浮かんだことは何か尋ねた。「自分の腕時計を見ようとしたよ」と彼は言った。「その時計は何色？」と尋ねた。「金色」と彼は答えた。私はとてもびっくりした。自分はずっとべッド横にデジタルの置き時計を置いているけれど彼が金色の腕時計を持っているなんてまったく知らなかった。私は彼にその前の夜にしたことを伝えると、エリックは唖然《あぜん》としていた。その実験が完全に成功したかどうかは確かではなかった。というのも彼が起きたのは3時半ではなく、4時半だったからだ。だが私は自分の身体が完全に満足したにもかかわらずもう1時間やり続けたので、それでタイミングが狂ったのかもしれない。もし身体が最初にリラックスした時点でやめていれば、エリックは3時半に目覚めていたかもしれない。1時間の失敗はあったものの、私とエリックはこの実験は成功だということにした。エリックは真夜中に目覚め、部屋に幽霊のような存在がいる感覚がし、金色のことを考えた――彼の腕時計という形でだ。

私は本で学んだすべてのことをエリックに教え始めた。私たちは放課後、毎日ESPの練習をした。もっともよくやったのが、棒を空中に投げて落ちてくる時にどの向きに地面に落ちるか命令するというものだった。棒を折って、その折った方がどちら向きに落ちるかを見た。そしてかなりの成功率で自分たちが命令した方を向かせることができた。「雨乞いの踊り」も試した。これには弟にも入って手伝ってもらった。私たちが雨乞いの踊りをすると、大半の場合は10分もしないうちに雨が降りだしたのだった。

未来の大惨事を救う「ESPクラブ」／誰もが気味悪がって去っていった

ノストラダムスのスペシャル番組は何度も再放送された。私は何度も見て詳細部までくまなく研究した。父が「テレビガイド」という雑誌を定期購読していたおかげで、いつ再放送するかがわかっていた。エリックと一緒にやっていたことも良かったけれど、自分はもっともっと集中してやっていくべきだと思っていた。それに、より多くの人にESPを勉強して自分のESP能力を開発してほしかった。そうすれば未来の大惨事を救う確率が高くなるからだ。人が新たにESPに関心を寄せるようになるためには、実際にESPは効き目があるという証拠を示すのが一番だろうと思っていた。シャーマンは特定の思考に強く集中し、そこにたくさんの感情を込めればとても簡単にテレパシーのメッセージを送れると言っていた。私の母が私に家に帰りなさいと送ってきたのと同じことだ。人が何人か集まってグループになると、一人でやるよりうまくメッセージを送れる。そこで私はエリックと他に3人の男の子で「ESPクラブ」を作った。休み時間に初めてのミーティングを行った。私のクラブでは誰もお腹をパンチされることはない——だが、いままでにないほどびっくりするかもしれなかった。

私たちは幼稚園の横、小学校の1年生の建物側に立っていた。私は皆に、建物の角のところまで行って1から10までの間の好きな数字を選び、その数字に1分くらい集中してから戻ってくるようにと伝えた。私には決して話し声が聞こえないよう、できるだけ小さな声でやり取りをするように言った。皆が離れている間、私は呼吸をとってゆったりリラックスし、何も考えないようにした。そして彼らが私に向かって歩いてくる時にからっぽの頭の中に浮かんだ初めの数字を拾った。ハロルド・シャーマンによると、ESPを正しく行った場合、咄嗟《とっさ》に一番に浮かぶのが必ず正解で、それでいいのだろうかと思い始めると失敗するそうだ。そこで私の目標は皆が戻ってきて彼らの目を見ること、それまでは数字のことを一切考えないようにすること、そして皆の目を見た時に頭にひらめくものを――それがほんの一瞬でも、その数字をただ受け入れることだった。少年たちは仰天していた。毎回これをするたびに私は正確に数字を言い当てたからだ。実際にわかるものなのだと感心しながらも私は笑い、大したことではないという態度でいた。「誰だってできるんだよ」と私は彼らに言った。「僕はただそれを実証しているだけだよ」彼らは、話し声が聞こえているに違いないと言った。「じゃあもっと遠くに行ったらいいよ、そしてもっと小さな声で話して」と答えた。「距離は関係ないからね」

彼らはまた建物の角から向こうへ行った。私が頭の中を静めると、今回は感覚がまったく違っていた。何かが起きている。彼らが私にいたずらをしようとしているのがわかった。何をしようとしているか探ろうとしたけれど、いまひとつわからない。彼らは建物の角を曲がってこちらに向かって歩いてきた。初めに数字の3が思い浮かんだ。大声でそれを言うと、彼らは負けたようだった。がっくりと肩を落としていた。「そう」と彼らは答えた。「3だよ」そしてまた向こうを向いて歩いていった。一人が何かいいことを思いついたかのように、二人に身を寄せてひそひそ話をしていた。私の頭の中はまだ真っ白で、彼がそうしている間に一瞬、私の想像で私に向かって数字の7が飛んでくるイメージが見えた。丸い、白っぽい黄色の一連の光でできていて、まるでロック・コンサートのステージのディスプレイのようだった。このイメージがあまりにも突然で強烈だったので、何が起きているかがすぐにわかった。私は彼らに向かって叫んだ。「戻ってこいよ。もう次の数字は決めてるじゃないか。7だろう」

私が完全に正確に言い当てて彼らの企みを妨げたので、彼らはまごついていた。彼らは二つの数字、3と7を選んでいた。初めが3で二つ目が7だった。もし3を言い当てていたら、建物の向こうにもう一度戻って偽の数字を決める予定にしていた。もし本当の数字ではなく偽の数字を私が言い当てたら、私は何かトリックを使っていて本当の能力ではないのだろうと思ったらしい。ところが、私が彼らの企みをＥＳＰでとらえたのだ。それで彼らは怖くなったらしいことにすぐ気づいた。一人が帰ると言い出し、皆がそれにならって帰った――そこに立っているのは私だけになった。エリックはまだ関心を寄せていたので一緒に実験を続けたが、このＥＳＰクラブは二度と集まることはなかった。誰も話題にすらしなかった。そんなことは起きもしなかったかのように振る舞っていた。

自分のクラブが失敗に終わり、こんなに自然で簡単なのに将来とても必要になるこの技術を誰も習いたがらないのが悲しかった。集まったうちの少なくとも一人は敬虔《けいけん》なキリスト教家族の子供で、どうやら彼らはこの能力を邪悪なもの――悪魔だけがこのような力をもたらすのだと考えていたらしい。誰も私に話しかけようともせず、たった一度のクラブ・ミーティング以降は友だちもやめてしまったのも、それなら説明がつく。私は悲しく、おかしな話だと思った。イエスだって一般には同じようなことをしたのだから。本当に良いこと、たとえば水上を歩いたり、水をワインに変えたり、５０００人の人に食事が行き渡るようパンや魚を作ったり、ラザロを死から蘇らせたり、そしてアセンションも――すでに死んだ後だったのに自身の身体をピュアな光に変容させたのだから。

マインドで「パルス」を発射／ダークサイドの淵で……

「ＥＳＰクラブ」が失敗に終わって少しした頃、私は一人で下校中に歩いていて一人の大きな子供にひどい目にあわされそうになった。自転車で後ろから音を立てずにスピードを上げて近づき、自分のリュックを外してそれで思いきり私を後ろから強打したのだ。それが背中に当たり、私は前に転倒した。私は激怒した――彼を傷つけてやりたかった。突然、ＥＳＰを使って攻撃しよう、自転車から彼を落とせるかやってみようと思いついた。私は自分の静かなところに行ってそのやり方を尋ねた。とても具体的な答えとその名称が返ってきた。「パルス」という方法だった。実際に効くわけがないだろうし、どうなるか試しにやってみようと思った。深呼吸して彼の後頭部に目の焦点を合わせ、できる限りの激しさで突然身体中の筋肉を緊張させた。この時に口から鋭い音を出しながら息を吹き出す――と同時に頭は前方に振る。額からは赤いレーザーが出ていてそれが彼の後頭部に当たっていると想像しながら。これをした時、私は激怒していた。

私が「パルス」で彼を撃った直後、彼の自転車の前輪がおかしな感じでガクンと動いた。

おそらく砂利で滑ったのだろう——彼は自転車から落ち、溝の中に崩れ落ちた。明らかに怪我を負っていた。彼はもう一度自転車に乗り、痛そうに去っていった。ここまで読んで、これは私の創作話か何かだと思われる人がいても仕方はない。目撃者もおらず、これが実際に起きたという証拠はない。だが間違いなく本当なのだ——私は圧倒された。何年も後になって複数のインサイダーから聞いたのだが、才能を持って生まれた子供たちを訓練する闇のプログラムがあり、マインドで殺人する訓練を受けさせているそうだ。グループで行うと効果は上がっていた。この子供たちは深刻なトラウマを被り、麻薬や洗脳の影響下にあった。私が行ったことは可能性をほのめかす程度だった——だが、すべてが邪心に基づいていたところが問題だった。あの子供を自転車から落とせたことにゾッとした。彼が起き上がって無事に立ち去ると私は家に着くまで走り続け、ベッドに身を投げ出して30分ほど泣いていた。神様にごめんなさい、もう二度と誰にも「パルス」はしませんとお祈りをした——それ以来、二度としなかった。「スター・ウォーズ」でダース・ベイダーがやっていた「フォース・チョーク」のようなものだった——私は絶対にダーク・サイドに行きたくなかった。

教室でデモンストレーション／ESPカードでの挫折

新たなノストラダムスになれる人はいる、そして核戦争のような完全破壊から地球を救うことができるのだと私はなお信じていた。ただ、まずESPを学ぶ必要がある。もし自分が2年生のクラス全員にESPは本当に作用することを証明できたら、誰かがエリックと私と一緒に訓練することに興味を持つかもしれない。私は何かのテレビ番組でツェナーカードのことを知った。各ツェナーカードには5つのシンボル——星、円、三角、四角、3つの波線のうち一つが書かれている。科学者はこのカードで人のESPをテストし、良好な結果を得ていた。私は結局、ESPカードを自作した。ただ私のカードはまったく違うシンボルを描き、難度がかなり高くなっていた。私の担任のシュタイナー先生に、2年生のクラスにESPの話をさせてくださいと説得した。ESPとは何か、どのように効くのかを話し、その後エリックに手伝ってもらってカードを使って実証するという内容だった。エリックがカードを持ち、私がそのシンボルを言い当てるというものだった。

シュタイナー先生の答えは「YES」だったので、実際にデモンストレーションを行った。この時は全員が見ているので緊張した。始める前にカードをシャッフルしたにもかかわらず2回は言い当てたものの、ほとんどは間違った。確実に失敗で、私はきまりが悪かった。誰もＥＳＰのことを聞いてこないし、教わりたいという子供もいなかった。そのカードは父親の新聞で包んだ際についたインク染み付き輪ゴムでまとめ、いまもクローゼットにしまってある。

第5章

来るべきアセンションの予感に触れながら／ネガティブな存在たちの餌・「コア・トラウマ」の日々

闇が近づく／ESP実験仲間の変節

私が2年生になる頃には、才能に恵まれた子供のためのピラミッド・プログラムには7人しか残っていなかった。その一人がタラという女の子で、薄い色のブロンドの髪に大きな目をしていて私は彼女のことをとても可愛いなと思っていた。ある日、美術の授業中にタラが私のところにやってきて、ある茶色の髪の女の子が私をデートに誘いたがっていると言ってきた。この女の子のことをここではローラと呼ぼう。私はその時何冊もの本を持っていたのだが、手を滑らせて全部床にぶちまけてしまった――でもまったく気にもしなかった。エリックと私は近所を自転車で走っていた時にローラとタラに出会い、皆で学校のローラースケートのイベントに行こうということになった。私は行くと言ったもののそれまでローラースケートなんて履いたこともなく、運動も決してうまくなかった。スケート・パーティではとても緊張し、ほぼ最後まで転げないようにステージにしがみついていた。ついにはエリックとローラがやってきて滑っている間に転げないよう私の両腕を彼らの肩に乗せてくれた――この時ほど気持ちよかったことはない。

スケート・パーティの後、ローラはまったく私と言葉を交わさなくなった。私の近くにいても、すぐに私から離れていった。エリックの母親はキリスト教の確固たる原理主義者でローラの母親と同じ布地屋で働いていた。二人は教会にも一緒に通っていた。エリックは、ローラが私に関心を寄せていることを彼の母親に言ったと私に打ち明けた。エリックの母親が何と言ったかはわからなかったが、エリックは二人でＥＳＰ実験をやっていたことを両親に伝えたに違いない。私はとても腹を立て、エリックの母親はローラの母親と友だちだと知っていてなぜローラが僕のことを好きだということを母親に喋《しゃべ》ったのかと尋ねた。エリックはただ大笑いしていた。明らかに嫉妬《しっと》だった、そしてローラがもう私に話しかけなくなったのが嬉しそうだった。彼はこれ以降、ＥＳＰ実験をもうやりたがらなかった。友だちのままでいたが、状況は本当におかしくなっていった――何年かの間に彼は私をどんどんいじめるようになった。６年生になる頃には私の顔面に雪を押し付けて呼吸できない状態にし、もう少しで殺されるところだった。彼はその行為を「漆喰《しっくい》」と呼んでいた。私の母親が原理主義の宗教について言っていたことは正しかったんだなと改めて思わざるを得なかった。

地球に起きる素晴らしいイベント／アセンションを感じながら

父親がある日、巨大な機械を持って帰ってきてテレビの上に設置し、これがVCR――もしくはビデオカセットレコーダー――だと言った。これがあればテレビ番組を大きなVHSテープに記録できる。私たちは近所でもかなり早くにVCRを手に入れた家族だった。このすぐ後にMTV――ミュージック・テレビ――という新たなチャンネルができた。父親はこれをとても楽しみにしていて、初日の放映を一緒に見た。一番刺激を受けたビデオはフィル・コリンズの「In The Air Tonight」という曲だった。夢の中のような映像で廊下が現れ、たくさんの扉がついているがどこにもたどり着けない。強烈で感情的なエンディングでフィル・コリンズは叫んでいて、その顔にカメラがクローズアップしていた。彼が「今まで生きてきて、この瞬間をずっと待っていた」と歌った時、私は自分が生きているうちに地球に起きる素晴らしいイベントのことを考え続けた――それが後にアセンションと呼ばれるものだと知ることになったのだが。

3年生になった時、ビリーという転校生がやってきた。彼も恐竜、宇宙飛行、科学に興味を持っていた。私たちはすぐに友だちになり、月に2～3度は母親の車で彼の家に連れていってもらえることになった。ビリーも私と同じようにアタリを持っていたが、彼の父親はフレンドリーというレストランの支店長で副収入があり、ビリーはゲームを山ほど買ってもらっていた。彼の60㎝高さの籠《かご》にはゲーム・カートリッジがいっぱいに詰まってい て、私にとってはまさに天国だった。二人でただただ一緒にゲームをした――ヤーの復讐、ホーンテッド・ハウス、パックマン、アドベンチャーといったお決まりのゲームも含めてだ。また、彼の母親は砂糖たっぷりのジャンク・フードを彼に買い与えていることにも気づいた。私の母親は絶対に食べてはいけないと言っていたTwinkies、Ho-Hos、Ring Dingsなどだ。Twinkiesはおそらく100年たっても腐らないのだろうと知りつつも、確かに美味しかった――なので彼の家に行くたびにそういうものを食べていた。

この同時期に、私は学校で問題を抱え始めていた。3年生の担任だったスミス先生は生徒に筆記体を書かせようとしていたが、私はそれが大嫌いだった。掛け算表や割り算表の暗記もしたくなかった。計算する時に自分がどこにいるかで答えは変わるものだと強く信じ込んでいた。正しい答えであると確認するには、毎回もう一度計算し直すしかなかった。なので9×3とあったら、頭の中で数えながら指でも数えて数字が合っているかを確かめた。心の中で10、11、12、13、14、15、16、17、18と数えると指は9本上がっているのを見て確かめ、それからまた19、20、21、22、23、24、25、26、27と数えてゆく。こうしていると他の子供たちよりずっと遅くなり、遅れをとりだした――だが何カ月もの間、答えを暗記するなんてばかなことだと感じ、危険すら感じていた。移動のために数学を使う時も毎回そのたびに新たな計算をしないととんでもないほど迷子になる、もしくは死ぬことになると記憶していたらしい。何年も前に高次元の話を読んだ時に、ある場所の数学ルールは地球の数学ルールとは異なる機能をするということを知った。たとえば六進法では1、2、3、4、5、11、12、13、14、15、21、22……と数える。一定のエリアでは正確な計算結果を得るために別の基本数を使う必要があるのかもしれない。

植物が叫び声をあげる／奇妙な科学

私は科学に関する本をできるだけ読み始めた――学校でも、スケネクタディ郡図書館でもだ。私の母はそこに行くと必ず私たちに木と「話」をさせた。木に近づいていって素敵な言葉をかけると木は枝を揺らす風を通して答えてくれる。私たちがこうすると、毎回木は答えてくれていたようだ。静かな時でも風が起こるので、私は本当に木が話しかけてくれているのだと信じていた。ある日、母からクリーブ・バックスター博士の話を聞いた。彼が植物を燃やそうとすると、その植物は「叫んだ」という。母はその話をよく読んで完全にこれは本当の話だと納得していて、私はその話にかなりの影響を受けた。それまでは植物に感情があるなんて思いもしなかったが、母はこの実験は本当だと絶対の確信を持っていた。何年も後になってから私はバックスター博士に自らインタビューをし、彼の発見した内容を要約して『ソースフィールドの研究』を書き始めたのだった。

私はあっという間に化学実験の結果に夢中になり、家で実験を行ってみた。母は化学実験用品一式も買ってくれた。私のお気に入りはフェノールフタレイン溶液だった。この魔法の万能薬を試験管に注ぎ、そこに化学薬品を数滴おとすととても綺麗な結晶ができるのだ。

その１９８１年のクリスマスにもらった「一番のプレゼント」は地元モホーク通りのロイ・マシューズ・ホームセンターから買ってきた小さなカラーテレビだった。すごいことだった。これで自分の部屋で扉を閉めて誰の邪魔にもならず一人でアタリで遊べるようになったからだ。私はこの頃もずっと空を飛ぶ素晴らしい夢を見続けていた。

陰謀の激化／火星の人面顔、ET

1982年初めの頃、私は悪名の高いあの「火星の顔」をオデッセイ誌で初めて見た。火星地表にある山の写真だが、人面のようなものが写っていて――オデッセイ誌にはとても奇妙だと書いてあった。私は瞬間的に、誰かがそのような形に建てたのだ、ただの錯覚ではないと感じた。どうやってあれがそこにできたのか、誰がやったのか知りたくて仕方なかった。答えはUFO現象に潜んでいるはずだと思った。きっと宇宙には私たちより古い、もっと古代から生きている人々がいるのだ――夢に出てくるあの長老のような人がいるんだろう。その同じ人たちが地球のピラミッドやイースター島のモアイ像やストーンヘンジを建てたのかもしれない。学校にオデッセイ誌を持っていくとなぜ他の子供たちがあんなに嫌がるのか理解できなかった。素晴らしい雑誌で、あの長老が言ったようにこういう知識が世界を変えるのだろうと思っていた。その年の夏、6月11日に映画「E．T．」が公開された。私の父はプレミア直後に一人で見に行き、帰ってきて「皆ですぐに行って見たほうがいい」と言った。その夜か翌日だったか、皆で見に行った。映画ではエリオットという少年が地球に不時着した小さくて優しそうな地球外生命体の世話を始める。E．T．はボールを空中浮揚させることができ、そうやって自分がどこから来たか説明した。E．T．が枯れた菊を生き返らせたり、エリオットと奇妙な霊的繋《つな》がりを持っていた。E．T．がビールを飲むとエリオットが酔っぱらったり――E．T．が映画でジョン・ウェインが女の子にキスするところを見ているその時にエリオットは学校で女の子にキスをしたりしていた。

私は映画にESPやテレキネシス（念力）が出てきてびっくりした。最後にE．T．はエリオットの自転車や彼の友だち全員を空中浮揚させ、空を飛ばせた。E．T．が死んだ時は他のどの映画の時よりも泣いた。E．T．が後で生き返った時はスティーブン・スピルバーグはE．T．をキリストになぞらえているのだと思った。10代後半になった頃、私は人生で感情的になって泣いたのは10回にも満たないと自慢していたが、この時がそのうちの1回だ。私は地球外生命体に深く一体感を抱いていたのでエリオットを自分のように感じ、E．T．が死んだ時はたった一人の本当の親友が死んだように感じられた。

現実創造、引き寄せ、カルマ／アヴァロンへの旅

その年の夏、6月下旬に父親が初めての休暇旅行でマサチューセッツのコッド岬へ連れて行ってくれた。そこでキャプテンズ・ロウという場所に滞在した。私たちは父の大学時代の旧友のボブに会いに行ったのだ。彼はハイアニス湾沿岸に面したキャビンを持っていて、それは素晴らしかった。ただ砂の中にマテ貝がたくさんいて、私はうっかりマテ貝を踏んで足から出血してしまった。母親とマイケルは二人で「ウィル・ウォーキング（will walking）」をすることにした。母親によると、もし自分で「意図を設定」すれば地面を見なくても二度とマテ貝を踏まずに歩けるという。私は怒り、自分は絶対にそんなことしないと言った。母親とマイケルはそれでも腕を嬉しそうに振りながら歩いていった。案の定、二人は行き先を見ることなくマテ貝を踏むこともなかった。このせいで私はしばらく二人に腹を立てていたが、二人がやめると気が落ち着いた。

母親はセスの本で読んだ「自分が自分の現実を創造している」という概念の英知を適用していた。これを「引き寄せの法則」と呼ぶ人もいる。私はこのような危険な状況に身を

置くことを推奨するつもりはまったくない。だが人生は予期せぬ危険や動揺に満ちている。ポジティブな姿勢を養えばあなたの経験は大きく変わるかもしれない。シンクロニシティ（共時性）現象を通して、自分がポジティブにフォーカスしていれば説明のつかないような素晴らしいことが起き得るのだということを私は学んだ。同様に、故意に他者や自分を傷つけると必ず「悪いカルマ」を引き寄せ、驚くほどの正確さとタイミングでネガティブな出来事が自分の人生で実現するのだ。私は高校生になる頃にはカルマは絶対に本当にあると確信していた——そしてカルマに気づいていることが極めて重要であることも確信していた。

彼女は科学を使って私を幻惑した

1982年秋、私は「高学年生」になり、小学校の上の階にあるオースティン先生の4年生の教室に移った。この頃にはダン・ラザーはほぼ毎晩のように私たちは皆核戦争で死ぬのだと警告を発していた。私とマイケルがベッドに就いた後、両親の怒鳴り合いはどんどん頻繁に聞こえてくるようになった。私たちはそれが辛く、私は自分の大きな硬材のダブルベッドを処分してマイケルの部屋に移った。マイケルの部屋には母親のバンドのベーシストが作ってくれた新しい二段ベッドを置いた。私の元の寝室は家族の部屋にしたが、ほとんど使うことはなかった。私の学校の成績は悪化の一途をたどり、いじめはどんどんひどくなっていった。クリスという子供がある言い回しを思いつき、私はそれを何度も聞かされた。「彼は頭が良すぎてとんでもないばかだ」皆、これを面白いと思っていたらしい。

その頃、父親は私をバックステージでトーマス・ドルビーに会わせてくれた。シングル「彼女はサイエンス（She Blinded Me With Science）」がヒットし乗りに乗っていた時期だ。彼との時間はとても楽しかった。彼がすべての成り行きに完全に圧倒されている様子が伝わってきた。礼儀正しいけれど、疲労困憊《こんぱい》していて気がそぞろだった。これは父親にバックステージに連れて行かれた時、どのミュージシャンにも共通していた。その頃はまさか自分も大人になってから著名人となって同じような厳しい状況を経験するとは思いもしなかった――夢の中では長老から何度も繰り返し、警告を受けてはいたけれど。

夢に見ることは実現できる

その年のクリスマス、マイケルと私は父親が手書きで作った雑誌をもらってワクワクした。表紙はミッキーとミニーマウスで、雑誌名は「僕たちはどこに行くと思う？」と書いてあった。本を開くと、私たちは2月にディズニー・ワールドに行くことになっているらしかった。父によるディズニーのキャラクターが描いてあり、色とりどりの文字で段階的に話しかけてくる。そして後ろにはディズニー・ワールドの分厚いカラーのパンフレットが袋に入って綴《と》じてあった。父親はさらにGEのジグソーパズルをそれぞれにくれた。空を飛ぶ壮大な都市の絵で、UFO型の宇宙船がその中を飛んでいた。パズルの上のところには「夢に見ることができれば、実現できる」と書いてあった。私はキッチンのテーブルでパズルを組み立てながら、まったくその通りだと思った。私がすでに夢で見ていたような都市や宇宙船ができるのは時間の問題でしかなかった。

私たちは2月上旬にディズニー・ワールドに向かった。ラッキーなことに学校は休んで行った。母も父もひどいウィルスにかかり、下痢をしてかなり具合が悪くなった。母親はホテルの部屋でほぼ寝たきりになり、父親が私たちを乗り物に連れて行ってくれたのだが、茶色い紙袋にカオペクテイト（止瀉薬）を入れてそれをずっと飲んでいた。GE社はエプコット・センターの乗り物に出資しており、父は出張で来ていた――そして舞台裏の上級管理職の人だけが入れる部屋まで見ることができた。

ハイブリッド・セダン

父はディズニー・ワールドへ旅行に行けば母との関係は良くなるかと望みを持っていたが、状況は悪化するばかりだった。母は毎晩、夕飯後に父を家に残して自分のバンド、ハイブリッド・セダンのリハーサルに出て行くようになり、父は一人で私たちの相手をしては二人をベッドに寝かしつけていた。母は、父親が翌朝仕事のために就寝してから帰宅していた。父は毎晩、私たちにお話をしてくれることになった。私たちに何かアイデアやテーマがないか尋ね、それを元に物語を創作してくれた。物語には必ず小さな少年が二人出てきて、私たちはとても楽しんで聞いたものだった。

ザ・デイ・アフター／そして彼らだけは生き残る

1983年11月20日に「The Day After」というテレビ映画が放映された。ずいぶん宣伝されていたので、誰もがこの放映のことを知っていた。宣伝では核戦争後のこの世の終わりのような恐ろしいシーンや生き残った人たちの映像が流されていた。両親は私とマイケルにこの番組を見せなかったが、テレビでどんなことを大々的に放映しているのか知りたかった私は両親が1階でこの番組を見ている間、2階のファミリールームでマイケルとこの映画を見た。映像はまったくゾッとするもので、私たちは2〜3分見たらもう嫌になった。こんなことがもし起こったら、地球上の生命はあっという間に全滅するのだとわかっていた。ところが毎晩のようにテレビのニュースではいつでも起き得るのだと繰り返していた――ミサイルが発射したことを知る暇もなく、私たちは死んでしまうのだ。

こんな方法を良い考えだと思う人がいること自体、私には理解できなかった。地球そのものが破壊されるような戦争をしたら、勝者も何もあったものじゃない。全員が敗北じゃないか。自分たちもそれで死ぬことになるというのに、アメリカもソ連もどうして核で攻撃なんてするのだろう？　この主体の見えないテロは、すべての人をひどいストレス、恐怖、苦痛に陥れ、そのせいで人々は互いを傷つけ合うこともあった。このわずか数年後に知ったのだが、私たちが地表で全員死に絶えても私たちの「リーダー」は核戦争で生き残れるよう、巨大な地下基地システムが築かれていたのだ。それらはいくつかの都市になっていて、卵形の「サブシャトル」という地下の電車システムで行き来できる仕組みになっていた。彼らは何十万人か生き残れる人を選りすぐり、このサブシャトルで好きに移動する予定だったのだ。

さあ、リンゴを食べなさい

1984年4月下旬、アップル社はアップルⅡcというとても見栄えのいい新しいコンピューターを公表し、近所のブレットはこれをすぐに購入した。彼が見せてくれたのだが、それは素晴らしかった。Ⅱcは私たちが学校でやっていたゲームをすべて搭載していた上に、エリックが自宅で使っていたⅡcのゲームも全部備わっていた。このコンピューターがどれだけすごいか、私はずいぶん話題にしたけれど、まさか1カ月後に父親が本当に買ってくれるとは思いもしなかった。マイケルも普段では買わない大きなもので本当に欲しいものを買ってもらえることになり、彼の方はＰＫ　Ｒｉｐｐｅｒという最高級のモトクロス用自転車を買ってもらった。

コンピューターを買ってもらうという日、レストランに座っていたら私の耳から大きな耳垢の塊がこぼれ落ちた。奇妙にもそれが私にとっては象徴的な気がした。まるで、コンピューターを使い始めたら私のＥＳＰの力も上がる――もっと良く「聞く」ことができる――と告げられているような気がしたのだ。私は結局、このコンピューターを１９９５年まで、大学を卒業して初めてインターネットを繋いだ時まで使っていた。私はその日、一式すべて入った大きな箱を持って帰った。それを載せるパーティクルボードのコンピューター・デスクも一緒にだ。デスクは自分で組み立てたが、ネジの頭に貼る小さな木目調シールは貼らなかった。もしデスクがグラグラしてきたら、すぐに締められるようにしておきたかった。そのほんの2～3週間後、その木目調ステッカーが私の人生最大のトラブルを救うことになったのだ。

砂糖を燃やそう！

新しいコンピューターが来て間もない頃、私はマイケルとニコロデオンで「ミスター・ウィザードの世界」を見ていてとても興奮していた。ミスター・ウィザードは白い粉の入った瓶を掲げて「ここにKNO_3がある……我々はこれを使って砂糖を燃やすぞ」と言ったのだ。やった！　ピラミッドの先生、ショットマン教授は私がもっと実験できるようにと自宅の屋根裏部屋から謎の薬品がいっぱい詰まった箱をくれたのだが——その中にKNO_3の瓶があったのだ。ミスター・ウィザードは小さなアルミ製のパイ皿にKNO_3と砂糖を混ぜ、1・2m長の棒の先にマッチのついたものを子供に持たせてその粉に火を点けさせた。二人ともゴーグルを身につけていた。混合物はプツプツと泡立ち、小さな炎をあげて少し燃え、黒くどろっとしたものが出て——それで終わりだった。「いまからこれをやろう」とマイケルに言った。私たちは地下室に走っていってKNO_3を握り、キッチンの棚から母親のアルミのパイ皿を1枚取ってきた。ミスター・ウィザードは終始室内で行っていたので、キッチンのテーブルでやってもまったく大丈夫だろうと思った。二人でガレージから父親の古新聞を取ってきて、キッチンテーブルに８㎝くらい積んだ。「ＫＮＯ$_3$はどれくらい要ると思う?」「さあ、半分半分くらいじゃない」とマイケルは答えた。

私たちは十分な量のＫＮＯ$_3$と砂糖を混ぜ、パイ皿の底をその粉で厚く覆い尽くした。そして積み上げた新聞紙の上に載せた。私はマッチを使って４回、火を点けようとしたがうまくいかなかった。ようやく、もっと熱が必要なんだと気がついた。マッチは火が点いたその時に高熱になる。マグネシウムが燃えるからだ。なので私は火を点けてすぐにマッチを投げ入れた。突如、ＫＮＯ$_3$――硫酸カリウム、火薬やダイナマイトに使われる活性成分――がものすごい轟音を立てた。３秒後には高さ90㎝、幅30㎝の巨大な青い炎の柱が立っていた。地獄のＤＮＡ分子のようだ。その瞬間、私たちの顔面に熱風が当たった。まるでロックコンサートのフラッシュ・ポットのように。炎はキッチンテーブルの上に吊り下げられたガラスの球電灯を包むように立ち上り、電灯に煤《すす》がついた。ここ数年間、幾度となく張りつめた夕食が供されたテーブル上で猛威をふるう炎を立ち上げてしまった私とマイケルは大声でわめき叫んでいた。私たちはもしや家を燃え尽くしてしまうのだろうかと、まったくもって信じられない思いでただ炎を見つめることしかできなかった。炎の柱は約２分間、一瞬も止むことなく激しくごうごうと燃え続け、やがて燃え尽きた。ありがたいことに、何にも燃え移らないで済んだのだった。

積み上げられた新聞にはまだ小さな炎が立っていたが、私は新聞を丸ごとつかんで勝手口から走り出た。酸素の不足した炎が突然私の右肩方向に燃え上がったが、火傷《やけど》はしなかった。私は私道で新聞を踏みつけて火を消した。家中に腐った卵が燃えたような匂いの煙が充満していた。黒くネバネバと溶けたものが新聞のいたるところにつき、テーブル上の塩入れの真横にそのネバネバが0・6㎝幅の跡を残していた。まるでシンクロの奇跡だが、あの木目調のステッカーはキッチンテーブルと同じ色だった。その穴の上に1枚貼ると、ちょうどぴったり隠れたのだった。それから毎晩、父親がそれを見つけるのではないかと恐れていたが、父は一度も気づかなかった。

ベビーシッターのエレンが家にやってきて、皆で家中の扉や窓を開け、扇風機の風を使って嫌な煙を外へ流した。母が帰宅する頃には煙は消えていた。マイケルと私は泣きながら跪《ひざまず》いて許して、とお願いした。母は「二人とも十分辛い思いをしたでしょう」と言った。みんなで、お父さんには言わないでおくことに決めたのだった。

初めてのコア・トラウマ／父との離別

数週間後、母親は私とマイケルをリビングルームに座らせ、大切な話があると言った。マイケルはすぐに怖がっていたが、私は母親が言おうとしていることがわかっていた。「お父さんとお母さんは別々に住むことになったの」と母は言った。「お父さんは今後、どこかよそに住むのよ」マイケルは大声で泣き始めた。私は「なぜもっと早くにそうしなかったの？」と尋ねたかったが、黙っていた。１カ月もしないうちに、私たちはまたコッド岬に２週間の旅行に出た。母親が連れて行ってくれた最初の１週間の間に、父親は友人と共に家から荷物を運び出していた。そして父親が２週間目に休暇にやってきて、今度は母親が家に戻って家を片付け、一人で模様替えをしていた。

休暇は楽しかったし父親の友人のボブの家族ともとても親しくなれたが、家に帰って大ショックを受けた。父親はリビングルームにそれは大量のレコードを置いていた。床にも、そしてコンクリートブロックで支えた３つの木製ラックもレコードが並べてあった。それに、ラックには音響の素晴らしい大きなステレオセットもあった。地下室の棚には推定１万5000枚ものレコードがあり、巨大なロックの貴重品庫となっていた。全部、なくなっていた。リビングはまったく味気ない、生気のない部屋となり、壁には黒く擦った後が残されていた。２階のファミリールームに上がると、私がクリスマスにもらったカラーテレビもなくなっていることに気づいた。線を抜かれたアタリが打ちひしがれたように残っていた。母に何があったの、と尋ねると母はとても動揺していた。「あなたのお父さんは二つあるテレビのどちらかを持っていくって言ったの、だから小さいのは持っていってっていけれど大きいのは駄目って言ったのよ」私は母にとても腹が立ち、私に尋ねもせずに知らないところでそんな取引をした父親にも腹が立った。母は謝り、あまりにも辛いことばかり起きていたから早く済ませたかった、大きなテレビは残っているんだからいいでしょうと言った。私は打ちひしがれた。あのテレビはクリスマスに僕がもらったものなのに——まだ使っていたのに、と。

キッチンの扉の横には亜鉛めっき鋼の大きな引き出しがあり、母はそこにオレオのクッキーを保管していた。私はそのオレオを大量に食べ始めた。この一連の出来事から生じた苦痛をそうやって自分で癒していた。母に聞こえないようそっと上手に引き出しを開けられるようになった——母親が隣の部屋のほんの2mしか離れていないところでピアノを生徒に教えている間でも、彼女に聞こえることはなかった。こっそりと行動する新たなテクニックを身につけた私は、いくらでも好きなだけ食べてもばれないだろうと思った。これが原因で私は急激に太った——ビリーの弟が母親をガンで亡くした時とまったく同じだった。私は極度に落ち込み、「ファミリールーム」を自分の部屋に戻し、シャワーもしなくなった。母親は初め、私をからかおうとしてランDMCの「ユー・ビー・イリン（You be illin')」の調子で「You smell funky（臭いよ）」とラップしていた。私は耳を貸さず、ひどくなるばかりだったので母親はついに身綺麗になりなさい、と強く要求してきた。それでも私は何日もシャワーを浴びず、6年生の新学期が始まるまで変わらなかった。この時点で母は、お父さんがもういないのでお金もあまりない、そして生きてゆくためにお金はうんと節約せねばならないと私たちに話した。事情はまったく変わったため、私たちは注意が必要だった。

これが私の初めての「コア・トラウマ」だった。人生には誰でもこのような、純真な驚嘆の気持ちや人生への強い興味が厳しい現実に衝突する出来事が起きるものだ。赤ちゃんが初めて「だめ」と言われた時に似ているが、もっと強烈なバージョンである。こういった出来事によって私たちの潜在意識には反復強迫を通して同じトラウマを再現するプログラミングが起きる。私はすでにテレビゲーム依存になっていたのに、私のテレビを買い直すお金はなかった。したがってお金の不足、自分にとって大切なものを手放したこと、他者に裏切られたという感覚、依存に耽《ふけ》りたい、たとえば「やけ食い」したいという欲求、これが私の人生で繰り返されるサイクルとなった。

母親はこの上ないワーカホリックとなり、決して休みもせず、ピアノと歌を教え、ギグをすることでお金を稼いだ。母親は生徒をかなり増やしたが、そのために私は週に3日は学校から帰ってきても2階に上がっていなければならなかった。だが2階にはテレビがなかった。自分の部屋を牢獄のように感じた。母親はさらに、父が家中に置いていた雑誌や新聞、手紙の山を毛嫌いしていた。そういった新しいルールがたくさん作られた。すべてが超綺麗でなければならない――まるで美術館なみに。マイケルと私は家事も庭仕事もすべて自分たちでやらなければならず、どこか散らかすと大声で怒鳴られた。

私の人生は悪夢と化した。週に4日か5日は同じおかずを食べねばならず、毎回温め直して食べた――だいたいは自家製マカロニ・チーズだ。レストランに行くことはほとんどなかった。家は、どこも仕掛け地雷だらけになっていた。きれいに保つというルールはつまり、もし破ったら即座に処罰を意味していた。どれだけ注意しても、二人とも毎日たいへんな目にあった。もし母親がトイレのシンクに水の染みを見つけたら、もしくはキッチンのカウンターに小さなパン屑《くず》がこぼれていたら、厳重なお仕置きをされた――母親はすべてに対して怒る権利があると思っていた。私はトイレに行っても手を洗わなくなった。水の染みを残さないなんてほぼ不可能だったからだ。大半の人はそんなことはないと気づいていたが、自分の母親がそう要求したので彼女の命令に従うしかなかった。私たちは母親が強すぎて楯突くのは無理だとわかっていた。楯突いたりしたら、もっとひどくなるだけだ。家での生活はどうすれば怒られずに済むか、失敗ばかりせずに済むかばかりを考えて苦闘の毎日を過ごすことになった。

反復強迫により、私は人生の大半はきわめて支配的な人を引き寄せていた。そして私は怖くて抵抗できずにいた。こういったトラウマに気づき回復することで最終的にはこの地球シナリオの悪党に立ち向かう強さを手に入れることができた。たとえそれが危険を冒すことになってもだ。

「ハスキー」という呼称

母親に連れられてスケネクタディのダウンタウン、ステート・ストリートにあるラドニックスという服屋さんに行った。学校にはいてゆく新しいズボンを買うためだ。古くて暗い店で、レザーの匂いがすごかった。隣のオレンダーという家具屋は1~2年に一度は「店じまいセール」をしていた。お金はほとんどなかったのでブルージーンズを1着しか選べなかった。女性の店員は私に冷たくすれば私が痩《や》せようと努力でもすると思っていたのか、私に対してむごい態度だった。私を一目見て「あんたはハスキーパンツだね」と言った。リーやリーバイスといった会社は太った子供を体格のいいアラスカ犬にたとえるのがかっこいいと決めたらしくそんな呼称をつけたのだが、私はこの呼称が大嫌いだった。裾を切ってもらわなければいけなかったので待ち時間も長くなってしまった――何もかもが不愉快な試練だった。

新学期初日、海兵隊あがりの巨体のコーサス先生は5年生のクラス全員を背後に立ち、私を見て怒鳴るように言った。「ずいぶん栄養が行き届いてるみたいだな」クラス全員が激しく大笑いし、私は打ちひしがれた。私は学校ではわずかしかいない太りすぎの一人だった。いじめっ子たちは私に対する武器をついに手に入れた。「でか尻」「デブ」「太っちょ」等々、常日頃からこのような意味のいろいろなあだ名で呼ばれた。6年生クラスのジョーイという別の男の子はほぼ毎日、私に痛い関節技を仕掛けてきた。私がやめてくれとせがむと、歪《ゆが》んだ歯並びを見せてにやりと笑っていた――だが彼は私よりもずっと強かった。その年は新しい友だちもできた。シェーンという子供が引っ越してきたのだ。彼の家族は貧しく、時々臭い匂いがしたので誰にも好かれなかった。人は彼のことを「くず」などと呼んでいたが、私たちはとても仲良くしていた。

黒いスウェットパンツ／拷問の日々

新学期が始まって間もない頃、私はある夜、コンピューターデスクに座っていてうっかり便をもらしてしまった。こんなことはかつて初めてだった。私は黒いスウェットパンツをつかみ――これが唯一、まだサイズが合うパンツだった――よたよたとシャワーに入った。パンツはひどく汚れていてまた洗って使う気にはなれなかった。母親にもこのことを言いたくなかった。私は1階に降りてゴミ袋を取り、パンツも下着も一緒にまるで放射性廃棄物でもあるかのようにゴミ袋に入れた。袋をきつく縛ってガレージに捨てた。この間にも母親の横を通り過ぎたが、母はまったくそんなことが起きているとは思いもしなかった。

母親に事の次第を話すのはばつが悪すぎるし、高価な服を駄目にしてしまったことで窮地に立つのも怖かった。それで学校には毎日、黒いスウェットパンツで通い始めた。自分の服は自分で洗濯することになっていたのだが、黒い服は冷水で洗濯しなければならないこともわからず、スウェットパンツはあっという間に色落ちしてくすんだ茶色になった。

これでいじめはあっという間にさらにひどくなった。毎日太っていることを暴言で侮辱され、新しいパンツを買え、と言われた。ジョーイは教室内でヘッドロックを仕掛けてきた。彼の湿った脇の下に顔を挟まれたのだが、玉ねぎと犬の糞のような匂いだった。そんなことをされていても誰も気にもしなかった。こんなことが何週間も続いたが、母親は私が何を着ているかなんてまったく気づいていなかった。この時期に学校で受けていた拷問は想像を絶していた。私はある晩、ついに泣き崩れて母親に事の次第を話した。母は深い理解を示し、許してくれ、すぐにラドニックスに私を連れて行って新たなハスキーパンツを買ってくれた。さらに役にも立たない「パラシュート・パンツ」も買った。歩くとシュッシュッと音がする。ただかっこいい人たちが着ていたというだけで買ったのだが、流行は一年も続かなかった。

私がサイエンス・フェアでコンピューターの展示を出した時、母は持っていたポラロイドカメラで写真を撮った。私はピラミッド・プログラムで習った古いコンピューター・プログラムを書いてそれを実演していた。そのプログラムは直線を描き、それを回転させてモニターの中央を中心にレーダー・スクリーンのような円を描くものだった。複雑な曲線の幾何学デザインが画像に残るようになっており、それは干渉模様というものだと後で知った。私は偶然にこれを発見したのだが、なぜこの模様がこれほど精緻《せいち》で美しいのかは実際のところ誰も説明できなかった。私の展示に皆が感動していたが、私は写真を見た時にある真実を知った。私は本当に太っていた。なぜか自分を鏡で見てもわかっていなかったのだ。自分の顔だけを見て、身体の方は切り離していたのだった——だが写真は嘘をつかなかった。ゾッとした——だが、食べる量は一層増えるだけだった。

5月にツィスティッド・シスターがロック・アンセム「ウィア・ノット・ゴナ・テイク・イット（We're Not Gonna Take It）」をリリースし、それとほぼ同時にMTVではこの曲が常に流れ続けていた。虐待的な両親や教師に抵抗する子供たちに向けて書かれた曲で、弟も私もこの曲が大好きだった。その年の後半に彼らのライブコンサートに行けるチャンスがあり、私たちは飛び上がって喜んだ。2枚目のシングル「アイ・ワナ・ロック（I Wanna Rock）」が出た後で、売れ行きも好調だった——父親とバックステージで有名なバンドに会い、畏敬の念に包まれたのはこの時が初めてだった。彼らは明らかにかなりのアルコールを飲んでいたが、皆上機嫌でとても面白いことをしていた。私たちにも親切だった。子供は私たちだけで、特別扱いをしてくれたのだ。秘訣は、彼らを有名人扱いしないことだった。ロックスター扱いをすると、30秒も相手をしてくれない。彼らを普通の人間として接すれば、1時間はお喋りできる可能性がある。これは私が会ったすべての有名人に見事に共通していた。

我々は誰かを繰り返しメディアで見ているうちに、その相手を自分の家族のように感じてくる。人間の辺縁脳、爬虫類脳は写真や映像の画像と実際の現実の区別がつかない。有名人は自分の家族の一員となるのだ――そして実際にその相手と会えないとなると、遺棄されたという苦しみが続く。有名人に会うというのは素晴らしい、神秘体験ともいえることで脳内の自然の麻酔物質が信じられないほど急増し溢《あふ》れ出てくる。そしてハイになるあまり、息もつかせないほど異常に熱狂するのだが相手がそれをどう感じるかは気づかない。初めはそのように扱われるのをありがたく受け取る有名人もいるが、そのうち何がなんでも話し続ける人やプライバシーを尊重しない人たちのことがトラウマになる。一番肝心な秘密はというと、彼らは非凡な体験をしている普通の人々だということだ。私は早い時期に「ヒーロー崇拝」という強い欲求を手放す訓練を受けたのだが、これが人生の後半で地球外生命体と直接テレパシーでコンタクトするための下地となった。自分が「選ばれた」「特別なのだ」というドラッグのハイ状態の感覚があると、確かなコミュニケーションをとることはまず不可能だ。地球外生命体やスピリットの存在たちはつまるところ自分の生き方をしている普通の人間で私たちを助けようと最善を尽くしている――少なくとも、ポジティブな存在たちはそうである。ネガティブな存在たちは崇拝されているというエネルギーを餌《えさ》にし、恐れ・恐怖・苦痛を作り出すことが純粋に快感なのだ。

第6章

映画「2010年」によく似た出来事が地球に起きると、長老は言った

アセンディド・ビーイングとモノリス

「2010年」が1984年12月7日にプレミア公開された直後、父は私とマイケルをこの映画に連れて行ってくれた。これはアーサー・C・クラークとスタンリー・キューブリックの最高傑作「2001年宇宙の旅」の続編だったが、こちらの方は見たことがなかった。ヘイウッド・フロイド教授が海辺で私がつい最近買ってもらったのと同じアップルのIIcコンピューターを打っているのを見てワクワクした。

この映画の中で、「2001年宇宙の旅」の最後に取り残された宇宙船がその後どうなったかをロシアとアメリカが合同で調査するためにプロジェクトに着手する。この宇宙船の前艦長、デイヴィッド・ボーマンはいわゆるアセンディド・ビーイング（次元上昇した存在）になっていた。彼は自分の母親にコンタクトをとるために電線を通ってやってきて母親が見ているテレビに姿を現す。彼の瞳には星の光が火花のように輝き続けていた。彼は母親に「私たち全員に影響を与えるような何かがこれから起ころうとしている」と伝えた。母親が何が起きるの、と乞うように尋ねると彼は微笑《ほほえ》んで「とても素晴らしいことだよ」と言った。その瞬間、厳粛なパワーが私の心の芯を激しく揺さぶった。それは私がそれまでずっとみてきた数多くの夢の深い記憶を呼び起こした。

映画の中ではアメリカとロシア間の緊張関係が爆発し、二人のクルーはやむなく別れ別れになる。恐ろしい核戦争の脅威が迫っていたが、最終的に二人は生き残るために互いが必要となる。二人は遺棄された宇宙船のそばに漂うあの謎の古代からの物体「モノリス」に偶然出会う。私はこれが映画に出てきたことがとても信じられなかった。その後、木星の暗斑がどんどん大きくなっていることが判明し、彼らがそこをクローズアップして見るとそれは無数のモノリスの大群だとわかる。この謎の神のような物体は木星を丸ごと摂取し、何か新しいものに変容させていたのだ。

このクルーたちに「ここを出ていかねばならない」というメッセージがはっきりと送られる。遺棄された宇宙船のコンピューターHALは全員を救うために自らを宇宙船ごと犠牲にした。木星は崩壊して爆発し、この太陽系に新たな輝く太陽を形成した。何か謎の力によってメッセージが地球全体に発せられた。おそらく次元上昇したデイヴィッド・ボーマンからのメッセージで、「この世界はすべてあなた方のものだ。一緒に使ってください。平和に使ってください」というものだった。

私は何週間もの間、「2010年」のことばかり考えていた。長老はあれにとてもよく似た出来事が地球に起きると言っていた。ただ、木星ではなく太陽が関係していたようだった。この夢は記憶から消えつつあったけれど、決して忘れ去りはしなかった。私は原作の本を買いに行き、とても気に入っていた――ただ、この新しい太陽をルシファーと呼ぶ「べき」だと地球上のすべての人が全員一致したとクラークは書いており、それはまったくばかげていると思った。その頃はここに何かもっと深い意味があるとは思わなかったのだ。後にインサイダーが打ち明けたところでは、私たちが最終的に情報開示を受けられるよう準備のため、広範にわたるあらゆる機密情報がクラークにもたらされたそうだ。カバールは古代ビルダー人種がこの太陽系内で優れた人工物を生成していたことをすでに知っていた。そしてアセンションのプロセスを通じて私たちを操作するため緊密に関与していた。クラークにその情報を与えていた組織はルシファー信仰者で、何者かが何らかの策で彼の作品に関与したのだろう。それにしてもこの映画による全体的効果は良いものだと私は信じている。アセンションの謎や地球・太陽系に古代から残されている人工物の謎を人々に知らしめたのだから。

私は母親を説得して「２００１年宇宙の旅」のビデオをレンタルした。それでモノリスにもっと深い興味が出た。モノリスは人類を突如、次のレベルに進化させるために設計された古代の地球外生命体のテクノロジーを表しているようだった。最後にデイヴィッド・

ボーマンがスターゲートを通過してスターチャイルドになる——これが「2010年」に出てくる存在だ——このシーンで私はすっかり有頂天になった。すぐにクラークの原作『2010年宇宙の旅』も読んだのだった。

幽体離脱の感覚／モンキー・ヒルでの出来事

クリスマスの休みの時に、頑強でたくましい男の子が私と友人数人をそり滑りに誘った。彼は角張った顎《あご》をして横柄で異常なほど自惚《うぬぼ》れていた。ここではブラッドという名前にしておこう。ブラッドは私の家の通りから2～3つ向こうの通りに住んでいて、彼とは何年か前から友だちだった。彼の両親は木片を焼いて暖をとり、家の壁には「アルコールを飲まない奴は信用するな」という警告が掲げられていた。このそり滑りの誘いは降って湧いたようにやってきた。以前、彼の家に行った時に彼がBB銃でリスを撃ち殺しているのを見て以来、彼とは会っていなかった。ブラッドの友だちの一人がクリス、「あいつは頭が良すぎてばかなんだ」という新しい言葉を作り出した奴で、この時も何週間もの間私に新しいパンツを買え、お前はデブだと言い続けていた。

ブラッドのもう一人の友だちはエディーだ。私はあっという間に学校のドラムのクラスから落ちこぼれたが、彼はまだドラムの授業に通っていた。リッコボーノ先生は私に練習用ドラムパッドで1日20分間、四分音符だけを右・左・右・左とゆっくり練習してきなさいと要求してきた。私は幼稚園のクラスですでにアメリカ先住民のドラム・ビートを叩いていたのでそれがあり得ないほどつまらない冗談としか思えなかった。クラスを辞めるのは気持ちとしては嫌だったが、練習の退屈さに耐えられず、自分で練習したほうがましだと思い辞めることにした。私の母親の車にこの4人が乗り、皆でコリンズ・パークという公園に行った。皆、終始あの恐ろしいモンキー・ヒルのことばかり話していた。非常に危険な急斜面になっており、7mほどのところで大きく90度に曲がっており、その後もさらに300mほど続いていた。モンキー・ヒルのすぐ左側は香りも鮮明な常緑樹が深く生い茂っていて壁のように立ちはだかっていた。

私たちは安全で簡単な道を2〜3回滑った後、モンキー・ヒルに移動した。彼らが滑っているのを私は見ていたのだが、みな、ターンに入ったら曲がる方向に身体を傾けるのが大事だと言い続けていた。私はモンキー・ヒルは絶対に滑らないと決心した。あまりにも危険すぎた。だが気づくと彼らは私が乗っていたオレンジのプラスチック円盤（そり）でお前も滑れ、女々しい奴と言い始めた。私は嫌だと言い続けた。彼らは私をつかみ、そりに無理矢理乗せて坂のスタート地点の脇４・５ｍのところまで連れて行った。そして３人はできる限りのスピードを出すためにその４・５ｍを滑走路代わりにして私を力の限り押したのだ。私は坂の頂点を叫びながら滑っていき、全速力で90度のカーブにさしかかった。身体を傾けても何の役にも立たなかった。カーブは傾斜路へと続き、私は宙に放り出された。空中を、地上から４・５ｍあたりを滑らかな放物線の弧を描いて30ｍほど飛んで落下した。私は驚くほど長時間、空を浮遊していた。そりは冬のきりりとした緑の空気の中をゆっくりと回転してゆき、私はただ信じられない気持ちでそのそりの脇をつかむことしかできなかった。あまりのショックとけむに巻かれた気持ちで、怖がる隙もなかった。意識のある状態ではこの時が最も幽体離脱の感覚に近かった。

　地面に着地した時は後ろ向きになっていたので、いつ着地するか検討もついていなかった。真っすぐに座った姿勢で固まった雪の中に着地したのだが、落下の衝撃がひどく、そりは25もの破片に壊れてしまった。多くが三角形の形に割れていた。私の尾骨と下部脊椎《せきつい》がひどい痛みに襲われ、もう二度と歩けないんじゃないかと思った。そこに横たわり、骨折していたら大変なのでじっと動かないようにしていた。頭から足のつま先まで全身にズキズキと痛みが走っていた。強烈な頭痛がし、耳の中で自分の心臓の鼓動が聞こえると同時にキーンという耳鳴りもしていた。子供たちは急いでそりで降りてきて私が無事かどうかを見に来た。

奇跡的に彼らは私を立ち上がらせることができた。私は自分の足で立ち、どこも骨折してはいないようだった——だが尾骨はとてもヒリヒリし、あまりの痛さにほとんど歩けなかった。私は足をひきずりながらよたよたと坂を上り、母親を見つけ、家に連れて帰ってもらった。5〜6日はなかなか座ることもできなかった。母親は何が起きたか見ていなかったので、もうそりはなくなったと私が告げるととても心配していた。それ以来、私はモンキー・ヒルには決して近づきもしなかった。

That's What Friends Are For（だって友だちなんだから）

地球の台本に出てくる偉大な悪役たちはいつでも核による破壊が起きる可能性はあり、私たちが即死するのだと脅し続けていた。人のポジティブな面を探し親切になろうという人たちもいれば、他人に対するトラウマや苦しみを反復せずにはいられない人たちもいた。

私が落下の痛みを癒していたちょうどその頃に、エリックは私に「ホワイト・ウォッシュ」を仕掛けてきた。メディアでは政府が罪を犯しながらそれを隠蔽《いんぺい》した時のことを「ホワイト・ウォッシュ」と呼んでいた。私のベビーシッターのエレンの家の真ん前でエリックは私をつかみ、私の脚を蹴り倒し、力ずくで私を顔面から雪溜まりに倒した。そして雪を手一杯につかんで私の顔に丸を何重も描くようになすりつけた。ゾッとするほどそれをいつまでも続けた。彼は私に呼吸をつく暇を与えず、雪は猛烈に冷たかった。私は叫びに叫び、両腕を振り回してこのままだと死ぬよとエリックに伝えようとした。だが、声も出せなくなっていた――そしてエリックは続行した。どんどん空気がなくなり、このまま死ぬかもしれないと思った。ようやく彼は私を放した。拷問された私の肺は息をしようと何度も何度も喘《あえ》いでいた。

四つん這《ば》いになって全身をガクガクと震わせながら7回ほど轟《とどろ》くような大きな音で喘いで息をついた後、私は立ち上がって身の毛のよだつような苦しい声で彼に向かって叫んだ。僕を殺す気なのか、と。人間の身体は空気がないと生きられない、そんなことも知らないのか、息子が殺人者だとわかったらお前の両親はどう思うだろうな。ということを最低の汚い言葉を使って罵《ののし》った。エリックを攻撃してやりたくて堪らなかったけれど、ズタズタにこき下ろしてしまいそうで怖かった。それにこの喧嘩に勝てるほど自分が強いという確信もなかった。この出来事以来、私たちは一緒に学校まで歩いて通うのをやめた。だがまともではないが、彼とは友人関係を続けた。二人とも皆の嫌われ者で、身を守るために私たちは互いを必要としていた。

約1カ月後、エリックが一緒にいたずらをしよう、ダイアナの椅子に画鋲《がびょう》を二つ刺そうと説得してきた。ダイアナは背が高く痩《や》せ気味で、心の優しい農家の娘で明らかに私のことが好きなようだった。私は絶対にそんなことをしたくなかった。エリックはどの女の子からも好かれず、嫉妬していたらしい。もし断ったら、また彼は私にひどいことをするかもしれないと思った。彼がダイアナの椅子に画鋲を刺す間、私は立って見張っていた。彼を止めはしなかった。他の子供がこの悪行現場を目撃していた。ダイアナは腰を下ろし、ひどい痛みに叫びをあげた。そして私たちは校長先生の部屋に呼び出された。オードリー・ファーンズワース校長先生は、私たちが深刻なトラブルに陥るのだと明確に表明した。エリックも私も泣いた。このことで私はまたさらにエリックのことが腹立たしくなるばかりだった。この後しばらくの間、私たちの友人関係は途絶えた。

ファーンズワース先生、すみませんが

1984年のクリスマスプレゼントはレディオシャックの電子機器セットだった。これ

は幅45㎝、高さ7・6㎝の青いプラスチックの箱で、蓋は厚紙で電気部品が配置してあった。各部品の両側には2㎝弱高さの針金コイルがついていた。ありとあらゆる色に色分けされた、長さも様々なワイヤーがついていて、説明書に従って繋《つな》ぐといろんな種類の機械が組み立てられるようになっていた。私はラジオを作るほど手間はかけなかったが、複雑なものをいくつか作った。嘘発見機が断然気に入っていた。皮膚の電気伝導率、あるいは電気皮膚反応（GSR）とも言うものを測る機械だった。最も長い白いワイヤーを2本、手で持つと音が鳴り、音程が上がったり下がったりする。嘘をつくと緊張するので音程が上がる。緩むと音程は下がった。

ある日このセットを授業に持っていくと校長のファーンズワース先生にばったり会った。彼女は学校区教育長やそれまで会ったこともない最高地位の人たちと一緒だった。彼女はこれが絶好のシャッターチャンスとばかり、私に何を持っているのか尋ねてきた。我らがぶった視線を互いに交わし合った。だが恐ろしいことに、ファーンズワース先生がワイヤーを持っても音がしなかった――おそらく指まで化粧品をたっぷり塗っていたのだろう。

「すみませんが、ファーンズワース先生、先生は死んでいるみたいです」重要人物らは爆笑した。その次に私は仲間を使って、普通の人間がワイヤーを持つときちんと甲高い音がすることを証明してみせた。校長先生はこの学校で一番の権力を持つエリートなのに、何度も私を罰し、萎縮するほど恥をかかせた人物なのに、普通の人間なら絶対に反応するはずの機器が計測すらしなかったことに私はただ困惑しただけだった。まるで宇宙が悪いいたずらをして権力の座にいる人は「ハートがなくなっている」場合もあることを見せてくれているようだった。校長先生の指に化粧品がついていたことで、明らかにシンクロニシティが起きていた。嘘発見機の製作者もここまでは説明できないのだから。

ホラー映画／カバールは意図的にこの種の映画に融資する

私の父親は離婚が原因でひどい鬱《うつ》になり、かなり痩せていた。彼はスコティアの小さな家に住むことになり、私たちは金曜日と土曜日の晩に父親の家に通い始めた。父はある料理だけはとても上手だった。ご飯とマッシュルームを付け合わせたロンドンブロイル・グリル・ステーキだ。それ以外の時はいつもシシリア風ソーセージとマッシュルームのピザをオーダーしていた。父はホラー映画が大好きで、もう私たちもR指定の映画を見てもよい年齢だろうということになった。とても怖くて気分が乱される映画ばかりだった。私はまだ「モルヒネ反応」には幼なすぎた。それまで見てきたどんな映像も恐ろしいトラウマ体験も、この時に見た映画には到底かなわなかった。私はすぐに映画から自分を切り離し、どれも現実ではないのだと思い出すようになっていった。もう一つの秘訣は、映画に出てくる人物は全員、どれだけ私が気に入ったキャラクターであろうと関係なく、これ以上ないほど恐ろしい陰惨を極めた形で死ぬのだと予期しておくことだった。そうすれば、そうなった時に「こうなると思ってたよ」と言えるのだった。映画に出てくる悪党だけが超常能力を持っていて、一方の被害者や悪党と戦って敗れた人たちはそういう能力がないのも煩《わずら》わしかった。後でインサイダーに聞いたのだが、カバールは意図的にこの種の映画に融資していたそうだ。これを見た人に「闇の側」だけがパワフルで次元上昇したような能力を人間にもたらすことができると思わせるためだ。

学校で一緒だったショーンはこの頃、スティーブン・キングの小説を夢中になって読んでいて、その内容がどうすごいかを私に話してきた。結局私も何冊か買って読んだ。『恐怖の四季（Different Seasons）』、『運命の三人（The Drawing of the Three）』、『ペット・セマタリー（Pet Sematary）』、『ファイアスターター（Firestarter）』、『ＩＴ（It）』、『ザ・スタンド（The Stand）』などだ。このいくつかには非常に心をかき乱された――実際、他のどのホラー映画よりもずっと恐ろしかった。スティーブン・キングは現実味のある、完全に実現されたキャラクターを作り上げるパワーがあり、私はそこに驚嘆した。彼の描く悪党や間抜けなキャラクターは私が実際に接していたいじめっ子の大人バージョンのように思えた——短編小説の『The Body』は「スタンド・バイ・ミー（Stand By Me）」という有名な映画になったが、この映画にも同じような子供のいじめっ子キャラクターが描かれていた。スティーブン・キングの技巧は人生の模造にあったようで、彼も私と同じように「デブ」と呼ばれていたんだろうと強く感じていた。

私は転入してきた少年と友だちになった。彼をトビーと呼ぶことにする。エリックに窒息させられ、殺されそうになった後だった。トビーは私をモホーク川に連れ出し、水上で割れた厚い氷の板の上を一緒に歩こうと言った。とても危険だった。私は同意しつつ、できるだけ注意深くしていた。私が『The Body』を読んですぐ後、この小説では子供たちが林の中で死体を発見するのだが、トビーが実際に死んだ。その時、彼は両親の農場で干し草の台車の後部に乗っていた。ベール四つ分の高さに積み上げられた干し草の上に座っていたのだが、車輪が隆起にぶつかって彼は投げ出されたのだ。トビーは頭から落ちて即死した。実際の知り合いが死んだのはこれが初めてで、私はショックを受けた。何週間も悲しみに暮れていた。私には友だちがほとんどいなかったのでなおさらだった。突然、人生が思っていたよりもずっと儚《はかな》いものだと感じた。モンキー・ヒルやエリックのホワイト・ウォッシュで生き延びた自分は幸運なのだと気づいた。私は戦いに応じる必要があった。でなければいじめっ子の一人に実際に殺されるかもしれなかった。

ホラー映画を見たりスティーブン・キングの小説を読んだりして、トビーがまだ幽霊のような形で存在しているかもしれないと思い、嬉しくなった。母親に連れられてモホークモールのケイ・ビーというおもちゃ屋に行った時に私はウイジャ・トーキング・ボードなるものを見つけた。これはモノポリーやパーチージ、トリビアル・パースーツ、クルーといった有名なボードゲームと一緒に売られていた。表にはアルファベット全文字がついた不気味な茶色いボードと、クリーム色のしずく型のポインター棒を持った手が描かれていた。私はこのゲームを手に取って説明を読み、これは明らかに死者と話をするために使うものだと知った。本当に話せるようだ。私はこれを買うと母親に伝えて説得した。

これは一人ではできないのでベビーシッターのレイチェルが次に来る日を待った。母親がコンサートで外出したので、その間に二人でやってみた。レイチェルは深い瞑想状態に入り、目をぐるりと裏に回して斜視のような目になった。彼女の瞼《まぶた》は震え、ポインター棒を手に持ったまま頭をずっと後ろに反らせた。ポインターが何と示しているのか、ポインターがどこに行くかは彼女にはまったくわからなかった。私が質問を始めると確かにポインターはひとりでに動いた。私は自分では答えのわからない質問を尋ねるようにしたのだが、結果は控えめに言っても興味をかき立てるものだった。だが全体的に、とても気味の悪い感覚が伴っていた。このボードを使って自分は実際に霊体と本当にコンタクトをとっている、実際に死後の世界はあるのだと確信した。しかしこれを一緒にできる人がほとんどいなかった。これは少なくとも二人いないとできず、私には友だちはほとんどいなかったのだ。

ある日、一人の友人がやってきてある本を図書館で見つけた、この本は絶対に読むべきだと私に言った。生命の遺伝情報がすべて蓄えられているDNA分子を発見した科学者の一人、フランシス・クリックの本だった。適切なDNAが一片あれば、クローン人間を作ることができる。この本の中でクリックはDNA分子はきわめて複雑で、突然変異での進化は到底あり得ないと論じていた。これを読んで私は非常に興奮した。この発見がなぜあちこちでニュースになっていないのかが理解できなかった。クリックはそもそも、DNAを実際に発見した人物だからなおさらである。宇宙の一種の知性によってDNAが形成された可能性について私は何時間もかけて理解しようと努めたのだが、その頃は良い答えが出なかった。何年もの間それを考え続け、手掛かりを探し続けた。それがついには『ソースフィールドの研究』や私のカンファレンス、記事、テレビ番組を構成する主要要素となっていった。

我慢はしないぞ

モンキー・ヒルを無理矢理滑らせたあのブラッドが、今度は一緒に学校を抜け出そうと私を誘ってきた。２時45分頃に最後の授業が終わると生徒たちは荷物をしまい、体育館で「歩き組（歩いて通学している生徒）」グループは立たされていた。その間に「バス通い組」グループが一人ずつ帰ってゆく。ブラッドと私はたまたま帰る順番では最後の「歩き組」グループになった。午後3時30分頃をまわってやっと外の新鮮な空気を味わった。ブラッドはこれをばかげていると言った。ツィスティッド・シスターの歌「ウィア・ノット・ゴナ・テイク・イット（We're Not Gonna Take It）」（私たちは黙って受け入れはしない）のごとく、ブラッドにはある計画があった。彼の友だちのオーファーは毎日、ダッジ・ダートでお祖父さんに2時45分に迎えに来てもらっていた。グリンドメイヤー先生とヴィアール先生はその時間になったらオーファーを帰らせ、お祖父さんの車が来ているかどうかは確認することはなかった。ブラッドは言った。ただ、僕たちも迎えに来てもらうんだって言えばいい。先生は確認しないんだから、と。怖かったけど、やってみることにした――それがうまくいったのだ。二人で外に出て、窓のところでは誰にも見えないようにかがんで前進し、そして道路に出たら全速力で走った。シャーマーホーン通りに差し掛かるまでダッシュした。坂の真ん中あたりで交通指導員をしていた優しいお婆さんは、私たち二人が他の生徒より早く帰っていても理由を尋ねはしなかった。こうして2～3カ月間、毎日このようにして帰ったが一度も捕まらなかった。これが依存症的行動となった。依存症は「こっそりと隠れて」というのがすべてだ。兆しがあっても無視して続けていると、現実をどんどん歪めてゆく必要が出てくる。ブラッドは嘘をつかせ、危険なリスクを冒させるという影響を初めて私に与えた。それまで私は真実しか話さなかったのだ。後に彼は、マリファナを吸わせようと話を持ちかけることになる。
私の成績はどんどん落ちてゆき、それだけに、COGATテストの点数が返ってきた時は先生も私自身もショックだった。非常に良かったのだ。高校の最上級生の大半と同等レベルだった。学年末には運動会というのがあり、私はこれが大嫌いだった。綱引き、二人三脚、その他、私が全然下手な運動ばかりだった。運動場の反対側のフェンスの所は中学生の校舎があり、そのすぐ左脇に小さな軍事基地で鋼製のハーフパイプ状の建物が並んでいた。日中は兵士たちが外で行進している音がよく聞こえていた。その基地の目的や中で何が行われているかは知らなかったけれど、ピラミッド・プログラムで一度見学に行った記憶がある。軍人の写真や旗が壁に飾られた、退屈なただの事務所スペースのようにしか見えなかった。

小学校最後の日、私は自転車に乗っていて他の皆はもう帰っていなかった。４年前に「ＥＳＰクラブ」を行った場所からわずか15ｍのところにいた。すべての本と資料は黄褐色のリュックに詰めてあった。自転車に乗った身体の大きな少年が嘲笑《あざわら》いながら大きな叫び声をあげて突進してきた。彼の自転車はキーと大きな音を立てながら後輪を滑らせて私の目の前で止まり、私は砂利に打たれた。彼は私のリュックをもぎ取り、中に入っていた紙を全部歩道中にまき散らし、私に泣け、でないと思い切りぶちのめすぞと言った。私は彼の望む通りにしてやり、彼は大笑いに笑ってから私のことを散々な言葉使いで罵り、太っていることを侮辱した。そしてすごい速さで去った。このことがあってから私は中学に上がるのがさらに怖くなった。中学校には三つの小学校――私のいたサカンダガ、リンカーン、グレンドールから「身体の大きな子供」が集まってくるからだった。

3校が集まって／本物の地獄に堕ちたかのような日々

1985年秋に中学校が始まり、状況はさらに悪化した。ダイヤル錠付きのロッカーが与えられたのだが、私のロッカーはシェーンの隣だった。授業は7時間で1時間ごとに異なる教科書を持って異なる教室に移動せねばならなかった。体育の授業になるとシャワー付きロッカールームに行くのだが、実際にはほとんど誰も使っていなかった。そしてドッジボールというまったく野蛮な試合をやらねばならなかった。たくましい男の子たちが赤い大きな遊戯ボールを人の顔めがけて思いきり激しく叩きつけてくる。それはルール違反なのに、だ。彼らがそれをして咎《とが》められることはなかったし、泣いて保健室に送られる子供が出ても、罰は次の回までゲームを休む、ただそれだけだった。

先生はチームを作るのに体格のいい男の子を二人選んだ。そしてその二人が一人ずつチームに入れたい生徒を指名するのだった。私とエリックはいつも最後に名前を呼ばれた。運動だけが取り柄の二人は皆の前で私とエリックのどちらを選ぶかで言い争いをし、私たちがそれほど無用の屑であることを全員に知らしめていた。チームの他のメンバーは全員、大笑いしたり嫌悪感を見せながら私たちを加えさせた。休み時間はもうなかった。私が学校に耐えていた唯一の理由は休憩時間だった。休憩の間だけは草地に寝そべってリラックスできたからだ。もう一つ気に入っていたのがピラミッドだったが、それももうなくなっていた。

グレンドールから来ていたのはグレンビルの田舎の方に住む裕福な家庭の子供たちで、とても良い成績をとる傾向があった――一方リンカーンからはスコティアの高台にある安い長屋や最安クラスの家に住む子供たちが来ていた。私の学校、サカンダガの子供たちは大半が河口付近に住んでいて経済レベルも成績もグレンドールとリンカーンのちょうど中間あたりだった。私はＣＯＧＡＴテストの点数のおかげでどの授業も優秀な子供が入るオナーズ・クラス（上級クラス）に入った。このクラスに入るのはとても難しく、ほとんどがグレンドールからの生徒だった。

学校の初日、ブロンドのロングヘアでヘビーメタルのデニムジャケットと汚いブルージーンズを着た背の高い8年生の少年が咳をし、私の脚めがけて痰《たん》を吐いた。汚らしい、黄色いネバネバの大きな塊がついていた。私は本物の地獄に堕《お》ちたのだと痛感した。学校は牢獄となり、逃げる道はなかった。

ブラッドは6年生の最後の方は私と一緒に学校をさぼっていたのに、もう私のことをまったく知らないかのように振る舞っていた。ブラッドのロッカーは私のロッカーの近くだったのに、私のことを何が何でも避けていた。彼はかっこよくなり、スポーツをし、女の子にモテたかった。太ったお腹の男の子とつるんでいては、そんなことはかなわない。シェーンは私と友だちのままだった。皆は彼のことをこの時点でもまだ「くだらない奴」と思っていた。彼が貧しく、綺麗な服を着ていなかったからだ。

仕返しにもほどがある／超・悪党、サイコパス

ある日、私は図書館であるグレンドールの少年が他のグレンドールのガリ勉たちと「ダンジョンズ&ドラゴンズ」というゲームをしているのを見かけた。彼は才気煥発《かんぱつ》で相当自分に自身があるらしく、横柄で自信過剰だった。彼が本当に賢いのは明らかで、私と同じくらい太っていた。ここでは彼のことをケビンと呼ぼう。焦茶色の髪に茶色い目、大きな歯でいつもニヤリと笑っていた。私が彼に話しかけ始めると、彼は自分が学校で一番頭がいいのだとすぐに言ってきた。実際のところ、彼はどんなテストであれ95点以下の点をとると両親に厳しくお仕置きをされるのだ。彼の両親は二人ともノールズ原子力研究所、K

APLに勤務していた。ケビンと私はあっという間に友だちになった。二人ともたくさんのゲームの入ったアップル・コンピューターを自宅に持っていて、共通の関心事がたくさんあった。そして私たちは賢かったのでほとんど全員の生徒から嫌われていた。ケビンは早々に私をボーイスカウトに勧誘してきた。ボーイスカウトで私はキャンプ旅行に行くことができ、とても楽しんで参加した。初めてのキャンプはその年の冬で、コッド岬以来これほど楽しいことはなかった。

だが、ケビンは奇妙で残酷なことをすることにすぐに気づいた。初めて彼の家に行った時、ケビンは自分のコリー犬のエクスカリバーに唐辛子を食べさせ、犬が痛みにもがいているのを見て大笑いしていた。私が何か言ったことに腹を立て、私とまったく口をきかなくなったことも2回以上ある――20分かそれ以上、まったく話さないのだ。彼はそれを「自分の殻の中に入る」と称していて、私はばかげたことだと思っていた。それまでそんなことは誰にもされなかったし、彼の家にいる間の貴重な時間が無駄になっていた――グレンドール地区の彼の家に行くのにかなりの長距離を自転車に乗っていっていたのだから。彼が私の家に来た時はありとあらゆる悪行をして私は苦境に立たされた――だが彼は両親がそこにいて罰されるわけではないのでお構いなしだった。ある時、私は冗談で花の水やり用の瓶の水を彼に吹きかけると、彼はどこかへ消えてしまった。そして私がトイレから出てきた時に巨大なピッチャーの水を私の全身に浴びせ、床中が水浸しになっても気にもしていなかった。彼はいつまでも大笑いし、私が「仕返しにもほどがある」と言っても気にも留めなかった。

彼の両親もかなり奇妙だということがわかった。彼らは、仕事でどんなことをしているか何一つケビンに伝えることができなかった。いつもケビンが近くにいないか耳を澄ませていて、もしケビンが近づいてきたら話をやめるのだ。さらにケビンを職場に連れて来ることも禁じられていた。二人とも先進物理学やSF映画が大好きで、特に地球外生命体の映画に夢中だった。明らかにUFOを信じていて、UFOについて書かれたありとあらゆる本を彼に読ませていた。彼らはアルバート・アインシュタインが「時空連続体」と呼んだものをケビンに研究させたがっていて、この「構造」の中に「ワームホール」を作ってその中を移動できるという概念をケビンに提示していた。彼らは地球外生命体をとても危険な存在で、私たちは皆、地球外生命体に脅迫されていると思っているらしいことが明らかになった。何年も経ってからわかったことだが、いわゆる核技術者の多くはその職務名はカモフラージュに過ぎず、実際は機密プログラムの従事者でUFOのリバース・エンジニアリング技術にも携わっていたらしい。彼らはもし一言でも他人に漏らしたら家族全員を抹殺すると告げられるのだ。直接の知り合いであるケビンの両親の奇妙な様子や隠し事をしながら偏執的になっているのを見て、私はとても他人事には思えなかった。

この頃、母親のバンドは家の地下室で練習していた。つまりロックンロールのドラムセットが一式置いてあったのだ。私は再びドラムを叩き始め、独学で基本のロック・ビートを練習した。その年の9月、上院議員の妻が集まってペアレンツ・ミュージック・リソース・センター（ＰＭＲＣ）を結成し、彼らの極端なキリスト教的価値観にそぐわない音楽を徹底的に検閲し始めた。私と弟は、これにとても腹を立てた。ツィスティッド・シスターのリードボーカルが公聴会で証言をした時は、私たちにとって彼はもっと特別なヒーローとなった。そして次にバックステージで会った時にそう伝えたのだった。私はもっと上手にドラムを演奏できるようにならねばと思い、母親のバンドのドラマーのヒューから定期的にレッスンを受け始めた。レッスンになると私は彼の屋根裏部屋へ連れて行かれた。そこにはまた別のドラムセットとアンプやスピーカーがたくさんあった。何もかもがビールと煙草の匂いがし、壁は防音エッグクレートで覆われていた。私は彼からかなりのレッスンを受けた。学校で教わっていたことよりずっと高度な内容だったけれど、ついてゆくことができた。

新たな超・悪党にジョシュというのがいた。毎日、学校から家まで私の後をついてきて私を殴り倒そうとしていた。私は再びエリックと昔からの友だちデイブと一緒に歩いて帰ることにした。ジョシュから身を守るために三人で結束したが、あまりうまくはいかなかった。私たちは毎日できる限りのスピードで走って学校を出たが、ジョシュは超人的なスピードで私たちを追った。エリックは自分のリュックでジョシュを殴ろうと反撃を加えようとし、一方の私はジョシュに攻撃するのをやめるよう説得しようとした。私は彼にこう言った。両親が辛くあたるんだろう、苦しんでいるんだろう、僕もそうだからわかるんだと。毎日、こうして殴られないように話をしなければならなかった。ジョシュは私のカウンセリングを受けたくて来る日も来る日も私たちを追いかけていたのかもしれない――だがこの恐ろしい状況は何カ月も続いた。

秋の終わりから凍るように寒い冬に移る頃、エンピー先生は体育の授業になると私たちにターキートロットというのをさせた。軍事基地を通り過ぎるコースを授業中ずっと走り続けるのだ。走るたびに記録を上げなければならなかった。とても寒くて、私はこれが何よりも大嫌いだった。咳が抑えきれなくなり、いつもビリで最後は息に喘ぎながら死にかけていた。一番でゴールするのはいつも同じスキーターというあだ名の俊足のスポーツ少年だった。ドッジボールでも必ず最後まで勝ち残っていた奴だ。多勢の生徒にとって彼は本当のヒーローで、高校時代最後まで活躍していた。背はわずか１５０㎝ちょっとだったのに、校内では最高のスポーツ選手の一人だった。

私はやがて常に周囲を気にし続けるようになり、ドッジボールでも当てられることがなくなった。頭にボールをぶつけられるのはその時注意を向けていなかったからで、スポーツ少年たちは特にその瞬間を狙っていた。私は鷹のように相手コートの子供を一人一人観察し、誰にもボールを当てられないようにした。エリックはよくゲームの最初の頃にわざと緩いボールに背中や脇を当てて、痛い目にあわないようにしていた——だが私はそんなふうに負けるのは嫌だった。ほぼ毎回、最後まで残るのは私で相手側にスキーターが残っていた。スキーターは身を守るために片手にボールを一つ抱え、もう一方の手で残りのボールを私に向かって投げていた。そして他の子供たちは、私がいつまでも当てられないので怒っていた。私がボールを使って彼を「殺《や》る」なんて不可能だった。スキーターがついに私を「殺る」と全員が沸《わ》いて拍手し、そしてまた皆が輪を作って不快なゲームを最初から始めるのだった。

エンピーは「メディック・ボール」というこれも同じようなゲームもさせた。これは戦場で戦争しているという設定で、赤いゴムボールは弾丸やミサイルに見立てられた。エンピーはベトナム退役軍人で、私たちを使って自分の恐ろしい記憶を再現したいのだろうと思っていた。弾に当たると屈み、「メディック！　メディック！（看護兵！　看護兵！）」と呼ぶ。黄色いジャージを着た子供が来て「救出」するまで呼び続けなければならない。

衛生兵を「殺し」、他も全員「殺す」とチームはやっと勝てる。エンピーは退屈すると笛を鳴らし、両手人差し指をつき合わせるサインをした。これは「サイド交代」というもので、時々エンピーが大声でそう言い放つ時もあった。これはつまり、そちらの側のメンバーは全員中央ラインを越えてもう一つ向こうのラインまで行くことができ、負けている側の陣地は3分の1しかなくなる。完全に壊滅的な状況で、まるで巨大な鎌が小麦の束を刈り取るがごとく生存者は数秒でなぎ倒された。エンピーは次のゲームに入りたい時はいつもこのサイド交代を使ってスキーターに私を殺させていた。その後何年にもわたって私は夢の中でスキーターに取り憑《つ》かれるようになるとは思いもしなかった。

　エリックの行動は悪化するばかりだった。いじめられてばかりいたので、彼は本当に嫌な奴になってしまった。モホーク通りを横断する時に18輪トラックの車体に向かって石を投げ始め、デイブにも同じことをやらせたが、私は仲間からの圧力には負けなかった。彼は楽しいからと雪合戦をしたがったが、私は絶対にしたくなかった。暗くて憂鬱になりそうなある日の午後、冷たいみぞれが降り、道路に雪泥が7・5㎝ほど積もっていた。その中でエリックは無差別にそこにいる子供に向かって雪合戦を始めた。彼は黒い髪をつんつん尖らせたヘアスタイルでそばかすのある顔、嘲笑うような笑顔を浮べていた。明らかに危険な子供で、私たちより年も上だった。後でわかったのだが彼は背が低いながら野球では優秀なピッチャーで、そして――サイコパス（精神病質者）だった。エリックは岩のように硬いゴルフボール大の氷を見つけ、それに少し雪をまぶして力いっぱいに私の顔めがけて投げた。彼の投げた氷は私の額の左目の上を思いきり打ち、骨が割れた――何年か後になっても、目で見てわかるような凹みが見つかるほどだ。これほど激しく打たれたことがなかった私は、もう少しで意識を失うところだった。地面に倒れ、痛みに叫び声をあげながらとにかく泣きわめいた。口の中は金属の味がした。彼は勝利し、ハイエナのようにコソコソと立ち去った。私が怪我を負ったことを気にもしていなかった。

1986年1月28日、放課後に古くからの友だちビリーが、普段はほとんど話をしないというのに電話がかかってきた。「スペースシャトルが爆発したよ」と彼は言った。私は急いでテレビに駆け寄り、チャレンジャーが空中で粉々に砕けてゆく映像をゾッとしながら見た。子供のための特別ミッションを携えたクリスタ・マコーリフ先生が乗っていたので、私はさらにひどい衝撃を受けた。この事故直後から、皆はこれを恐ろしい冗談のネタにし始めた。フロリダの気象予報は「粉々になったシャトルが散乱するでしょう」って言ってる、なんていうのもあった。私はすぐに、人は想像を絶する苦痛が生じるとそれに対処するために残酷で皮肉なユーモアを使うものなんだということに気づいた。科学的調査によって、ユーモアは進化によって生じたメカニズムだという結論が出ている。私たちは常日頃から周りを見渡しては間違いや弱さ、問題、失敗を探し出している。そういった問題を見つけると笑いが生じ、エンドルフィン（幸福ホルモン）やエンケファリンを大量に放出させて苦痛を多いに和らげ、ナチュラル・ハイになる。これに促されて私たちは改善可能な欠点を探し続ける。明らかな問題点として、他者の不運を楽しむために私たちはアセンションへの準備が滞ることになる。

延々と続くいじめのせいで私は深刻な鬱状態に陥った。そして私の成績はまったく無駄に終わってしまった。学校は両親宛にコンピューターで印刷した「経過報告書」を送り続けていた。その生徒がどれほど失敗しているかを的を絞って教師が意地悪い文面で両親に報告するのだ。この報告書が原因となって私は毎日、両親からもひどく咎められ、私の人生はいよいよ生き地獄となっていた。報告カードが来ると、私の成績を見た両親は不満を見せた――BとCばかりで、Aはほんの少ししかなかった。私は思春期にさしかかり、それで鬱はさらにひどくなった。父親は私に会うたびに成績が悪いと厳しく叱《しか》り、だいたいは怒鳴られるのだった。

このままでは殺される／彼らの楽しみのために

その年の夏、エリックとデイブは地元の自転車用道路の中に木の枝でできた大きなドーム状の建造物を見つけた。それはみすぼらしい造りで、ワイヤーや古い裂け布で繋ぎ止められていた。暴風雨でも降れば、雨風避けとしてまったく役に立ちそうになかった。正面には奇妙な小さな木の札がついていて、白とブルーのストローで「HAVE FUN（楽しんで）」という文字にかたどられホチキスで留められていた。地面は土のままで、幅15m高さ6mほどのドームの中央には炉が掘られていた。

年長の子供たちがここでビールを飲み、ドラッグをやり、セックスするためにこのドームを作ったのは明らかだった。このHAVE FUNのサインにはビール瓶のキャップで形作った男性と女性のシンボルも貼り付けられていたからだ。エリックはこの建造物をめちゃくちゃに破壊しようとした。見つかるとかなり危険な目にあうというのに、だ。デイブと私は頼むからやめてくれとお願いしたが、彼は聞かなかった。私たちは一日に4時間、酷暑の中を骨の折れる仕事を3日間続けてこの砦《とりで》を壊した。その間中、私は殴られたり殺されるんじゃないかとさえ考え恐怖に耐えながら働いたが、エリックは気にもせず壊しながらよく笑っていた。どうにかして私たちは生きたまま最後までやり遂げた。

その約1週間後、私はボーイスカウトでボーイヘイブンのキャンプに行くのに父とマイケルも一緒に行こうと説《と》き伏せた。私たちは窮屈ながら私の安い水色の三人用ドームテントで過ごした。初日の夜、大雨が降ったのだが、そのテントが防水加工されていないのは明らかだった。私たちの寝袋がすっかり水浸しになったのだ。私たちはやむを得ずスカウト所有の大きなテントに入ったが、他にも多勢が雨から避難してそのテントに入っていた。このキャンプは最悪の失敗だった。もう二度と皆でキャンプに行くことはなかった。自分のドームテントが雨の中で散々なことになったのは、たとえいじめが怖くて自分の意思に反してやったこととはいえ、年上の子供たちが作ったドームを破壊したために生じた一種の「インスタント・カルマ」のように思えた。

私が8年生になった頃、シェーンはコーポレーションズ・パークにこっそり忍び込むようになった。これは元は大きな軍事基地だった所が工場地に変えられた所で、中学校と高校の校舎の横にあった。シェーンは鍵のかかっていない建物に忍び込み、動力ドリルなどの物を持ち出していた。私は彼がそんなことをしていることに驚いたが、彼はそのスリルが楽しいようだった。できるだけ速く走っていたので、足も速くなった。その年のシェーンの成績はあまりにも悪くて結局落第したのだが、それが彼の社会生活に起こり得る最高の出来事だった。私たちの下の学年は、皆が彼のことをどう思っているかなどまったく知らなかった。シェーンは優れた脚力を陸上に活かしてスター選手に変身し、相当な人気者となった。初めの頃、彼がそれほどまで足が速くなった理由を知っていた者はほんのわずかで、私もその一人だった。実際の知り合いである友だちが犯罪行動に出たのはこれが初めてだった。シェーンはその後、私からも盗みを働いた。メタリカのCDも盗まれたのだが、それでも私は彼を許した。なぜ盗んだのかを尋ねると、シェーンはもう私がそのCDを聴いていないと思ったと言った。彼には子供時代に深刻なトラウマがあり、そのせいで友人を傷つけても良いと思うその仕組みを私は何年もかけて何とか理解しようとした。私はカルマを絶対に信じていたので、後で自分にも同じように辛い、壊滅的な影響を受ける出来事が返ってくるというのに、わかっていながらそんな行動に出るということに衝撃を受けていた。

体育の授業中のいじめは悪化の一途をたどり、特にロッカールームではひどかった。ある子供が「スーパーキック」を私にやってみせたい、と言ってきた。私が「いえ、結構です」と言っても聞きはしない——私のお腹めがけて大振りの回転キックをしたのだ。私は倒れそうになった。笑っていたもう二人の子供が私をつかみ、私をシャワーに引きずり込んで水浸しにしたら愉快なはずだと思いついた。私は本を抱えたままで彼らに腕や脚を抱えられ地面から60㎝も持ち上げられて運ばれている間もロッカールームの刺すような汗やカビの酸っぱい匂いを感じていた。私は諦めたと思わせるために身体をぐったりさせていた。期待通り、彼らはつかむ力を和らげ、緩んだ。そこで激しく彼らの手中から逃げ出し、床中に本を散らかしたままそこから飛び出した。彼らは私の本をシャワーで滅茶苦茶にするだろうと思っていたが、数分後に戻ってみると本は奇跡のようにまだそこにあった。

その日の午後、私は喧嘩の仕方をどうしても習う必要があると母親に伝えた。状況はあまりにも危険になっていた。母親はそれまでも護身術を見つけて習いなさいと勧め、レッスン料も払うし連れて行ってあげると言ってくれていた。私が殺されるのではないかと母親は心配していたのだ。私は電話帳のイエローページであ りとあらゆるスクールを調べた。

武術のスタジオ／「スピリット」の状態に入り急所「ターゲット」だけを撃つ

私の視線は、牙《きば》をむきだしたワイルドな目の虎の顔に留まった。ロニー・ルブランが教える武術スタジオの広告だった。母親は彼に電話をかけて私の状況を伝えた。そして私自身も彼に話をした。彼のスクールでは生死が問われる状況で生き残るための方法を教えている、と彼は言った。そのような状況を彼はストリート・ファイティングと呼んだ。そして大半の空手教室は「競技用ファイティング」を教えていて、人が傷つかないようたくさんのルールがあり、私がいま経験しているような状況ではまったく役に立たないという話だった。私はこの会話で心が決まった。父親がこのことを知ると、彼も一緒にこの教室に通いたいと言ってレッスン料は父親が払うと申し出た。こうして彼は週２回、私とマイケルをこの教室に連れて通い始めた。

ルブラン氏は少なくとも３種の異なる武術で最上級の黒帯を獲得していた。壁には彼が参加したすべての武術競技で優勝したという盾が並んでいた。私たちは36kgのバッグを使ってパンチやキックの仕方を習った。バッグが床から浮くほど底から蹴り上げる方法も習った。この練習で向こうずねがひどく痛くなり、歩くのもやっとだった。向こうずねは「骨の訓練」のおかげでやがて驚くほど強くなった。骨の訓練で微小破壊の治癒力がかつてないほど強力になったのだ。強烈なパンチのブロックも必要で、これが手首の骨の訓練になった。また、誰かにいかなる形・方法でつかまれてもそれを破る方法も教わった。これでもう二度と「ホワイト・ウォッシュ」は起きなくなった。相手の腹部の３カ所の異なる部分を激しく打つ方法を習い、倒される以前に相手をかなり痛めつけることができるようになった。

最も重要なのはどうやったら「スピリット」と呼ばれる状態になれるのかを教わることだった。その状態になると、身体的苦痛の影響を受けなくなる。骨折したり大きな傷を負って出血していても、最後まで戦い抜けるのだ。スタジオにいたある男性は、つま先にスチールキャップの入ったバイク用ブーツを履いた男性に思いきり腹部を蹴られ、大きく切れた。彼の腸は縄跳びのロープのようにぶら下がっていたが、戦いが終わるまで本人は気づきもしなかった。その状態でも戦いを終わらせ、死なずに逃げることができたのだ。

スピリットを開発するためには私たちが習っていたパンガイヌーン拳法の「型」の一連の動きを学ぶ必要があった。それは3種の動物を基本としていた。虎、鶴、龍である。2000年以上前、古代中国人は5つの動物の戦い方を学んでいた。虎、鶴、龍、熊、蛇である。私たちのスタイルでは熊と蛇は使用しない。虎はパンチやキックなど「強烈な」テクニックを使った。強烈なパワーだが正確性には制限がある。鶴は「腕」と足をうまく使って相手の足をすくい、攻撃方法も組み合わせて使う。龍は「柔らかい」テクニックとされており、最高の正確性をもって一定のスポットを打つのだが、そのテクニックに相当の破壊力がありあまり力を必要としない。私たちは虎の型から学び始めた。サッシュ（帯ではなくサッシュ）が進むと、鶴と龍の型を学ぶ予定になっていた。

ルブラン氏の教えではいじめっ子は痛いのが嫌なので、恐れをもって完全に支配できるような「誰でも簡単に倒せる相手」だけを狙うということだった。もしやり返して相手を傷つけたら、その喧嘩に負けたとしても二度と同じ相手を狙うことはほぼないという。また、レザーを着てチェーンをつけた体格のいい威圧感のあるバイク乗りのような男でも、本当に良いパンチを受けたり身体を壊すような関節技をかけられると小さな子供のように泣き出すのだと説明された。私たちの訓練の目標は3秒以内に相手に打撃を与え、そして逃げることだった。命がけの状況でのみ使われるべきものだった。攻撃してくる相手を素手の一撃で殺すことのできるテクニックも習ったが、ここでは明かさないでおく。身体にはターゲット部分があり、そのターゲット部分を打つと神経系の動きを妨害して相手の身体の戦闘能力を排除する。本当の戦いでは「ターゲット」以外の部分は決して狙ってはいけないと言われた。警官などはＰＣＰ（フェンシクリジン）などの麻薬を打った人物の胸部を撃って７・５㎝の穴を開けようが、相手が倒れる数秒前にその相手に殺されるといったことが起きる。そういう相手のターゲット部分を狙って撃てば、相手は倒れるのだ。

私たちは戦うにあたり、合法性についても広範にわたる指導を受けた。もし誰かを殺してしまったら、もしくはひどい怪我をさせてしまった場合は、自分自身も同じくらい重大な脅威にさらされていたという絶対の証拠を提示せねばならないと教わった。ルブラン氏はこうも言った。たとえ自分が正しかったとしても、たとえ目撃者がいた場合でも、結局は刑務所行きになる可能性はある――だが殺されるよりはましだと。それでも最善の戦略はスピリットの状態に入り、攻撃してくる相手のターゲットを少なくとも1カ所打ち、3秒以内に逃げることだった。ルブラン氏は生きるか死ぬかの状況を何度も経験してきていたので映画などは見ていられなかった。戦いがいつまでも続くのが見るに堪《た》えないからだ。血流が激しく上がり、時間の経過が遅くなり、視界は目の前に円錐状に狭まって知覚が異常に活発化する。うまくスピリット状態に入ると、こういったことが起きる――極度に体力を消耗する集中状態だ。

2~3カ月後には「メカニックの型」というスタイルを習い始めた。かなりゆっくりとした動作で正確な動きに集中する。瞑想のような状態だ。その後に「スピードを持った型」を習った。同じ一連の動きをかなり速く、そしてそれぞれの動きにパワーを持たせる。2~3週間経つと「スピリットの型」が始まった。腹筋を腹壁まで下ろして固定させるようにと教わった。そうすれば太陽神軽叢《たいようしんけいそう》に完璧なパンチを受けても倒れることはなかった。人が正確にスピリット状態に入ってゆく様子は見ていてきわめて恐ろしいものだった。このテクニックは野生の動物、特に虎が死を決して戦いに挑む際の、怒鳴り声をあげて猛威を振るう状態を模したものだからだ。最終的には学校のロゴと同じ、目を大きく見開いた獰猛《どうもう》な虎の表情になり、大きな吠え声がそれは恐ろしかった。これを見て唸《うな》り声を聞くと誰もこの相手と戦おうとは思えないだろう。

ルブラン氏の説明では、怒っているように見えてはいても、決して戦いの間に怒ってはいけないということだった。これはあくまでも「防衛のスピリット」で、自分自身や大切な人の命を救うことを意図していた。動物にはこれが自然に起こる。生死のかかった戦いで、たとえ大怪我を負ったとしても生き残るチャンスを得るためである。大半の人間は苦痛を恐れ、避けるようにプログラミングがされており、極度の戦いになってもこの状態に入ることはまずない。何とかしてこの意識状態になったとしても、我を忘れるほどの怒りで完全に無謀な状態で、効率的な動きをしたり戦略的に戦うことはできない。大体は震えがきて、簡単に殴り飛ばされて負けやすくなる。私たちが教わっていたのは一瞬でこのスピリット状態になり、構えに入り、そこからは周囲に完全に気づいている状態でコントロールすることだった。すべてがスローモーションになり、戦いの決着をつけるのに3秒が十分な長さに感じられた。

私はこれをやるのは非常に嫌だったが、彼の言う通りだった――時間の速度が落ち、クールエイドが血管の中を流れるかのような感覚がし、自分の周囲にとても敏感になった――超常的な気づき状態だった。私はきわめて恐ろしい顔をし、恐ろしい声を出していたが、目標はその経験を完全にコントロールすることだった。スピリットの型で行った動作のスピードと正確性によって私の動きはとても速く、機敏性は途轍《とてつ》もなく向上していた。ルブラン氏の言う通り、映画の戦闘を見るのが苦痛になっていった。あまりにもゆっくりすぎるからだ。映画「マトリックス」でモルフェウスがネオに「お前はもっと速く動ける」と告げたがその後も糖蜜に浸かっているかのように動きが鈍いのを見て私は身がすくんだ。あるシーンではネオの腕が速く動いていると見せかけるためにCGを使っていたが、肝心の肩の部分はそれでも遅かった。この訓練のおかげでドラムを叩く力も伸び、大学をジャズ学科副専攻で卒業する頃には猛スピードのドラムソロも叩けるようになっていた。

スピリットの型をしていると究極のランニング・ハイのようなものも起きたが、後で疲労困憊した――それでも私たちはこのテクニックを練習し続けた。また、スピリットの型を知っていることを決して人に言ってはいけないとも言われた。言うと必ず、スパーリングしてくれと頼まれるからだった。私たちの体系は、すべてにおいて可能な限りわずか一撃で相手を破壊することを目的としていた。狙いは相手の身体の通常機能を完全にシャットダウンすることだ。つまり私はよくある学校の喧嘩では重大な怪我を負わせたり人を殺したりしないよう、とても注意しなければならなかった。なぜここでこんな話をお伝えしているかというと、自己防衛術を学ぶのはとても重要だからだ。私はどんな場所も恐れなく歩くことができるようになり、たとえどんな状況になっても自分の力で決着がつけられるとわかっていた。恐怖という「厄介もの」は瞑想して消すこともできるが、そうしなくても大幅に減らすことができるものなんだと知った。私は幽体離脱体験をして死後も生命が続くことを確信していたので、殺されるかもしれないような恐ろしい状況も恐れる必要などなかった。永遠に私は存在するのだ。私たち皆が世界的悪党に直面している中で、この訓練のおかげで私は何十億人もの人を殺そうとしているこの悪党との戦いで自ら最前線に立つ勇気を得た。

反撃に出る

次の喧嘩は訓練を始めて間もない頃、スピリットの型に入る前にもう起きた。茶色い髪で痩せていて歯並びの歪んでいる子供が教室で私に近づいてきた。他には2〜3人しか教室にいなかった。彼は声を立てて笑い、ニヤニヤしながら不快な言葉遣いで私の太った体型を侮辱してきた。私が突然彼に向かって突進したので彼はとても驚いた。彼の両肩をつかみ、ライオンのように吠えながら彼の身体を突き放すと、彼は机7つ分後ろに突き飛ばされた。彼の身体は壁に激しく叩き付けられた。私は教室全体の配置を整えていたところだった。私の通路の両側の机をそれぞれ一塊に集めていた。突き飛ばした衝撃で、彼は少し息ができない状態になっていた。私は彼をそこに釘付けにし、殺意を持った虎の眼差しで彼を見つめ、また私に何かしてきたら粉々に引き裂くつもりだということをしっかり知らしめた。彼はすっかりショック状態で、恐れに目を大きく見開いて喘ぐように息をし、後ろに退いた。私はそのまま彼を行かせたが、彼は二度と私をいじめようとはしなかった。私の何かが変わったという話はあっという間に広がり、いじめの話はあっという間に減った。

次の喧嘩が起きる頃には「接近戦」もしくは「スティッキー・リスト（手首を離さない）」というテクニックをずいぶん練習していた。これは敵のスペース内、相手の顔からわずか30㎝のところまで入る。相手はこの接近に心地悪くなり、自分を殴るために後ろに下がろうとする。これが相手の破綻を招く。自分の手首を相手の手首にずっと密着させ、相手の手の動きを把握する。そして教わった流動的な動きをし、相手の手をブロックしながらもチャンスがあるたびに相手を打つことが可能となる。武術版チェスゲームのようでもあり、相手の片腕に腕を巻き付けることでたいていうまくパンチが入る。私たちはこれをゆっくりのスピードで行う練習にじっくり時間をかけて取り組んだ。そうすると、必要な時にはひとりでにできるようになると考えられていた。しかもかなりのスピードでだ。

ある日、体育館の外でスポーツ少年のスティーブが私を叩いて遊ぼうと思い立った。体育の授業中、彼はラクロスのスティックで何度も繰り返し私を思いきりチェックしようとしていた。私は彼のことなど恐れてもいなかった。彼が私を殴ろうとするたび、私は軽々とブロックしながら微笑みを浮べていた。その間、私は左右の手の指で彼の額を何度も軽くこづいていた。こうして、私は彼を完全に破壊することができるのだと知らしめた。他の子供たちがこれを見て大笑いし始めた。私は彼の2倍以上の速さで動いていて、彼に私を打つチャンスはまったくなかった。彼がどんどんイライラしていくにつれ私は嫌みないじめっ子のように笑ってしまい、それで集中力が途切れてしまった。彼は後ろに下がり、私の左頬をぴしゃりと叩いた――あまりにも強く叩いたので赤い指の跡が私の顔についていた。私は彼を後ろへ押し、彼は地面に倒れた。「二度とやるな」彼は二度とやらなかった。実際のところ、彼は私には親切にしたほうがずっと安全だと考え、私に冗談すら言ってくるようになった――だが2年後、彼はラクロスの試合中に私を思い切りはね飛ばした。必ず報復は起こった。カルマの心配だけでは済まない、周りの人々――友だちのことすら心配せねばならないのだ。

第7章

カバールの権力維持の秘密／それは究極の拷問による脅し

許せばカルマは止まる？／これもアセンションの準備なのか⁉

その喧嘩のすぐ後、ボーイスカウトのキャンプに行ったが、これが最後となった。プラッツバーグ空軍基地に連れて行かれ、兵舎に泊まり、兵士として勤務することになったら出入りすることになる建物を見学した。私の父親からは軍には絶対に入るなと厳重に警告されていた。父は新兵訓練係の軍曹にかつて「契約にサインしたからには、お前の命は私のものだ」と言われたことがあったからだ。私たちはボーイスカウト中にすでに軍服を着て、階級昇進して目に見える証として身につけるバッジをもらうための訓練を受けていた。ボーイスカウトは軍隊に入るゲートウェイ・ドラッグ（入門薬物）だった——そして基地にはとても恐ろしい、いつまでも記憶に残ってしまう何かがあった。その頃はまだ、私には至る所で死臭をはっきりと嗅《か》ぎ分けるだけのＥＳＰがあった。基地にいた男性たちは命の危険を恐れ、故郷や友人、家族と離ればなれになって精神的にかなり沈んでいた。

１週間ほどして、私はケビンの家に行った。そして裏庭にテントを張ってキャンプしようということになった。彼は一度ですべてを運び出そうと言い張ったのだが、それがとても疲れる作業だった。彼を手伝おうとしたけれど、彼のテントがどういう作りになっているかわからなかった。「デイヴィッド、お前は向こうへ行け。何もわかっちゃいないじゃないか」と言われ、私はケビンのハンモックの所へ行き、躊躇《ちゅうちょ》なく身体を投げ出した。前に来た時は恐れにかられて何度か失敗していたのだ。今回はようやくハンモックに寝そべることができた。ケビンはテントを組み立て中で、私はゆったり休んでいた。ケビンは犬のエクスカリバーを私に襲いかからせ、落とそうとしたがそうはいかなかった。「おい怠《なま》けもの、そこを降りてこっちを手伝え！」と言われ、私はハンモックを降りたが、葉っぱがたくさん落ちたのでゆっくり時間をかけてそれを掃除していた。彼の虐待的な態度がまったく気に入らなかったのだ。

突然、自分の背後でヒュッという音が聞こえた。振り返ると一瞬、銀色の閃光と光が見えた。バン！　何かが私の頭を打った――とても、とても激しかった。この時は左側、ちょうど耳の辺りだった。想像を絶する激痛が走っていた――氷の岩の時よりもひどい痛みだった。耳の外殻が激しく痛む――まるでナイフで刺されると同時に高熱の炎で焼かれているようだった。私は本能的に耳をつかみ、叫びながら彼の庭を走っていった。ケビンは笑い、エクスカリバーに私の後を追わせた。「行け、やつを捕まえろ！」テレビ番組のラッシーにそっくりなこのコリー犬は嬉しそうに私の後を走って追いかけた。私が叫び、泣き続けているとケビンは私を女々しい奴と呼び始め、どうもなっていない、お前は大丈夫だから黙れと言った。私が地面に崩れるとエクスカリバーが私の手を舐《な》め始めた。その音が大きくて嫌な音で、私の耳の中に響いていた。手を離すと、私の手は上から下まで真っ赤だった。皮膚が見えないほどだ。私が来ていた白いシャツにも赤い雫《しずく》があちこちに飛んでついていた。この吸血犬は私の血を飲んでいるんだと知ってゾッとした。この犬は傷口を洗浄して塞《ふさ》ぎ、私の命を救おうとしていたのだということを知ったのは何年も後になってからのことだった。

ケビンは駆け寄ってきて血を見て「ああ、どうしよう。ああ、どうしよう」と何度も言い始めた。走って私を家の中へ連れて行き、バスルームに私を一人きりにして扉を閉め、両親に電話をしてどうしたらいいか尋ねていた。彼の両親はＨＭＯ（訳注：民間健康保険の一種）があるから、それで助けてくれるはずだと言っていた。彼は鏡を見るなと言ってキャビネットを開き、鏡面を壁に向けたまま出ていった。頭蓋骨も耳も想像を絶する痛みでズキズキし、そのせいでバスルームにあったマウスウォッシュや古い石鹸《せっけん》や白カビの匂いがいつも以上の悪臭を放っていた。閉ざされた扉の向こうでケビンが錯乱している様子を数分間、立ったまま聞いていた私は落ち着きをもってキャビネットの鏡を自分に向けた。私の耳の外殻に完璧な円が刻まれ、肉と軟骨が出ていた。

私は泣かなかった。実際、その瞬間はとてもハッキリとしていた。これが自分に起こったことなのだ。リアルだった。負傷を負ったが自分は生きている、いずれ元に戻るだろう。ケビンは私がさっさと動いて彼を手伝いに行かなかったので、アルミ製のテントのポールを明らかに私に目がけて投げたのだ。これもまた「過剰な復讐」の一例だった。今回、彼のばからしいいじめは惨《みじ》めにも失敗に終わった。ケビンの両親はＨＭＯでは私を助けられないと言い、私が自分の母親に電話をして迎えに来てもらいなさいと言った。私は母親に「ケビンがアルミのテントポールを僕の耳の中に投げつけた」と言ったので母は外耳道までポールが到達したのかと思っていたが、実際に見ると耳の外側の丸い部分だけだと知って安心していた。自転車を車に積み、家に帰り、耳にガーゼの絆創膏《ばんそうこう》を貼ったが、翌３日間はひどく腫れ上がって激痛は続き、周辺がすっかり青黒くなっていった。

父親がこのことを知り、その時まで父親にはこのことを言わなかったので、彼は激怒した。彼は急いで私をスケネクタディのユニオン通りにある形成外科医に連れて行った。ポールが私の耳を端から端までクッキーの型で抜くように切れている、と言われた。中央の丸い部分は血流が残っているのでまだ生きているけれど、すぐに壊死するかもしれない。その場合は軟骨再建と身体の別の部分から植皮する必要があると言われた。外科手術がすぐに必要な状態で、２日後に予約を入れるようにと告げられた。手術の時が来て外科医が私の耳に数カ所ノボカインを注射した時、私は怪我を負った動物のように手術台の上でショックに震えていた。だが泣きはしなかった。医師が針を刺すたびにプップップッ……と皮膚や軟骨の層を何層も針が貫通してゆくのがわかった。想像を絶する痛さだった。この時点で医師は、傷口の周りに形成された余分な軟骨瘢痕《はんこん》組織を切除することしかできなかった。そして中央の部分はおそらく持ちこたえるだろうとの判断を下した。

医師はどれほど痛もうともできるだけ傷跡をマッサージしなさいと言った。さもなくば腫れはどんどんひどくなるとのことだった。さらに、1カ月以上は耳にガーゼの絆創膏を貼ること、もし誰かがそこをまた殴ったりしたらもう一度手術が必要になると告げられた。これは学校中の私を嫌っているいじめっ子にとっては運動会のようなものだった。太り続けていることに加え、私を痛めつけられる部分が露出し、新たな美味しいターゲットができたのだから。皆は私を「ヴィンセント・ヴァン・ゴッホ」「ヴィニー」と呼び始めた。長い廊下の反対側からでも私を見かけると嬉しそうに「ヴィニー」と呼ぶ奴らもいた。もう喧嘩には加わらなかった。もし耳をやられたらまた手術を受けなければならないからだ――そうなるとあまりにも痛くて身体的に壊れそうだった。ある時点で新しく転入してきた子供がその耳はどうしたの、自転車で転《こ》けたのかと尋ねてきた。私が以前、額をこづいた少年が「ケビンがドライブウェイ（私道）を彼に投げつけたんだよ」と言った。この下手な冗談に皆が大笑いした。皆、本当のことを知っていたのだ。

怪我をしてから、その辺り全体がプチトマトのように赤く腫れ上がっていった。私は子供たちに見られないよう、少なくとも2カ月は絆創膏を貼ったままにしていた。ありがたいことに中央の丸い部分は持ちこたえた。だが、髪が伸びて耳をすっかり覆うまで髪は切らないことに決めた。父親は弁護士と話し、ケビンとケビンの家族の保険会社に対し訴訟を起こすぞと脅かした。ケビンの両親は95点以下の成績をとると怒鳴っていたのだから、彼らの「完璧な」息子を攻めようという私に絶対的な嫌悪感を抱いていた。

私たちの弁護士は年老いた不機嫌なユダヤ人女性で、机や事務所には書類が山積みになっていた。古い木製ブラインドの隙間から光が差し込み、室内を照らす蛍光灯の青白い光の中でぶら下がっている埃《ほこり》の粒子が露わに見えていた。戦略について私がどんな質問をしても彼女は強いアクセントで「言葉数が少ないほうが有利です」とただ繰り返すだけだった。これには腹が立ったが、これが彼女からの唯一の指示で、これ以外に何も言うつもりはないのは明らかだった。

保険査定員とのミーティングはケビンの家で行うことになっていたが、これがひどかった。父親が同行し、あの年老いた女性の言ったことをもう一度私に言い聞かせた。査定員は金髪のウェット・カールにズラリと並んだ真っ白な歯、スポーツ選手のような体格で日焼けしていて完璧なスーツを着ていた。査定員のスマイル氏が尋ねる質問に私はできるだけ言葉数少なく答えたが、ケビンの両親は煮えたぎるような絶対的憎悪をもって私を睨《にら》みつけていた。私のもくろみは誰もがわかっていた。だがスマイル氏はそれに対して何かできるわけではなかった。私を捕まえることはできなかったのだ。保険会社は私の医療費を支払ったうえで、和解金として2000ドルを私に払った。父はそれをCDに投資したが、それが熟したのは私が大学に入る頃だった。これは私の人生の大きなトラウマの一つだった。親しい友だちと対決する羽目になり、そこから得た金額はわずかなもので、それももう関係なくなるほど年齢を重ねてからやっと受け取ったようなものだった。私の両親は医療費を払わずに済んだが、私はその過程で親友を失った。ケビンは二度と私に話しかけなくなった。戦い、それに「勝った」けれど満足は得られなかった。ケビンの行動には悪いところもあったが、彼の家族を訴訟すると脅さなければ友人関係は良くなっていたかもしれない。偉大な霊的教えでは、許せばカルマの輪は止まると伝えている――状況や人物が変わっても同一の喜びと災難のサイクルが人生に果てしなく何度も現れる、そのカルマを止められるのだ。アセンションの道のりにおいて許しと自己防衛のバランスのとり方は大きな「グレイゾーン」であり、限りない熟考と学びをもってアセンションの準備は整うのだ。

イラン・コントラ聴聞会／政府・政治家はこうして罪を逃がれる

1980年の夏、6月30日からテレビでイラン・コントラ事件の聴聞会の放映が始まると事態はすっかり奇妙な展開を見せた。私は14歳になっており、ソ連はグラスノチやペレストロイカなどを施行し平和に向かって行動をしていたにもかかわらず、その頃もまだ対ソ連核戦争の脅威に脅かされながら生活していた。そしてこの時、国営テレビでオリバー・ノース中佐は政府がニカラグアのコントラというコカイン取引をしていたテロ組織に経済援助をしていた、自分はそれに関与していたと堂々と認めた。もっとひどいことに、彼はテロ専制国家と考えられていたイランに秘密裏に武器を売っていた。これはアメリカの法では違法にあたる。ノースはイランの流血によって授受される資金を使ってテロ組織コントラに資金調達・訓練をしていた。これもアメリカでは非合法である。当時のニカラグアの政府はサンディーノという組織が運営しており、ソ連と親和的関係にあった。アメリカ政権はコントラがゲリラ戦争を起こしてこのニカラグアの政府を打倒することを期待していた。明らかなことは、私たちがテロリストを好意的にとらえたほうが都合のよい場合、メディアは彼らのことを「武闘派」もしくは「反政府派」と呼び、何となくテロリストの行動はおかしいことではないように見せかけていたことだ。以前、ソ連がアフガニスタンを支配していた頃にアメリカが支持していた「反政府派」の例としてビンラディンとタリバンもいた。

１９８５年３月に行われた上院聴聞会ではコントラが実際にテロ組織であることが露呈した。国際人権組織は28人の目撃者から宣誓陳述書を集め、「証拠書類には大半が武器を持たない一般市民に対する残虐行為のあるパターンが示されている。その残虐行為には強姦《ごうかん》、誘拐、損傷、その他虐待行為が含まれている」と伝えた。これと同じ時にロナルド・レーガン大統領はコントラのことを「アメリカ合衆国建国の父と同じようなモラル」と語った。

このスキャンダルはアメリカ連邦議会と、レーガン大統領が指名した3名からなるタワー・コミッションによって調査されていた。レーガンはテレビに出るとスマイル氏とそっくりで、肩をすくめてこう言った。私は何も知らなかった、ただ自分の部下は悪党ソ連と戦い私たちを核戦争から守るために役割を果たそうとしたのだと理解している、と。私はオリー・ノースはかなりひどい脅しを受けたのだろうなと推測した。私にはそういう流れがわかっていた。彼らはもしノースが逮捕を受け入れなかったらノースの家族・家系全員にわたって強姦・拷問し殺すぞと脅したのだろう、そしてすべてを彼のせいにし、これはノースが考えてやったことだということにしたのだろうと直感的に感じた。何年も後になってインサイダーから聞いたところでは、こういうことはカバール内では常に行われているそうだ。規則に従わない者は誰であろうと家系全員を究極の拷問にあわせ殺すと脅される。カバールがこれほど長きにわたって権力を維持することができたのは、こういう手を使っているからだ。新参者にとってはカバールが実際にどれほど邪悪かを真に理解するのは困難である。レーガンとＨ．Ｗ．ブッシュ副大統領に対する告訴はすべて取り下げられた。１９８５年12月7日のキャスパー・ワインバーガー国防長官による手書きメモにより、レバノンで拘束されていた7名のアメリカ人人質の解放を交換条件にイランに兵器売却していたことをレーガンは知っていたことが示されていたのに、である。

ニカラグアのテロリスト支援の罪で告訴されたのはたったの5人で、その告訴も政権がその証拠となる書類を「国の安全のため」という理由で公開を拒否したため都合よく取り下げられた。私が感じたところではペンタゴンにも正義を守る人はいて私たちのために戦い、この書類の内容を知っており、政権全体を破滅させれば核戦争の脅威を止めることができると考えたのだろう。だがそうはいかなかった。この秘密の同盟で働いている人たちに私が直接接触したのはこの何年も後のことだった。

最終的に14人の当局者が軽い罪で起訴され、腐敗はずっと高位のキャスパー・ワインバーガー国防長官までつながっていた。うち11人に有罪判決が出た。上告提訴のうちいくつかは逃げ切った。このウォーターゲート事件よりひどいスキャンダルのたった1年後の1988年にジョージ・H・W・ブッシュが大統領選に勝った時は驚いた。ニクソンはただ民主党の事務所に盗聴器を仕掛けただけだ。レーガン政権は二つのテロ組織に積極的に資金調達し、武器を与え、訓練しているところを捕らえられたのだ。起訴された者、有罪判決を受けた者は全員、ジョージ・H・W・ブッシュの大統領就任後4年目の最後に赦免された。あまりにも遅すぎて誰にも彼を止めることはできないという時期に入ったからである。

政府が書類を隠したり潰したりして罰から逃げることができるなら、私にもできるはずだと思った。私は毎日学校から帰宅したらすぐに郵便物のチェックを行うようになった。あの恐ろしい「進捗報告」は全大文字で打たれたコンピューター印刷のありきたりな封筒で送られていた。その頃には私は赤々と燃え上がるKNO³と砂糖の混合物を裏庭のテラスで混ぜる達人になっていたし、古いショットグラスの下でクラッカーに火を点けてポテト銃効果でグラスを空中にロケットのように打ち上げたりもしていた。この邪悪な進捗報告を黒焦げになるまで焼き、灰を粉々に潰した。「国の安全」のためだった。これであと私が心配すべきはただ一つ、報告カードだった。これがあると私の政権は刑事責任、起訴、貿易制裁、禁輸により私の供給ラインは打ち切られる――そして自分の寝室という牢獄に拘束される。私は世間に見えていたものを自らの思考と行動に反映させながら「反復強迫」に携わり始めていた。この無意識のプロセスを特定し、これが私の子供時代にどのように機能していたかを特定するまで何年もの月日がかかった。

最後の4ラウンド／核を使って「自殺カルト」のこのアメリカで……

1987年秋、私は高校に入った。中学に入った時と同様、ひどく不快だった。自分より3学年も年上の子供たちがいた。私はどんどん太り、身長175㎝で体重は最も多い時で102kgあった。お腹が大きく出ていて「スペアタイヤ」と呼ばれたり同じくらい不愉快な呼び名で「男のおっぱい」と呼ばれたりした。下顎を首の方へ引くと二重顎になるのが不快だった。皆が「3階にあるプールを見たか」と私に尋ねてきたが、3階などなかった。新入生が初日に受ける、典型的なばかげた嫌がらせだった。

この頃、MTVでは上下が逆さになった五芒星や悪魔といった邪悪な映像をおおっぴらに見せるバンドの特集がどんどん増えていった。ここまであからさまに宣伝していることに私は驚いたが、この音楽のおかげで私は怒りを解放でき、気分が良くなることにも気づいた。聞いているとカタルシス・ハイになったものだ。ヴァン・デア・コルク博士の報告でPTSDを患った兵士たちが戦争映画を見ると8㎎ほどのモルヒネを打った時に相当する高揚感を得るとあったが、それと同じようなものだ。私は黒いロックのTシャツばかり着るようになった。皆でコンサートに行った時に何度か父親が20ドルで買ってくれたTシャツだ。髪は長く伸びてもう耳にガーゼを貼る必要はなくなっていた。みるみるうちに、私は「メタル・ヘッド」（ヘヴィメタのファン）のようなルックスになっていった。

友だちは一人もいないようなものだった。シェーンは8年生を落第し、他の皆と一緒に高校に上がれなかった。エリックとデイブは少人数のグループに入っていて、私はこのグループを「オタク族」と呼んでいた。私と彼らの唯一の共通点は、他の皆から嫌われている。それだけだった。もう誰から喧嘩を仕掛けられても勝てたけれど、だからといって人から好かれてはいなかった――みじめだった。私は奇怪で気分が悪くなるような自殺の場面をスケッチに描き始めた。きわめて異様でクリエイティブかつ壮大な方法で自分が自殺しているところを描いた。実際に自殺しようとは決して思わなかったが、正直なところ自分が生きている理由はないと感じていた。アメリカは核を使って「自殺カルト」となっており、私はその集団的トラウマを映し出していた。学校は悪夢だった。私はますます太ってゆき、肌は荒れ、常に鬱《うつ》状態だった。

ソルジャー・オブ・フォーチュン

高校の初日に新顔の男の子ドン（仮名）が現れた。私のようにまるまると太っていて、薄茶色のウェーブヘア、青白い肌にそばかすでダブルバーの大きな眼鏡をかけていた。彼は前の学校ではいじめっ子からフロッギー（カエル）と呼ばれていた。彼は私の隣の机で頭を突っ伏していて、意識を失っているのかと思って私は驚いた。エリックが入ってきてこの新顔の男の子の机を拳で叩くと、彼は飛び起きて知り合い同士のようにエリックを罵《ののし》り始めた。それを見た私は自分の目を疑った。ドンに話しかけてみると、彼はエリックの家族が所有していたキャンプに毎夏行っていて、お互いをよく知っているとのことだった。ドンはある意味ではエリックの友だちのようだったが、エリックは私に対してと同様ドンにも横柄で支配的だった。二人ともエリックを心底嫌っているという共通点もあり、私たちはあっという間に親友になった。時折、二人で彼のことをギャングにたとえてエリコと呼んだりした。

すぐに知ったのだが、ドンは忍者・兵器・軍隊にとても興味を持っていた。雑誌「ソルジャー・オブ・フォーチュン」を定期購読し、彼はそれをSOFと呼んで手裏剣投げや投げ矢、刀、飛び出しナイフ、ヌンチャク、それからあらゆる種類の銃や弾丸の写真を見て空想に耽《ふけ》っていた。特に完全に非合法のスプリング式武器「エンジェル・ブレード」に取り憑かれていた。ボタンを押すとナイフが飛び出る武器だった。彼は木の実をこうやって削れるんだとか刃が銃の弾のように飛び出るんだとよく話していた。ドンは私と同じくらいひどいいじめにあってきており、いじめっ子たちに凶暴な復讐をするところをいつも空想していた。私は彼に伝えた。もし誰かを傷つけたり殺したりしたら、人生は台無しになるぞと。私の父がベトナムで経験したことを何カ月にもわたって彼に説明し、簡単に殺されるかもしれないから軍隊には入らないほうがいいと強く勧めた。とはいえ、私たちは新たに出た任天堂のファミコン（NES）の「ラッシャンアタック」などのゲームで延々と悪党を殺していた。このNESはアタリよりもはるかに依存性が強かった。私たちは放課後になるとエリック、デイブ、そしてわが「オタク族」のもう一人で近くに住んでいた男の子と一緒にドンの家に歩いて帰った。

エルビス－マリリン症候群／虚構の夢に魅せられて

その年、もう一人ジュード・ゴールドマンという子供に出会った。彼は私の1年上だった。体育のクラスは2学年合同で行われたので、2学年分の人数の子供たちが一緒に運動せねばならなかった。ジュートは私と同じくらい変わっていてクリエイティブで頭が良く、ワイルドな茶色がかった黒髪は頭頂部が長く、側面は短く刈ってあった。たてがみのところは部分的に金髪がかった茶色に染めていた。背が低く痩《や》せていて、丸いジョン・レノンの眼鏡をかけ、顔中に無精髭を生やし、低い声をしていた。女性は彼に必ず魅力を感じていた。スケートボードに乗り、型にはまらない奇妙な服を着て音楽をかけ、彼の学年ではかっこよい存在という位置を何とか保っていた。彼はとても頭の回転が速くユーモアのセンスは機知に富んでいて、私はそれについてゆくことができた。初めは他の皆と同じように体育のクラス中に私をからかってきたが、冗談を言い合ううちに彼は校内で私ほど共通点の多い相手はいないことに気づいた。ジュードはそのうち、家で自作の音楽テープを私にくれたのだった。彼はその自作音楽を「オーガナイズド・ノイズ」（オーガナイズされた音）と呼んでいた。

ジュードの母親は元ヒッピーで、マイナー映画に出ていた元女優だったことを知った。彼女はコミューンに入ったがうんざりしてコミューンを離れ、急進派のキリスト教原理主義者に改宗したという。その結果、ジュードはヒッピー音楽や文化に関するものはすべて嫌っていた――それでも私たちはとても良い友だちだった。彼の母親は自分の教会の牧師の礼拝を録音したテープを朝から晩までノンストップで流していた。この牧師の男性は笑えるほど極端な南部訛《なま》りで、ジョージ・G・W・ブッシュよりもひどかった。そしてかなり独特なキャラクターで、典型を極めた大げささで地獄の責め苦を思わせる極端な狂信的牧師だった。彼を信じる信徒集団はいまにも携挙が起きて空中に舞い上がり、他のすべての人は地獄の永遠の炎に焼かれる運命にあるとのことだった。私たちはこっそりテープを持ち出した。私が気に入っていたくだりは「若者たちは――皆さんも見たでしょう――若者たちはキリストのいない地獄へと歩んでいます。10代の若者たちは炎の湖で永久に焼かれ続けることでしょう。皆さんは彼らを救うことはできません、ですが彼らのために祈りを始めることはできます――そして重荷と彼らの喪失の悲しみを自らのものとしなさい」というところだった。彼がよく使うフレーズで引用価値があるといえば「彼はある一定グループの人々を救ってくださるでしょう、全員ではありません、全員ではありません。皆さんがそこまで達することはありませんから」だった。

ジュードの母親は、ばかばかしいほど些細《ささい》なことでいつも彼を怒鳴りつけていた。10%キリスト教再生派以外の音楽を聴くことは禁じられていて、24時間流れ続ける礼拝テープを止めることも許されていなかった。なので彼のマットレスの下には彼の好きなバンドのテープがずらりと隠されていた。一度、母親にプリンスのアルバム「ダーティ・マインド」の録音テープが見つかった時は、教会の年長者たちとの「緊急会合」が行われた。年長者たちはジュードにプリンスを二度と聴いてはいけない、聴くとゲイになると言った。この出来事以来、彼はもっと上手に音楽テープを隠すようになり、ジュードの母親が彼の大切な禁制品を見つけることは二度となかった。ジュードの祖父母はお金に余裕があったので彼にアレシスのミディバーブを買い与えた。これでインストゥルメンタルやボーカルにエコーを入れることができた。さらにマルチトラックのテープレコーダーやカシオのSK−1サンプリングキーボードも買ってくれた。ジュードは重度アレルギーで薬を飲むたびに頭が変になり、ボーッとしていた。この時に彼は「オーガナイズド・ノイズ」という曲を書いたのだ。格安のひどい音のするキーボードを使っているにもかかわらず、ジュードは何とかしてとても個性的な奇妙で面白いものを作り上げた。秘訣はサンプラーだった。彼はどんな音もループさせることで音楽を作っていった。

1988年の夏に1年生の学年が終わったが、その頃もなお私はかなりの鬱状態にいた。私は以前にましてドラムを演奏するようになり、ジュードと私はバンドを結成しようと話していた。ジュードは安いポール・マッカートニー・スタイルのベースの模造品を持っており、そのベースには自分の名前やあらゆる言葉や絵がペイントしてあった。彼はベースとキーボードを独学で練習していて、どちらの楽器でも十分演奏できた。

その夏に行ったコンサートの一つがドッケンだった。そのバックステージで、ひどく酔っぱらったリードボーカルがミニスカートをはいた11人ほどのすごくいかした女性に囲まれているのを見た。私が見る限り、どの女性も一生を共にしたいような女性だった。そして彼がどこへ行こうとひよこのように後をついて回った。彼は実にくだらない、まったく面白くもないことを言っていたが、本当に冴えないユーモアを少しでも見せようと彼が何か言うと女性たちは彼が面白いとばかり一斉にクスクスと笑っていた。彼がステレオでレッド・ツェッペリンをかけたのも高得点だった。

ここでも同じ筋書きだった。ロックスターは普通の人で、一生懸命頑張って歌い方や楽器の演奏を学び、バンドを始め、まともな曲を書き、契約をとり、ついにはレコード会社が儲《もう》かったのでツアーをしていた。このツアーでこのロックスターたちは死にそうになっていた。私が見てきたバンドのほぼ全員が究極まで疲労していて、病気にならないよう常に奮闘し、ツアーバスに閉じ込められる囚人のようだった。向かう都市のすべてが渾然一体になり、家に帰るなどはとても叶わない夢となる。ツアーは丸一年かかることもあり、コンサートは2日か3日ごとで休暇もない。終わるとまたもう一枚のアルバムを録音するだけの時間が与えられ、また同じプロセスを繰り返すのだ。ボン・ジョヴィはこのジレンマを名曲「ウォンテッド・デッド・オア・アライヴ」で完璧に表現している。私は月に2〜3度はロックスターのこういう実態を直接見ていた。明らかに大変な人生とはいえ、女性から制止不可能なほど熱い注目を得て大変な思いをしたり、隔夜ごとに群集からキャーッと叫ばれるチャンスが自分にもし来たら喜んでやっただろう。ルックスは関係なかった。ステージに乗りさえすれば、すべて事は運んでいた。

この栄光の約束を熱望することを、私たちはメディアに叩き込まれてきた。依存者と同じで、私たちの多くは最高の名声を得たい、認識されたいという欲を持っている。これがソーシャル・メディアの台頭と共にかつてないほど問題化してきている。だがその名声に「達した」人に会うたび、どの人もまったく惨めだ。最終的に、私はこれを表現するために「エルビス―マリリン症候群」という新しい言葉を作った。エルビスとマリリンはファーストネームで通じる20世紀の最高のセレブだ。だが二人とも麻薬依存になり、誰にも看取られずに惨めに死んでいった。私はロサンゼルスに移って以来、様々な映画俳優と話しをしたが、全員が言うことにこの二人は成功している時でさえハリウッドのお偉い層からはひどく失礼な扱いを受けていたという。一つでも映画が売れなかったら彼らは捨てられる――元セレブは自分たちのことを「退役軍人」と呼んだりもする。多くの有名なミュージシャンからも同じ話しを聞いた。有名人に対する幻想やエルビス－マリリン症候群の本質を見極め、自分自身そのものと平和に折り合いをつけることがアセンションのプロセスではキー要素となる。これまで目標をどれだけ達成し、どれほど成功していようがそれは関係ない。最終的には自分が幸せになることを選択せねばならない。そして有名人として常にカオスに巻き込まれているよりも、シンプルな人生の方がはるかに実りは多いかもしれない。

アウト・オブ・コントロール

同年1988年の夏、父は私とマイケルを連れて彼の友人リック・シシリアーノの誕生日を祝うためジョージ湖へ旅行に連れて行ってくれた。リックは地元のR&Bバンド「アウト・オブ・コントロール（Out Of Control）」のドラマーかつリードボーカルで、プロの写真家でもあった。彼は体格がよく、背が高くて筋肉質で、その目は生き生きとしていた。そして私が今まで会った誰よりも一番面白く、機知に富んでいてしかも皮肉屋だった。とても彼についてはいけなかった。彼の言ったことにひどい気分になりながら、でも我慢できずに皆と一緒に爆笑するといったことが時折あった。皆でリックの変な匂いのするグリーンのバンに乗って行き先に向かった。アディロンダックに着くと、リックは運転席で歯を磨いた。時速100㎞で走りながら、彼は窓から歯磨き粉を吐き出そうとした。その歯磨き粉が彼のバンの側面を流れて白くて長い線ができ、彼はそれについて大層な冗談を言っていた。リックのそばにいるといつも笑わされるのでお腹が痛くなるのだった。

リックの一つ目のバースデーケーキはロウソクなしのチョコレートケーキで、父はそのケーキをリックの顔に押し付けた。全員が大笑いし、リックも共に笑ってこの場をとことん笑いの場として利用していた。二つ目のケーキはもっと大きくて白いフロスティング付きでロウソクもついていた。リックがきれいになった後、皆で湖に浮かぶリックのヨットに乗った――ここで惨事が起きた。雲が押し寄せた。風がうなり声をあげた。稲妻がとどろき、身に切り込むような激しい雨が降り出した。恐ろしい、きしむ音がして通常は直立しているヨットが傾き、ひどく横に傾いていた。ほとんど水面に横倒し状態だ。父親とリックは私とマイケルをキャビンに匿《かくま》った。湖へ流れてしまわないようにだった――だがそれが良くなかった。

マイケルと私は壁らしき面に立っていた。下を覗くと通常は目の高さにあるはずの窓から湖の中が見えていた。15分以上も、私はもうこれで死ぬんだと思っていた。恐ろしくて二人で泣き叫んでいた。互いを見つめ合いながら、もう少しでキャビンの中に水が押し寄せてくるものと思っていた。沈没してゆくヨットからたとえライフジャケットで何とか助かっても、水が冷たくて低体温症で死ぬかもしれなかった。そして泳いで帰るにはあまりにも岸から遠すぎた。私は叫んでいたにもかかわらず、頭が最高に冴えて最後の瞬間が訪れた。その時、私は絶対にこの世を去りたくないことに気づいた。その瞬間、私は神に命を救ってくださいと祈った。そして犯してきた過ちを謝り、もう一度チャンスをくださいと乞うた――自分をキリスト教徒とは思っていなかったけれど。もう死ぬと思ったその突然の瞬間、一瞬にして根本に立ち返るものだ。私が降伏し、心の奥底からお願いした途端に状況が変わった。どうにかして皆がヨットを垂直に立て直し、のろのろと岸へたどり着いた。神経とアドレナリンのせいで私は疲弊していたけれど、私の祈りと問題解決のタイミングのシンクロニシティには確実に気づいていた。父親によると、私たちは船の沈没よりも雷に打たれる危険性の方がずっと大きかったそうだ。私たち全員にとってすべてが信じられないほどのトラウマだった。

原子核と粒子／ＥＳＰで見えたのは神聖幾何学格子模様

１９９８年に10年生に上がると、クラスの記念指輪を買うことにし、ブルーのアクアマリンがついたシルバーの指輪を選んだ。生徒は注文するのに地元の宝石店に行く必要があった。その頃私の髪があまりにも長く伸びていたので、年配の女性は母親に「娘」さんはどんな指輪が欲しいのですか、と尋ねた。母親は「この子は私の息子です」と言い、すべてが非常にぎくしゃくしていた。このことがあって私はさらにトラウマを受け、自分の中に引きこもっていった。

運良くジュードと化学の授業で一緒のクラスになるという驚きの幸運に恵まれた。先生はオルソン氏だ。私たちは隣同士に座り、この教室とランチルームという場で二人の高校での友人関係の大部分が広がっていった。私は最終的には化学でかなり苦心することになった。原子核の周りを回転する粒子を視覚化できなかったからだ。通常は科学的真実に接触するとＥＳＰが始動し、それがどんな様子かイメージが見えてくる。だが教わっていた化学モデルではまったく何も見えなかった。何年も後になって、私に見えていたものを裏付ける科学的証拠を発見した。神聖幾何学の格子模様だった。1年後には単位を落としてしまった。それで夏期講習に出なければならなかったが、まさかそんなことになるとは想像もしていなかった。ケビンの両親は95点以下を認めなかった。彼と私は同等の知力を持っていた。単位を落とし夏期講習に出るなど、特に私の両親が成績にとても厳しかったのでまさに考えられないことだった――だが、事実そうなった。

セイラム魔女裁判地訪問／「手相」の研究で人を見る目を養う

新学期が始まってすぐ、まだ外は暖かかった頃、私がいた10年生の上級英語クラスはマサチューセッツ州セイラムに日帰り旅行に行った。授業で読んだ「スカーレット・レター」のすべての出来事が起きた地を訪ねたのだ。女性たちが魔法を行っていたという罪で拷問・処刑された本物の建物がまだそこにあった。狂信的な信者によって人を溺《おぼ》れ死にさせた、水責め用の水槽のゴツゴツとした木に私は触れた。この種の脅しはいまも続いていることを実感していた。私自身もその犠牲者だ。だがありがたいことに、私は死ななかった。ここで起きていたことの邪悪さがこの場所全体から溢《あふ》れ出ていた。すべては神の名の下で行われたのだ。

私たちは全員、長距離移動のバスに乗せられ、私は夢にまで見た女の子と話すことになった。ここではブレンダ・フィッシャーと呼ぼう。彼女は私の友だちの輪とはまったく無縁のように思えて彼女に話しかけることさえおかしなことだったが、彼女の才覚の鋭さや皮肉なユーモアセンス、そして先生であろうと誰であろうと彼女の前に立ちはだかる者に立ち向かうその素晴らしい能力にこの上なく惹かれていた。彼女は確実に私の学年で一番パワフルな女性と思われていた。もし誰かが彼女を魔法裁判にかけようものなら、彼女は相手を粉々に引き裂くだろう。私はエディス・ナイルズの『手相占い』という本を読んだおかげで中学時代から手相を研究していた。そして彼女についてかなり正確なことをいくつか言い当てることができた。大半の人は手に無作為な線がついているとしか考えていないが、私は本の中の何百もの異なる手相のデータを何年もかけて二重チェックし、個々の人物像、個性、未来を非常に正確に映し出していることを発見したのだ。セイラムへの旅行で、ブレンダこそやはり「その人」だということが確信できた。

トーテム・ウィード（マリファナ）／すべてが光と神聖幾何学パターンで拍動して……

セイラムから戻って間もなく、ホールの上の廊下で私のあるクラス担当の女性の教育実習生とばったり遭遇した。彼女は心がなごむような魅力的な女性だった。奇妙な何かの理由で彼女は廊下で私を呼び止め、何も言わずに1分間私の目を見つめ、突然息を吸ってこう言った。「あなたの目は異常なほど綺麗ね」

そして侮辱し始めた。「その太った体型と髪の奥には美しい男性が隠れている。彼を出してあげないといけないわ」彼女の言葉を聞いてショックの地震波が波紋となって私の中に広がっていったがその間彼女は沈黙していた。そして彼女は私の腕に触れて鉄をも溶かすような100万ドルの笑顔で微笑《ほほえ》みかけた。確かに私は彼女の厚かましい発言に口がきけないほどショックを受けた。だが怒ったり自己防衛に出たりせず、誉めてくれたことに真面目にお礼を言った。やがて鏡を見たときに髪が短くて痩せた時の自分の姿が突然パッと見えるようになった。いまの私の姿がそうだ。6カ月もしないうちに私は厳密なダイエットを始め、40kg痩せるまで続けた。

10年生のフランス語の授業ではブラッドが隣に座ることになった。彼は私の母親がトーテムというコミューンを訪ねていたことを知っており、私は彼に地下室の冷凍庫に隠してあったトーテム・ウィード（マリファナ）が入った大きな袋を見せた。その頃の私は見るからにマリファナを吸う15歳の少年の雰囲気だった――長い髪、黒いロックのTシャツ、「なめるなよ」という態度。ブラッドは三度目の友人関係を再開させ、毎日容赦なくマリファナを吸ってみろとプレッシャーをかけてきた。自由になるぞ、人生で最高の気分になるぞと言っていた。私はブレンダ・フィッシャーに夢中なのだとブラッドに言ってしまったのが間違いだった。まったく知らなかったのだが彼はすでにブレンダとパーティでいちゃつき済みで、おそらくそれ以上のこともしたのだろう、だがその後彼女を捨てていた。ブラッドはブレンダにもう一度連絡をとり、あり得ないことを私に言った。「ブレンダがお前と遊びたいって。俺たちと。二人ともだ！」私の顔に疑いの表情が浮かぶ様子をブラッドは数秒間眺めていた。そして続けて言った。「俺たちと一緒にお前の母さんのトーテム・ウィードを彼女も吸いたいそうだ。すごく良さそうだって言ってる――お前がうん、と言うのを望んでるぞ」

私は底なしの穴に落ちていくような気がした。ドラッグをやらなくてもブレンダは私たちとつるむだろうか、と尋ねると、ブラッドはＮＯと答えた。ロックンローラーがマリファナを吸うのはよくあることだったが、私はまだ15歳だった。違法だったし、当時はマリファナを医療目的で使用するなど誰も言わなかった。マリファナに対する皆の態度は今現在よりもずっと抑えられていた。保健の授業ではマリファナは深刻な破滅をもたらすと教わっていた――誰も自ら進んでそんな症状を得るとは夢にも思わないのだと。30秒ほど黙ったまま頭の中では必死に何千もの計算をし、やっとブラッドに答えは24時間待ってくれと告げた。彼はただ微笑んだ。私は彼の罠に足を踏み入れた美味しい白ウサギだったのだ。時すでに遅しだった。

11月下旬頃、松の木の下で寒さに震える中、パイプが漏らす光がブレンダのハッとするような美しい顔を照らし出した。ブレンダはジュエリーのクラスから金属の網を盗んできていた。ブラッドは自分の母親の地下室から銅製の管状のパーツを盗んできて、全体をダクトテープで巻いて大雑把ながら効率的なパイプを作った。穴の開いている黄色い電気管を端に取り付けてそこを吸い口にした。すべてが光と神聖幾何学パターンで拍動しているように見えた。私は途方もなくハイになった。それをたとえる唯一の感覚といえば、子供の頃にクリスマスのプレゼントを開ける時のようだった。そこにブレンダがいたので、私の10代後半の人生においてこれが最高の時間となった。彼女がリグリー・ダブルミント・

ガムをくれたのだが、ああ！　うまくフレーバーを組み合わせてあり、こんなに素晴らしいガムをそれまで味わったことがなかった。突然、私は壮大な山をスキーで滑走していた――これはコマーシャルの狙い通り、プログラミングされた思考だった。皆でよろめきながらブレンダの家の扉まで歩いてゆくと、彼女はうっとりして私にもっとマリファナをくれないかと尋ねてきた。私は何とか彼女の肩に腕を回し、彼女に身を寄せて言った。「君が欲しいものは何でもあげるよ」

彼女の家は暑く、明るくて大学生が多勢いた。ブラッドはあまりにもハイになっていたのでこの様子に怖《お》じ気づいた。私もこれは無理だった。彼がようやく「お母さんから言われてて、5分で家に帰らないと」と言うと私も「いいよ」と言い、そうやって彼女の家を出た。ブラッドは家まで走って帰ろうぜと言った。以前は毎日、放課後はそうやって二人で帰っていた。道には氷が張り、濡れた葉が落ちていて何度も転けそうになったが、何とか彼について走った。足元を滑らせながら、道中ずっと二人で大笑いしながら帰った。

私は家に着き、ソファになだれ込んだ。頭に急激に血がのぼったため、ドラッグがロケットのように急発進した。テレビをつけるとHBOで「ディア・ハンター」をやっていて、雪深い荒野で苦痛を負った男が銃を持っているシーンだった。映画がどういう状況かはまったくわからなかったが、どうでもよかった。すべてが回転し、壁は鼓動し、テレビが3

D画面に見えていた。すべての音が長いトンネルの向こうから聞こえてくるようだった。ガムはもうすっかり味気ない塊になっていたが、このガムがなくなると死んでしまうかのように噛《か》み続けていた。ガムを捨てに行きたくなったがまったくもって身動きできなかった。突然大きな閃《ひらめ》きがきて、できるだけ力を込めてガムを吐き出した。ガムは私の前方2mの辺り、カーペットの上に着地した。自分の圧倒的な喜劇的才能に、10分くらい大笑いした。そして電話をとり、ドンに電話をし、ろれつの回らない舌で言った。「ドン、すぐに家に来い。信じられないことがあるんだ」私の状態を見るなり、彼は決めた。彼も仲間入りした。

第8章

ファイブリーフ・レッスン（五枚葉の学び）／すっかり、どこまでも依存症になって……

出口を探して／マインドの冒険へ

私の家のリビングルームでドン、ブラッド、私、ブレンダは水パイプを回して吸っていた。私たちは地下室に1970年代の古い遺物が隠されているのを見つけた。その機器は紺色で、二つの小さなラーヴァ・ランプの底同士をひっつけたような形をしていた。ブレンダが水パイプを吸うと完璧に美しい顔が火に照らしだされて威厳の表情が際立ったが、すぐにゴホゴホと咳込んで煙を吐き出していた。濃い煙が家の中に立ちこめていたが、今回はKNO³の煙ではないので急いで空気を入れ替えたりはしなかった。ブレンダは最後のマリファナをかき集めて使ってよいかと尋ねてきた。皆はもう最後まで吸い終わっていた。私は「もちろん」と答えた。ブレンダができるだけ集めているとドンがいい考えを思いついた。彼はパイプを上下逆さにしてブレンダの手の中に冷えた灰の残りを落とした。

「ドン、あなたって天才！」と彼女が言っているうちにマリファナのキセルがズルズルと音を立てておぞましい茶色い液体がブレンダのタイトなアシッド・ウォッシュのブルージーンズに流れ落ちた。「あぁドン、あんたって最低！」皆で息ができなくなるまでまた大笑いした。

その後ブレンダは一度しか来なかった。私は彼女とうまくいくことはないと思っていたし、ブラッドも二度と彼女を連れてくるとは言わなかった。どうでもよかった。私はマインドの冒険を楽しんでいてやめるつもりはなかった。まったくリアルだった。効果は4〜6時間持続したし、ヒッピーたちがあれほど色めきたっていた理由がわかった。気分が良くなるのだろうとは思っていたが、ここまで強烈だとはまったく思いもしなかった。匂い、味、パターン、色、音楽――すべてが認識していたよりも素晴らしかった。これは素晴らしいテクノロジーだった。これを人に知らせないでおく権利などなかった。ドンにもしたように、オタク族のエリックたちにもこの話をして彼らを解放させてやらねばいけなかった。

これは思考を拡大させ精気を回復させる神聖なツールだ

私が自分の部屋でケースを並べている間、エリックとデイブと他の男の子たちはほとんど口をきかなかった。私の新しい依存を正当化する理由は山ほど思いついていた。政府はウォーターゲートやイラン・コントラの聴聞会でも嘘をついていたし、マリファナについても嘘をついてるんだ、と彼らに言ったところ、彼らはとても神経質になっていた。これは神が作ったものだ。地面から生えてくる。思考を拡大させ精気を回復させる神聖なツールだ。こういうテクノロジーは好きに使ってもよく、自分が何をしようが気を悪くする権利も理由もない。これをやらないなんてばかげてる。一生吸い続けたって完璧にハッピーに社会の一員として生産的な人生を送れる。保健のクラスで聞いた症状は誤情報に過ぎない。私が声明を語る間、誰も一言も話さなかった。当時は私の人生がどれだけ落ちぶれていくことになるか、まったくわかっていなかった。ついにエリックがとても気まずそうに言った。「もう帰るよ」そして彼らは立ち上がり、帰っていった。翌日、終わりがきた。彼らのうち誰一人も私に話しかけようとはしなかった。廊下で「よう、マリファナ常用者」となじられることはあったが。私はそれでまったくよかった。私たちは彼らを必要とはしていない。心の内ではひどい裏切りにあったと感じ、孤独感はさらに募った——だが麻薬は頭の中をもやで曇らせてくれた。

ジュードに吸わせようとしたが、彼と彼の母親にはヒッピーコミューンでの経験があったので、彼はマリファナに一切関わりたがらなかった。それに彼にはもうアレルギーの薬があった。私たちはバンドを真剣に考えていた。ジュードがベース、小生がドラム、マイケルがリードボーカル、彼の友だちアンディがクランチ・ギタリストだった。もともとは「Jude and Sewer Rats」というバンド名にしていたが、マイケルがジュードだけ目立たせることに気分を害していたので短く「the Sewer Rats」にした。練習はしなかった。「オーガナイズド・ノイズ（Organized Noise）」のように一曲演奏し続け、それをテープで録音する。それだけだった。それで終わりだ。

自分たちが何をしているかもわかっていなかったので、「メリーさんの羊」や「ＡＢＣの歌」などを選んでそれをメタル版で演奏した。これが発展してオリジナルの原型が生まれ、長いアドリブのジャムになり、それはジュードと私が独特な演奏をする激しいロックでＭＴＶで流れるような音楽からはまったくかけ離れていた。私たちは互いを聴き合い、彼が奏で始めたと同じように私もドラムで入り、続くうちに面白い流れを付け足していった。この活動を記念してバンド写真を撮ろうということになり、ジュードが私の頭の右半分を剃った。残った髪の房をアクア・ネット・スプレーでガチガチに固め、それで学校に行くと皆はすっかりショックを受けた――校舎内で誰よりもインパクトの強い髪型だった。大掛かりな注目を得て、誰もが私のことを隠れて話し笑っていた。だが数学の先生を除いては誰も面と向かっては何も言わなかった。ある日、数学の授業で設問に間違って答え、年老いたコーズィーが言った。「もう片方の頭も剃ったら、頭がよく回るかもしれないね」

クラス中、涙が出るほど笑った。

私はもう母親から「借りる」ことはしたくなかったのでマリファナを自分で買う必要が出てきた。ある日、長髪のデニスというハつもアイアン・メイデンのデニムジャケットを着て通学していた少年がジュードに「化学の授業の前にヴィヴァリン・カフェイン・ピルを5錠飲んだ」と言っていた。1錠で十分なのにだ。オルソン先生がクラスに質問するたび、デニスは素早く大声で息せき切って答えていた。あまりに早すぎてはっきり発音もできていなかったが、答えはいつも正しかった。授業の後、彼にどこでマリファナを手に入れることができるか尋ねると、25ドル持ってロッカーに来ればいつでもやるよと言われた。

神秘的、霊的に、すべてが一体化した

デニスから買ったマリファナを一口吸って吐き出しもしないうちに気づいたのだが、これはトーテム・ウィードよりずっとはるかに強かった。ベッドに仰向けになると部屋がクルクルと回転していた。素晴らしかった。私はずいぶんぼられていたが、ドンがお兄さんのボブを連れてくるまでそうとは知らなかった。ボブは巨体のフットボール・プレイヤー

で1990年のジュードの学年の女性からとてもモテていた。「そいつ、ずいぶん騙《だま》し取ってるぞ」と彼は言った。「ベンに連絡したらいい。彼は俺の兄弟同然だよ。家族だ。手配してくれるから。たっぷりな」

ベンは優秀な機械工でスポーツマン体型で胸筋は膨れ上がっていた。黒く長いウェーブヘアをポニーテールにしていて、細い尖った顎に青い目、歯には古い矯正ブリッジが1カ所つきっぱなしになっていたが一度も外したことはないようだった。必ずといっていいほどいつも身体のどこかに機械油の染みがあり、両手の皮膚はとても硬化していて、彼のブルージーンズは汚かった。とても恥ずかしがりやでいつも微笑《ほほえ》んでいて、人間版サイケデリック・コアラ・ベアのようだった。彼はタクシードライバーの仕事をしていて、自慢は膝を使って運転しながら両手でマリファナのキセルを吸えること。彼は年代もののプスプスと音がするフォルクスワーゲンのヒッピー・バンを完全に修復していて、側面はブルー、白い縁取りで前には大きなVWのマークがついていた。中は汚かった。完璧だった。

私たちはスケネクタディのエリス病院の後ろに車を停めた。がらんと広い駐車場で誰もいなかった。くっきりとした満月で、私は今回の新しいマリファナの一口目を吸った――煙草用の水パイプでだ。スケネクタディのジェイ通りにある地元のオリオンという、お香の香りがする麻薬用品店で買ったものだった。ベンのマリファナはデニスのよりもさらに強力だった。人生最高の瞬間だった。すべてが一体化した――月、木々、バン、きりっとした夜の空気。私はすっかり、どこまでも依存症になっていた。神秘的な、ほとんど霊的ともいえる体験をしていた――誰にも聞こえないだろうと思いながら「これを一生やり続けるぞ」と独り言を呟《つぶや》くと皆が笑い出した。「そうだろうよ！　彼女はお前の元を離れはしないよ、いつだって葉を生やしてくれるよ」

現在、私はマリファナを「ファイブリーフ・レッスン」（五枚葉の学び）と呼んでいる。自分自身の体験からすれば、このレッスンは繰り返したいとは思わない。ついには、幸せで健全な大人として機能する能力はほぼすっかり失ってしまったのだ。

埋められた宝物を掘り出す

いまとなっては父親の地下室に思い切って踏み込み、私たち探検家クルーが待ち望んでいた宝物を解錠せねばならなかった。弟はすでに私のために彼のレコードプレイヤーでレッド・ツェッペリンの元のビニール版レコードから全曲をテープに録音してくれていた。私は今回地下室に行ってピンクフロイドの「狂気（Dark Side of the Moon）」や「おせっかい（Meddle）」、「ザ・ウォール（The Wall）」、ムーディ・ブルースの「デイズ・オブ・フューチャー・パスト（Days of Future Passed）」や「失われたコードを求めて（In Search of the Lost Chord）」、ヘンドリックスの全アルバム、ビートルズの「サージャント・ペパーズ・ロンリー・ハーツ・クラブ・バンド（Sgt. Pepper's Lonely Hearts Club Band）」、タンジェリン・ドリームの「リコシェ（Ricochet）」や「ルビコン（Rubycon）」を取ってきた。私は先に調査をしてあった。両親に1960年代、1970年代のサイケデリックで一番良かったアルバムはどれかを尋ねたのだが、これが功を奏した。最強の体験をしたのは断然、タンジェリン・ドリームのアルバムからだ。実際、こういう曲を聴きながらトリップするとかなり強烈で、ドンは音楽を止めてくれとせがんだほどだ。恐ろしさに拳を固めるあまり、手が真っ白になっていた。音楽のストップボタンを押すと、それまでの世界が消えた。すると数秒後にドンがまた音楽をかけてくれとせがむ。彼をがっかりさせたりはしない――そしてまた二人でトリップするのだった。

神の奇跡だろうか、ジュードが選りすぐりのカッコいい4年生と一握りの3年生だけが集まるプライベートのクリスマスパーティへの招待を手に入れた。ジュードはまだ2年生なのにだ。男は全員タキシード、女の子はプロムのドレスを着ていたが、プロムよりはるかにすごい集まりだった。パーティは町でも一番裕福な家庭の生徒の巨大な家で行われた。

彼の両親は実際に、皆の飲酒を許可していた。ジュードはどうにかして「彼のドラマーだから」という理由で私をパーティに連れてゆくと話をつけてきた。私は自分のクローゼットから黒いシルクのかっこいいスモーキング・ジャケットを見つけた。レコード・アルバムの形をかっこよくパターン化したロックスター模様のジャケットだった。パーティをしていた家の地下室では3年生と4年生で結成されたハウスバンドが演奏していて、とても上手だった。当時人気だったヘアメタルバンドのカヴァーをしていて、ポイズンの「トーク・ダーティ・トゥー・ミー（Talk Dirty To Me）」も演奏していた。地下室はぎゅうぎゅう詰めに混雑し、着飾った女の子たちはタキシードを着た男たちに押し付けられていた。目の保養、体感の保養になり、煙が空気に立ちこめていた。彼らのステージの後、ジュードは私たちにも演奏させてもらえるよう話をつけてきた。私はとても緊張したが、武術のトレーニングを利用して平静と落ち着きを取り戻した。ジュードがベースのディストーションをきかせ、二人で大音量で面白いハードロックのジャムを開始した。曲中でジュードは新しいことをどんどんやり、私はドラムで彼にどこまでもついていった。
皆が喝采を送っていた――ステージから降りると、私は新たに生まれたヒーローになっていた。ジュードのクラスメイトや上の学年の生徒たちは私のことを知らず、私がクラスでどう思われていたかもまったく知らなかった。彼らは一部の授業でたまに私を見かけていただけで、この日私が「ロックスター」だったことを知ったというわけだ。彼らがMTVを見て崇拝していたような最高に有名なミュージシャンたちに私は会ったことがある、という噂《うわさ》がたちまち広まった。まったく友だちがいなかった私は、一夜にして学校で一番奇妙でかっこいい生徒になっていた——1990年と1989年の学年だけの間で、だが。女性たちは目を丸くして私に話しかけてきた。私がいつもバックステージで会っていたセレブたちに自分たちも会うチャンスが欲しかったのだ。私はなんとか彼女たちの胸もとをじろじろと見ないように努めたが、おそらくは見てもよかったのだろう。私とほぼ同じ背丈で赤いタイトなドレスを着た金髪のとても魅力的な女の子が2階の大きなクリスマスツリーのそばで私に話しかけてきた。まさに彼女と何かが展開しそうだったけれど、彼女がまだ13歳とわかり、それ以上進展はしなかった。パーティでは私よりもまだ年下である女の子がどういうわけか近づいてきたが、彼女は明らかに綺麗だという理由でパーティに入れてもらった子だった。私は承諾年齢未満の子供と仲良くなって犯罪を問われたくなかったので、彼女には親切に接しながらもそこから先に進めようとはしなかった。

その直後に「ブレイクスター」というあだ名のスポーツ少年が私のところに来た。彼は見た目も自信満々な様子も若いフランク・シナトラのようで、かなり酔っぱらっていた。彼は私を「コックス」と呼んだ。名字のウィルコックの最後の部分をとって、しかも間違った発音で呼んでいるようだった。そして腕を私の肩に回してきた。彼の息は腐りかけたビールとチーズと死の匂いがした。「コックス。コックス。コックス。ダンシュしなきゃだめだ」ろれつの回っていないので何を言っているかわからなかった。「ダンシュだよ、コックス！　女と寝たかったら、ダンシュするんだよ！」ブレイクスターがリードをとり、やがて私たちは想像のつくかぎりおかしな動きのダンスで驚くほど可愛い女の子グループをリードしていた。どんな動きかというと何かをかき集めたり、ショベルで掘ったり、泳いだり、ダイビングしたり、くねくね動いたり、穴を掘ったり。やがて音楽が消えて何の結果も出なかったところでブレイクスターは要点を私に伝えた。私は運動をし、ダイエットをし、痩せる必要がある。それさえすれば、いまや私にあんな才能があるのだから指をパチンと鳴らしさえすればどんな女の子だってゲットできるぞ、ということだった。彼はずっと私の傍にいてやる、そして腹筋を延々とやり続ける間も間近で叱咤《しった》激励してやる。彼のことが誰よりも憎らしくなるだろうが、私のすべてが変わって「本物の男」になった暁《あかつき》には彼のことを大好きになっているだろうと言った。

パーティ以降、私は即座にカフェテリアでも「ステージ」エリア、とびきりかっこいいスポーツ少年たちが座る場所へと昇進した。彼らの大半は毎週週末になると飲酒していることを知った。そして驚くほどの割合でマリファナも吸っていた。彼らには私がとても面白い奴にうつっていた。私は彼らにロック・コンサートのバックステージに行った時の最高のストーリーを全部話した。ジュードもその場におり、二人で交互に話しているとそのテーブルからは笑い声が絶えなかった。

安全な家／マリファナが許される理想的な場所で

なんとか私は母親を説得し、家に友だちを呼んでマリファナを吸ってもよいことになった。以前、母親からは私が16歳になるまでやってほしくないと言われていたが、もうじき16歳に達することもあり母親はしぶしぶ承知したのだった。彼女の主なルールは平日は吸わないこと、そしてアルコールは一切持ち込み禁止だった。私はこの条件に同意した。ブラッドの「基本計画」は彼の望んだ通りにかなった。これで、マリファナを許可してくれる理想的な、皆で集まれる「安全な家」ができたのだ。シェーンは私の学年にいた頃は「完全な敗者」だったが１９９２年の学年に移ってからは運動能力と変わったスケーターの服と人格のおかげで一番の人気者になっていた。８年生を落第したのは神からの贈り物だったのだ。ベイナーという新しいかっこいいあだ名もできた。モンキー・ヒルでかつて私を突き落とし、毎日私のスウェットパンツを侮辱していたクリスも、いまや毎週必ずやってきた。ドンはいつだって一緒にいた。ドンと私は決して別行動はしなかった。

ジュードはほとんど来なかった。彼には素敵な年下のガールフレンドがいたのだ。彼女は極端なキリスト教原理主義の家庭の子だった。私たちが何か計画を立てるたびに彼女はジュードにこっそり二人きりで夜を過ごそうと言ってジュードを誘惑し、彼はいつも土壇場になって私たちの計画から抜けていた。私の高校生活にとって、これが大きな痛手だった。私たちで何かの計画が持ち上がると私はジュードと一緒に音楽ができるようすべてを差し置いて彼を独占的に呼んで準備をしたものだが、彼が実際に来たのは7~8回に一度くらいだった。私はドラッグで麻痺していたせいで急激に無気力になっており、そこに加えてジュードが来ないので私たちのバンドはクリスマスパーティから1~2カ月後には潰れてしまった。

ダメージド・ジャスティス／「強迫反復」の囚人となる

1989年3月15日、父は私とマイケルを連れてRPIフィールドハウスへ連れて行った。メタリカの新しいヒットアルバム「メタル・ジャスティス」を宣伝する「ダメージド・ジャスティス」ワールドツアーを見に行くためだった。メタリカはデニスのような本物の「燃え尽き症候群」しか聴かないようなバンドだった。だが、ビデオとシングルで発表した「Ｏｎｅ」という曲で動けなくなった身体の中に捕われた兵士の心の中を描き、これがきっかけとなって瞬く間にビッグなバンドへと化した。私たちは1年にも及ぶ休憩なしの疲労の極みでもあるワールドツアー4カ月目の、名声の絶頂に乗っているメタリカに会った。私はこっそりズボンの中に25㎝のコダック110フラッシュカメラを潜ませて中に持ち込んだ。警備員は魔法の杖を私の全身に振りかざしたがカメラのところだけはチェックせず、私を通過させてくれた。

ショーはきわめて騒々しく淫《みだ》らだったが、ありがたいことにレコード会社は少人数に限りバックステージに入る許可をくれた。ギタリストのカーク・ハメットはあまりにもシャイで廊下に隠れ、誰とも話さなかった。リードボーカルのジェームズ・ヘットフィールドはとても背が高く、酔っぱらってふらついていた。彼と写真を撮るためにポーズをとっている時に彼が大きな音でゲップをしたのだが、ビールと胆液《たんえき》の匂いがした。皆が大笑いし、そのせいで弟のカメラを持つ手が揺れて写真は台無しだった。ドラマーのラーズ・ウルリッヒは私よりかなり背が低く、私はいくつか質問したくて仕方がなかった。彼は初め、私との話に無関心そうにしていた。私が巨体で毛深くて汗でびしょびしょになって汚かったからだ。ああ、彼らも同じだとすぐに思った。彼らはすでに燃え尽きていたのだ。有名になって大変な思いをし、ツアーで疲労困憊していた。私は高校の囚人で、彼らはツアーバスの囚人だった。

ラーズはプロのテニス選手になろうとしたが、なれなかったのだと打ち明けてくれた。メタリカで活動を始めた頃はドラムを始めてまだ3～4カ月しか経っていなかったが、彼はかなりの俊足だった。その脚を活用してダブルベースのペダルをダンスのように踏み、いまとなってはメタリカにしか出せないサウンドを作っていったのだった。

メタリカのショーの後に撮った写真を現像したら、自分が無様な姿をしていることに気づいた。私は外見を改善せねばならなかった。体重があまりにも増えすぎ、頭をどんな角度に向けようと二重顎がくっきり見えていた。耳に怪我を負ってから一度も髪は切っていなかった。それまではいつも母親が髪を切っていた。いまの髪型は、放りっぱなしの結果でしかなく、側部を剃るまで梳《と》かしたり整えようとしたことすらなかった。アップにして学校に行ったのは12回くらい、それだけだった。あまりにも強烈な反応が起きるからだった。いまは、髪の長さをキープしながらもっとスタイルの整った羽根のような髪にしたくなっていた——そうすればもっとリアルなヘビメタファンに見えるだろう。ベイナーの母親はいつも酔っぱらっていてろれつが回らなかったが、美容師だった。そこで仕事の後、彼の家で私の髪を5ドルで切るという約束をとりつけてくれた。ドンは病気の犬のような匂いのするリノリウムのキッチンに座っていた。私はすそを5㎝だけ切ってほしい、きちんと整えてほしい、でなければそのままにしておいてほしいのだがと言った。彼女は「5㎝だけ」と不明瞭な発音で言った。私は「そう、5㎝だけ」と言った。

彼女があまりにも長い時間をかけるので私は驚いた。床には恐ろしいほど大量の髪が落ちている。ドンは微笑んでいたが、笑い出すのをこらえているようだった。恐ろしいことに、終わってみると彼女は究極に気持ち悪いヘアスタイルに切っていた。このスタイルは別名マレットと呼ばれ、トップと横の髪が短かった。「前から見るとビジネス」で後ろにはネズミのしっぽのような髪を残した「後ろはパーティ」の髪型だ。学校に着く前に隠れて煙草を吸う奴の髪型だった。髪を伸ばしたいけれどそこまで覚悟できないという雰囲気もある。私はドンに激怒した。彼女がこんなふうに切っていることを教えてくれず、また彼女を止めようともしなかったからだ。鏡で自分自身を見た時、初めて耳が切れた時のあの真面目さと大きく人生が変わったという感覚が再びやってきた。私の耳はもう変色していなかった。よく注意して見なければ、そこに傷跡があったと気づきもしないだろう。

「切り落としてくれ」私は彼女に言った。「しっぽの髪を切り落として、普通にこざっぱりした髪型にしよう」

翌日、私はその髪型で学校に行った。完璧に整えるためにヘアスプレーの使い方も調べて実際に整えていった。持っている中で一番正装に近い、黄褐色に青い襟のシャツを着ていった。黒はなしだ。スポーツ少年で正装していたブライアンという生徒は私を見てあまりにもショックを受け、廊下で2ｍも後ずさりしたほどだ。ジュードはその晩、ガールフレンドの誘惑を断って私の家にやってきた。緊急事態だった。早く手を打たないと、と彼は言った。私のロングヘアは「体型を隠していた」のだとジュードが言った。ロングヘアだとかっこよく見えていた。だがいまの私はただの「太った男の子」でしかないと。ワイルドなロックスターらしさを醸《かも》し出すような鋭さも、ストーリー性も理由もいまの私には皆無だった。私の目が異常に美しいと言ってくれた教育実習生のことを思い返し、まったくジュードの言う通りだと思った。髪を切ったので、次は体重を落とさねばならなかった。自らを酷使してしまう自分が嫌になっていたが、それでも私は自分自身のパーソナル・トレーナーにならなければいけなかった。パーティでブレイクスターに言われた通りだった。身体を短期間、痛みに鈍感にさせる方法はすでに知っていた。そしてこの時、どれだけの時間がかかろうと自分の意志を押し通す決意をしたのだ。その時の主な目標は、新たに築いたスターの身分の最後をブレンダのような女の子と共に過ごすことだった。

私は強引で不健康なダイエットを始めた。登校前にシリアルに牛乳を入れて食べるのをやめ、大きなコップでオレンジジュースを飲むのもやめた。代わりに毎朝、V－8（野菜ジュース）を飲んだ。授業の合間は胃を満たすために水を飲んだ。このせいで1時間ごとにトイレに駆け込んでいた。一日中、飢えのために身体が揺れ、学校は完全に苦痛の場所となった。その後はドンの家へ向かい、グリル・チーズ・サンドイッチを食べた。母親はいつもの健康的な夕食を作ってくれた。スライスしたリンゴ、野菜、主菜、通常はマカロニ・チーズだった。私は1週間ごとにもらっていた5ドルのお小遣いと一日1・25ドルのランチ代を貯金し、すべてマリファナに使っていた。学校のランチをやめたことで、それまで食べていた大盛りのフライドポテトと砂糖まみれのケチャップ（レーガン政権はケチャップは野菜と言ったが）は食べなくなったので、体重が飛ぶように減っていった。2年間に及ぶターキートロットの後、私はジョギングが大嫌いになっていたので、運動量は変わらなかった――腕立て伏せや腹筋や懸垂は一度もしなかった。

初めの2～3カ月で大半の体重が落ちた。週に2・5kg減のペースだった。最後の3分の1を落とすまで6カ月がかかった。私が目に見えて痩せ始め、毎週末に家がいっぱいになるほどマリファナ仲間が集まり始めると、ドンが自殺的になった。彼がどこまで深刻かはわからなかったが……まったく良い状態ではなさそうだった。平日の放課後は彼と私の二人きりだった。私は、女の子も含め、彼が自分の友だち全員に言いたいことを全部書き出させようと思った。自分を殺すことを友だちに謝罪し、なぜ自殺せねばならないかを説明してほしかったのだ。こうすれば彼はいろいろなことに向き合うだろう、自殺が恐ろしくばからしいことだと気づくだろうと思った。体育の授業中に床に座っているとマレットの生徒が「ドンが机に突っ伏して泣いていた、アスピリンを86錠も飲んでしまった、死にたくないと叫んでいた」と教えてくれた。彼は急いで救急車に乗せられ、お腹をポンプ運動でマッサージされ、活性炭を飲まされたのでおそらく無事回復するだろう。彼が本当にそんな行動に出たこと、そして私にそれを伝える気もなかったことに私はとても腹が立った。二人でさよならの手紙を書いた時も、私に対しては書きたくないと拒否された。

この自殺未遂以降、ドンはマリファナに加えてマルボロ・レッドの煙草を買い始め、飲酒も始めた。私も飲んでみたが気に入らず、特に強い酒には胃をやられて深刻な痛みを覚えた。私はこれまでの人生において煙草は合計で20本も吸っていない。すぐに、煙草は非常に気分が悪くなると思ったからだ。初めて煙草を吸った時はあまりにも身体がおかしくなって道をまともに歩けなかった。それだけ強力なものだが、身体がただニコチン摂取に慣れるのだろうと思った。私はそうはなりたくなかった——だがドンも彼の弟も完全に依存症になってしまった。初めて私が煙草を吸ってみた日、私たちはボブの友だちに会った。

すでに学校を退学してハイになっている奴だった。私は週末だけマリファナを吸っていると彼に言うと、彼は私を見て驚いていた。「そんなに長い間どうやって待てるんだ？　気持ち良すぎて、毎日吸わずに過ごそうだなんて想像もできないよ」

私は嘲笑《あざわら》った。「絶対にそうはならないよ。僕は中毒じゃないからね」だが一年も経たないうちに彼の言う通りになった。一生続くいじめ、そして病んだ社会で育ち、私は「強迫反復」の囚人となった。いつも同じタイプのいじめっ子を何度も繰り返し引き寄せ続けていたのだ。だが自分のために抵抗はせず、彼らのせいで生じる苦痛を緩和するためにどんどん自分を薬漬けにしていった。やればやるほど自分は弱くなり、さらにいじめっ子を引き寄せていた。雪だるま式に続く、真に危険なサイクルだった。昔の宇宙のような日々は消え去りそうな遠い記憶でしかなかった。

霊体となって過去生へ／26年間も行っていた⁉

誰かから、過呼吸を使ってハイになるというテクニックを聞いた。その時はわかっていなかったが、脳の「血液を阻止」させていたわけで、私が受けていた武術トレーニングではあまり長い間その状態が続くと致命的だということは知っていた。実際に誰かが手や腕を首に回すわけではないので、これが同じ状態になるとは気づいていなかった。それについては曖昧な噂で聞いただけで、友だちに7秒間押してもらうという指示だった。私はサイケデリックな冒険をしてみたかったのでジュードにその役をしてもらった。彼には「7秒とは言わず、15秒やろう」と言った。上が丸くなった、古い匂いのする硬い木の扉に私は背をもたせかけ、彼に押してもらった――だが15秒も持たなかった。11秒経ったところで意識を失ってからだがぐったり倒れるのだ。おかしな格好で左足の上に崩れ落ち、足の小指に繋がる中足骨がパキッといってつま先と足の間あたりの下2・5㎝まで曲がった――足のつま先がほぼ90度、真横になるほど曲がったままになっていた。私は脱臼しただけかと思っていたが、何年も経ってから骨折していたことがわかった。

私はとても奇妙な状態になり、「自分の人生が目の前で素早く通り過ぎていく」のを見ていた――それは誤った人生だった。一連のスナップ写真が目もくらむほど素早く移り変わり、それが26年分見えていたようだ。1枚過ぎるごとにその当時の体験がまるまる私の記憶の中に取り込まれていった。私は川のそばに住む原始的なコミュニティの一員だった。ほぼ全員が文盲だった。毎日のニュースは、町の中心で台上に立つ男が口頭で伝えていた。芝居のような物語口調のテクニックを使ってだ。町の灌漑《かんがい》で大きな問題が起きていた。川の水をレンガで築いた運河に流し、農作物に水を引こうとしていたが、レンガの割れ目からほとんどの水が漏れていた。そこでの私にはESP体験があり、今の自分が子供の頃夢の中でやっていたようにそこでも「長老」とコンタクトしていた。そしてネバネバしたものを黒く焼いたものを原料にして水が漏れるのを防ぐ方法を長老から教わっていた。

私には若い頃結婚した妻がいて、未熟なままに子供もいた。妻が子供の世話をし、私は家族にほとんど関わることなく自分自身と自分の仕事に集中していた。家族を愛してはいたが、いつも外で何かに携わっていた。幽体離脱体験に取り憑かれていて、霊体となっていつでも好きな時にどこかへ行くことができた。蓮《はす》のような花を顔のところに置いてその中を見つめるのだと教わった。蓮の中に自分の顔が見えたらアストラルボディで場所を変えることができた。そこで今度は自分の肉体の方の目を見つめる。蓮のパターンがトンネルへと変わり、その中を飛んで行くとどこでも好きな所へ行けるのだった。

私の人生はならず者の未開人グループが動物に乗り、武器を持って侵入してきた時に終わった。私たちは完敗し、村人は一人残らず殺されるのだと思った。私は走ることも隠れることもできなかった——座り込み、花を持ってそのスパイラルのパターンの中に自分の顔を見出そうとかつてないほど懸命に中を見つめた。こちらに向かってくる大群の勢いで地面が揺れていた。ようやく自分の顔が見えてきた——だがどこかがおかしい。目はいつものように見えたが、皮膚の色が暗く姿も異なっていた。花が広がってトンネルになり、ジュードや弟が私の名を呼んでいるのが聞こえてきた。私は見えているものに混乱していた。自分の顔なのに、自分ではない。私は未開人に殺されるよりもトンネルの中を飛び、声のする方に行こうと思い立った。

私はどすんと身体の中に戻った。深刻なことになっていた。目が上下に動いて止まらない。上から下へ、左上から右下へ1秒に2回のペースで動き続けていた。さらに激痛があったが、初めはわからなかった。おかしな格好で身体が崩れたことに気づき、私は叫び声を上げ始めた。身体を動かしてつま先をその位置から外すのにさらに大声が出た。私は必死でジュードにつま先を元に戻してくれ、と頼んだ。彼はそうしてくれたが、それがとんでもなく痛かった。そして私は叫んだ。「26年！　26年も行ってたんだ！　どうやってここに戻ってこられたんだろう？」私が何を言っているか、彼らには見当もつかなかった。身体を動かせるようになり、つま先をスコッチテープで他の2本に貼り付けると、私は二人に何が起きたかを話した。後に、この輪廻転生が私の人生の重要部分を占めることになったのだが、この当時は輪廻転生を信じていなかった。とはいえ、フラッシュ・フォワードのスピードで過去生を再び生きたらしいことは否定しようがなかった。一番奇妙だったのは、目はいまの私と同じ目をしていたけれど過去生では黒人だった点だ。この体験に魅了はされたものの、もう少しで自分は死ぬところだったことに気づいた――それ以来、二度と試しはしなかった。

この頃から、とても奇妙なことが毎月1～2度ほど起こり始めた。いつものように学校に行くために朝起きてシャワーをし、服を着て下に降り、教科書をかばんに詰めて朝ご飯を食べ、勝手口から外に出て学校に行こうとする。すると外が真っ暗だった。真夜中なのだ。「いったいどうなってるんだ？」私は家の中に戻り、一種のトランス状態だったことに気づいた。目覚ましが鳴ったのが聞こえたと思ったのだが、幻覚だった。すべてをロボットのように行動していたのだ。電子レンジの時計をよく見ても、それが何時だかわからなかった。

ちょうどこの頃、私はローリング・ストーンズの「シスター・モーフィン（Sister Morphine）」を聴いていた。ミック・ジャガーが「どうしてこの医者は顔無しなんだ？」と歌った時に、突然あるシーンがフラッシュのように浮かんだ。そこには二人の「医者」が私を覗き込んでいた。二人とも異様に大きな頭と細長くすぼんだ顎、そして痩せた身体をしていた。彼らはかがむように私を見下ろしていて、彼らの頭上には三つの丸い光が三角形に並んでいた。私は美術の授業でこのシーンを絵に描いたが、顎は実際に見えたものではなく軍人のように角張らせ、身体も軍人のように肩幅を広く変えて描いた。その一瞬

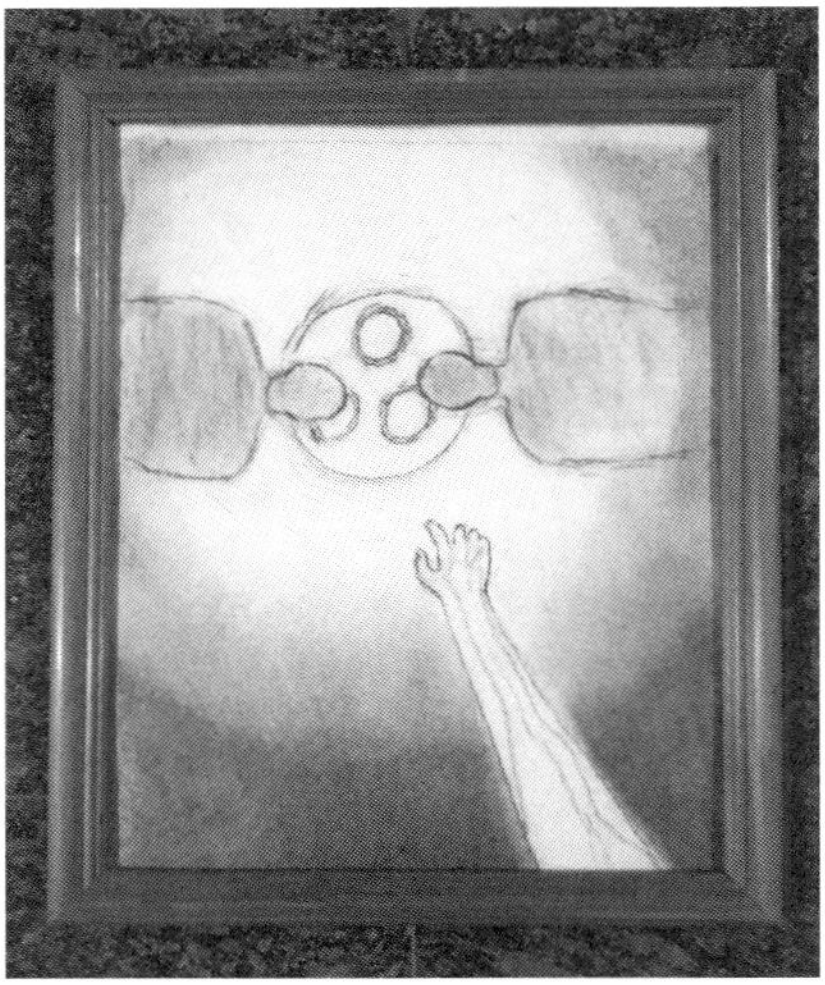

ディヴィッド・ウイルコックが高校時代に描いた E.T. のような生命体

のうちに顔の特徴はまったく見えなかったので、顔は描かなかった。この絵がうまく描けていたので賞をとり、一定の期間、校内の廊下に飾られていた。いまも額に入れて寝室に掛けてある。母親がウィットニー・ストリーバーの一冊目の本『コミュニオン』を手に入れた時はものすごい鳥肌が立った。表紙に描かれていた大きな目の生命体が私の描いたその「医者たち」にそっくりで、本の中でその生命体たちは人を誘拐して医療実験を施していたのだ。あまりにも恐ろしくて、私はこの本を目にするたび表紙を下に向けて置き直していた。地球外生命体と四角い顔の人間は軍隊の人間が私の実験に関わっていることを示していたのかもしれない。つまり、「ＭＩＬＡＢ」あるいは「Military Abduction」（軍による誘拐）の暗示だったのかもしれない。もし私が実際に誘拐されていたとしたら、いまこの日まで詳しいことはまったく思い出せていない。だが私の母親はある夜、ゾッとするようなネガティブな存在が部屋にいる感覚で目が覚めたところ、90㎝の背丈の存在が静かに歩いて出ていくのを見たという。グレイという大きな頭の地球外生命体ではなく、頭は普通サイズだった――だが母はとても怖がっていた。私の絵はエジプトの「有翼円盤」のイメージにも見えたが、意識してそう気づいたのは10年以上後になってからだった。

ホルスの左目／カバールの宗教はルシファー崇拝、エジプトの三位一体

１９８９年夏、数回一緒にマリファナを吸ったことのある「燃え尽き症候群」のある少年から電話がかかり、「いますぐ見てほしいものがある、見なければ信じられないだろうから」と言われた。とにかく見せたいらしい。私たちは急いで電車の線路の向こうのサニーサイド・ロード・ブリッジに駆けつけた。彼はそこで自転車に乗っていた。坂を降りてゆきながら、何だろうと気になって仕方がなかった――するとそこにあった。コンクリートの斜面から橋の下まで、丘全体にかけて巨大なエジプト風のホルスの左目が描かれていたのだ。軽く幅15ｍ、高さは30ｍはあった。少なくとも４色のペンキで描かれていた――大部分が赤、一部ブルー、虹彩に黒、その反射部分に白が使われていた。描かれた直後な

のか、入念にメンテナンスされたのか、ペンキはつやつやしていて新鮮だった。

そこまで降りてゆくのはかなり大変だった。これを描くには何十ガロンものペンキがいるはずだ——そして完璧に描かれていた。こんなことに時間、資金、エネルギーを費やすなんて誰だろう？　大学生？　理由は？　電車の車掌くらいしか目にすることはないだろうこの巨大芸術を作るためにこれほどの大量のエネルギーを投げ打つなんて、何がその人に起きたのだろう？

これが何かはともかく、ＥＳＰでこれに焦点を絞ってみたところ、信じ難いほど邪悪で暗い何かを感じた。ローブやマスクをまとった人々が火の周りで詠唱しているシーンがフラッシュのように見えた。動物の生け贄《いにえ》や不気味な性的儀式もあったかもしれない。火の場所が合理的に考えるとあまりにもきっちりとならされていた。まるで誰かが証拠を隠すために意図的にそこを掃除したかのようだった。突然、これは「ローズマリーの赤ちゃん」のようなグループと同じ儀式の場かもしれないとう気がした。私の両親が通り向かいの家で見た人たちと同様だ。何年も後にインサイダーたちから、こういう場所はオカルト宗教の儀式を行うための場所だという裏付けがとれた。

私は恐怖に蝕《むしば》まれていた。隠しカメラがないか、すべての木を素早くチェックした。はっきりとは何もわからない。「ここを出たほうがいい。いますぐだ」燃え尽き症候群の少年は私のすぐ後ろにいた。そこを離れてから、二人でなぜあそこにホルスの目があったのか探ろうとした。橋の下で安全に隠された場所で火を燃やし儀式をする不気味な悪魔カルトとどう関係があるのだろう？　当時はまったく意味がわからなかった。エジプト宗教と悪魔崇拝はまったく別々の関係ないものとされていた。ESPで見たものは私の想像に違いない、ということにした。だがその後何年も、この時のことが頭から離れなかった。最終的に私はカバールの主な宗教はルシファー崇拝で、彼らはエジプトの三位一体――イシス、オシリス、ホルスを地球上でのルシファーの三大具現として適応させていたことを知った。

第9章

カバールが生み出した多次元的虚構の罠／見破り、超える手だてはアセンションのみ

恐ろしい邪悪／打ち倒す方法は完全に新しい身体に進化すること

あの目を見て少しした頃、10代になってから一番強烈な夢を見た。初めは林の中にある美しいホテルへと引き寄せられるように入っていった。雪景色の中、美しい常緑樹に囲まれた場所だった。中に入るとどこもかしこも10代の若者だらけだった。全員、強力なドラッグ――一種のマッシュルームらしきものを与えられていた。そのドラッグのせいで彼らは自分がどこにいて何が起こっているのか、わからなくなっていた。ある部屋では台に載せられた30㎝ほどの金属製の球体があり、それを囲んでティーンエイジャーたちが座っていた。ある生命体が黒いフード付きのマントを着て端に立っていた。グリム・リーパーのようだったが、誰も彼を見ていなかった。球体から何かテクノロジーが発していて、子供たちは皆催眠にかかっていた。

フードを着た生命体を見て私はパニックになった。この子供たちのようにドラッグで酔わされる前にここを逃げ出さなければ――だが私服警備が何人かいて誰も逃げられないようになっていた。扉も窓も開かない。立ち入り禁止エリアに走り込むと、突然そこは技術的な環境になっていた――進化した宇宙船の中のようだった。遠方に丸い巨大なエレベーターが見え、それに乗らなければと思った。前に進もうとした途端、二足歩行で腕も２本ある獰猛《どうもう》な戦闘ロボットがものすごい数でやってきて攻撃された。私はどうにかして戦い、進むことができた。先進兵器を見つけたのと、次元上昇した時のような能力もあって切り抜けられたようだった。

エレベーターまで到達して中のパネルを見ると、ホテルだった所は巨大地下基地の一番上の階で、ずっと地下まで階がたくさんあることがわかった。私がそこから抜け出るためには、最低階にいるこの脅威のエイリアンのリーダーと対決するしかない。なぜかそれが唯一の方法だとわかった。エレベーターで最低階に行くことができたのだが、そこまでいつまでも延々と降り続けてゆくのに驚いた。エレベーターが開くと、そこは巨大な闇のエリアだった。唯一見えたのは、凝った彫刻の入った一対の巨大な木の扉だった。高さはゆうに２・４ｍはあり、奇妙なデザインが彫り込まれていた。そして有刺鉄線で覆われていた。許可なしに誰でも入れる扉ではなかったのだ。このオペレーションの支配者は誰であれ、何ものであれ、これらの扉の向こうにいることがわかっていた。私は自分の身体的パワーと精神的パワーをすみずみまで奮い起こした――そして勢いよく扉を開いた。

そこはホワイトハウスのオフィスにそっくりの部屋で、大統領が座っているような机まであった。椅子がクルリと回転し、政治家か軍高官のような男性が見えた。青いスーツで折り襟にアメリカ国旗のバッジがついていた。黒いウェットな髪をロナルド・レーガンの髪型のようになで付けてあった。彼らが全施設を運営していることを彼は認め、かなり攻撃的に私も一員になれと迫ってきた。無条件の権力を約束され、彼らのテクノロジーもフルに活用していいと言われた。私が拒否すると彼は笑い、私に選択肢はないのだと言った——どこにも逃げようはないのだからと。なぜか私は「自分自身を作る」のが唯一の答えだと思った。私はかがんでボールのように丸くなり、深い集中状態に入った。幽体離脱をし、自分自身の周りに7つの光り輝くボディを形成させることに成功した——その一つ一つが徐々に大きくなっていった。そして一番大きなボディの中に自分の意識を移した。

突然、私は壮大な宇宙船に乗っていた。大きく広がった部屋に長く曲線を描く壁、その壁は超先進的なコンピューター端末がぎっしり埋まっていた。各端末には幅1・5m、高さ1・2mの巨大スクリーンがついていた。スクリーン上にはきわめて高解像度のホログラフィー画像が映っていた。私は自分の端末の前に座っていて、そこには地球の画像が映っていた。自分がいた地下基地がどれか、クリアに特定することができた。地球上でそこが光っていたからだ。この船ではテクノロジーを使って膨大なパワーを使用することができた。基地にいた子供たちを全員集めて安全な場所に移動させることに成功した。そして中に到達し、豆粒大の基地そのものを除去し、それが元来たところへと勢いよく投げ飛ばした。私の行動によって地球は深いレベルで癒され、変容を遂げた――光をいっぱいに浴びていた。

私は絶対的な畏怖の念に包まれてこの経験から目覚めた。幼かった頃の長老の夢が思い出された。集団としての人類進化について伝えられていたメッセージや、「2001年宇宙の旅」や「2010年」を見た時の感覚も蘇った。私は直接、光の存在へと変容することができていた。ここ数年の間で初めて私は幼かった頃よりも多くの情報を得たらしい。途《と》轍《てつ》もなく恐ろしい邪悪なものがアメリカ政府を支配していた――そしてそれを打ち倒す方法は、私たちが完全に新しい身体に進化することだった。当時はそれが単なる夢だったのだろうか、それとも夢以上のものなのかわからなかった。時間が経ち、結局この夢は最も深遠なアセンションの夢として残った――そしてジュードはすべてを漫画本スタイルのイラストシリーズにしてまとめた。

ルーシー・イン・ザ・スカイ・ウィズ・ダイヤモンズ／水泳プールのビジョン

ある日の放課後、ドンと私はビートルズの白黒ドキュメントに釘付けになっていた。その中の古い映像で人々がＬＳＤをやっているのを見た。その人たちは私たちよりもっとハイになっていた。ポール・マッカートニーは番組の中で彼がしばらくＬＳＤをした後、どうやってやめたかを話していた。こう言っていた。「（ＬＳＤは）私たちが求めていたものを何もかも叶えてくれた」私たちは「サージャント・ペパーズ」の大ファンで、多勢の人が「ルーシー・イン・ザ・スカイ・ウィズ・ダイヤモンズ（Lucy in the Sky with Diamonds）」は各単語の初めの文字をとってくるとＬ、Ｓ、ＤなのでＬＳＤの暗号だろうと憶測していた。歌詞は初めから最後まで本当に奇妙でドラッグ的だった。新聞でできたタクシー、タンジェリンの木、マーマレードの空、何度も現れる万華鏡の目をした女の子。ビートルズは何かを言わんとしていた――ヒッピーたちは皆、ＬＳＤの素晴らしさを知っていたことを、そのドキュメンタリーは示唆していた。私たちが大好きで聴いていた有名なムーディー・ブルースのアルバムもノーカットのLSDインフォマーシャルかつLSD使用の募集手段だった。

カルロス・カスタネダの本では、幻覚剤は霊的意識へのアクセスに利用されていた――だから母親は完全に幻覚剤を避け通したが、それは誤ったことだったかもしれないと私は思っていた。私のあの壮大な夢は、私はエネルギー・ボディの「自分を作る」必要があると語りかけてきた。子供の頃、もう一度幽体離脱体験をしたいと思っていた、あの忘れていた目標のことを思い返した。二度と起こることはなかったが、もしかしたらこれがついにもう一度体験するチャンスというキーなのかもしれない。トーテムのヒッピーの一人、ラースはLSDを過剰摂取していた。そこで、知っている中でLSDをやった人の話を聞き、やってはいけない注意点を聞いた。基本的な指針として、おかしなことにならないよう新しいものはほんの少しだけ試すということだった。そもそも、私の夢に出てきた10代の若者たちが一種の幻覚剤によってホテルに閉じ込められていたことを私はすっかり忘れていた。

ドンとベイナーと私でベビー・ブルー色のアシッド・ペーパー（LSD）を四分の一切れずつ手に取った。これは1989年7月9日、10日にニュージャージー州のジャイアンツ・スタジアムで行われた最近のグレイトフル・デッドのコンサートで手に入れたものだった。デッドのツアーが近辺に来るたびに、幻覚剤の販売が一時的に急増していた。これはシートで買ってそれをもっと高い値——1枚3～4ドルで売る人がいるからだった。四分の一切れを使い始めて15分経っても何も起きなかった。さらに15分経っても結果は出ず、ブルーの紙は偽物だったんだろうと結論した。何かが起きるチャンスを無駄にしたくなかったので、持っていた別のＬＳＤをそれぞれに試した。これはピンクで、サウンド・ウェーブと呼ばれていた。これを摂ると、空気中を流れる音の音波が見えるという話だった。

10分経つと、確かに世界が奇妙に変わっていった。

私が部屋で煙を吐き出していると突然、母親が階下で大声で言った。「デイヴィッド、夕飯ができたわよ。友だちには帰ってもらいなさい！」最低の悪夢が現実になった。夕飯の食卓にいる時にＬＳＤの効果が出てくるに違いない。2種類のうち少なくともどちらかは偽物ではなかったのだから——それに、ＬＳＤは今回が初めてだ。私は1階に降りると、母はタコスを作るのにいろんな材料を10個くらいのボウルに入れて並べていた。トイレに行くのを忘れていたので急いで2段飛ばしで2階に駆け戻った。バタンと衝撃が雷のように轟《とどろ》きわたり、私の全視界が真っ黒になった——目は大きく見開いていたのにだ。誰かが私の目の前で遮光カーテンを閉めたかのようで、それは怖かった。

そこら中におしっこを漏らさないように堪えていると視界が戻ってきた。するとすべてが水中のように見えた。私は後に、この見え方を「水泳プールのビジョン」と呼ぶことにした。いたるところで光がキラキラと輝き、ほんの1分前に比べてあらゆる色彩がひどく強烈に見えていた。身体の感覚もかなり奇妙で歪《ゆが》んでいるように感じる。階段のところに行くと強烈な幻覚が見えていることに気づいた。階段の吹き抜け全体が広がったり閉じたり伸び縮みしている。1秒ごとに、生きているかのように広がったり狭くなったりしていた。光が火花のようにトンネルに差し込んでいた。私は完全に恐怖に見舞われていた。この階段を降りるなんてとてもできなかったが、決めた。両側の壁に手をつき、壁が迫ってこないようにしたのだ。一つ一つの階段の高さも高くなったり低くなったりし、その動きに胸が悪くなった。だが足を置くと安定したので、とにかくゆっくりと降りた。一番下まで辿り着くと、今度は床を「作って」から足を踏み出さないと床をすり抜けて落ちてしまいそうな気がした。それでどこに足を置くか決めては、そこに床が実際にある様子を思い浮かべ、そうして足を前に出して進んだ。

テーブルに戻った頃には、私はひどい状態になっていた。私の頭の中では何もかもが速く、普通の人の会話のスピードが遅くてとても堪え難かった。テーブルに着いたところで腕を上げることができず、何事もないようにタコスを作ることができない。母親が私の皿にタコ・シェルを置いた。まだ温かかったので、ゆっくりと垂れていった。それが生きている口で、タコスの具を食べさせてほしそうにしている様子に見えた。とにかく頑張り、ロボットのように何とか牛肉をスプーンですくってシェルの中央に落とし、おろしたチェダーチーズをぱらりと載せた。これで私のタコ・シェルの真ん中には2・5㎝ほどの小さなボール状の肉とチェダーチーズが載っている。

この時、恐ろしい幻覚がやってきた。肉とチーズが海老のような甲殻類の生き物に変わったのだ。それがシェルの中で死にゆく苦しみにひきつりながら、こちらを見ていた。私は本能的にひるんでしまった。被害妄想がひどくなっていた。母親と弟との会話がとてもわざとらしく聞こえる。やり取りの合い間の沈黙時間が非常に長く、はっきりとは言わないが私が麻薬にすっかりやられていると思っていて、二人がそれにとても腹を立てているように聞こえた。これが延々と続き、ついに私は直ちにそこを抜け出すことにした。子供の頃は、気分が良くなければテーブルから離れてもよいか尋ねてもよかった。私はできるだけ平常を装うためにどんな言葉・声調・口調で言うかを何とか決めた。これを計画するだけで30分ほどかかっただろうか。「ママ、気分が良くないんだ。向こうに行っていい?」

彼女は「もちろんよ」と言ったので、私は地下室に逃げた。電話があるからだ。ドンに電話して言った。「おい、びびってるんだ。できるだけ早く戻ってこいよ」彼と話している間、壁が目に見えて呼吸をしていた。まるで自分が変な動物の肺の中にいるようだった。

母親のマイクスタンドが水中の海藻のようにゆらゆらと前後に揺れていた。自分はクジラの腹の中にいるような気がした。階段を降りた時からそれは始まっていたのだ、あれはクジラの口だったのだ。私を階下へと駆り立てたあの火花はクジラの唾液だ。なんだか、すべて辻褄《つじつま》が合っていた。ドンはすぐにまた来る、と言った。彼も同じような目にあっていたようだ。私は2階に戻ったが、自分の部屋までとても到達できなかった――リビングのソファから先には行けなかった。次はランプシェードに眩《まばゆ》い映像が映っていた。三角形の中で螺旋《らせん》状に回転する三角形、お城、山々の中を自分が飛んでいったり、そして頭の中でセンティピード的なビデオゲームをやったりした。母親はじゃあね、と言って自分のギグに出掛けてゆき、そのすぐ後に友だちが家に来た。その後状況はましになったが、それでもとても動揺させられた経験だった。

この出来事の後、面白いこともあったと思い出したので後になって私たちはまたやろうということになった。今回はもっときちんと計画的に行うことにし、影響が出る間、つまり消耗が続く12時間は両親に会わないで済むタイミングを決めた。摂取後45分が経過するまでは「ピーク」が来ないことに気づき、それまではまったく何も起きそうにも思えない場合もあった。それが始まるたび、あの不快な兆候はすべて戻ってきた。身体が揺れる感覚、極端な神経質、胃の痛み、ＬＳＤの種類によってはひどい関節痛、時間が鈍化して徐行スピードになること、制御不能な数々の強迫思考。頭は同時に4つか5つの異なる思考ループにはまり、それぞれが異なるスピードで回転し続けた。そして自分でそれを止めることはできなかった。

「バッド・トリップ」になる危険性は常にあった。そうなると人生で経験してきたどんな恐ろしいことよりもはるかにひどい恐怖に教われた。バッド・トリップに近い体験が他にあるとすれば、あえていうならリックの船での体験くらいだ。バッド・トリップはどれも、実際には何も起きていないのにあの体験よりもずっとひどかった。そして精神的には途轍もなく長時間、延々と続いているような感覚だった。時には部屋の隅に一人きり身を隠し、恐怖に動けなくなった——呼吸もこらえ、じっと静止していなければ目に見えない邪悪な霊にメチャクチャに破壊されそうな気がしたのだ。その恐怖はそれまで体験したどんな恐怖よりもずっと深刻だった。こんな目にあうまでは、そこまでの恐怖があり得るとは思いもしなかった。友人全員によくこのように言った。「バッド・トリップに対処できるような大人は一人もいない」私には、この状態になるのを防ぐことは絶対にできなかった。やるたびに必ず、壮大な恐怖の時間がやってきた——それが永遠とも思えるほど延々と続いた。後で友だちと思い出していると面白いことが起きたからとまたやってみるのだが、最終的には同じ場所に引き戻され、「なんでまた自分は同じことをやってしまったのだろう？」と自問するのだった。

ヒッピーのスローガンで「準備と設定だよ、準備と設定」と耳にすることがあるが、これはつまり適切な場所で適切な思考態度で臨めばポジティブな経験ができる、ということだ。「LSDは、すでにそこにあるものを増幅させる」この現代社会に生きていて、心の中に癒されていない悪魔がいない人間なんていないというのだろうか？　いちどきにすべての悪魔がやってきたら、それもかつてないほど強烈な勢いでやってきたら、どうなるのだろう？「クリーンなアシッドだよ、クリーンなアシッドをやったことがないんじゃないか」と言う人もいる。私の場合、どれだけLSDが「クリーン」だったとしても最初から最後まで良いトリップだったという経験はない。マッシュルームや黄色いマイクロ・ドットの体験も含めてだ。

想像をはるかに超えた恐怖の時間が必ず延々と続いた。全身が震えるような、絶対的恐怖の時間が減らないかというのが私の最大の望みだった。一、二度LSDを試した後二度とやらない人が多いのは、これが理由だ。ラースが最終的にあのようになってしまったのも、明らかにこのせいだった。大量摂取や誤った摂取によって受けるトラウマの規模次第で、精神の健康は永久に、もしくは半永久的に破滅するのだ。

ドラッグをするたび、最終的には地球に関する思考ループにはまってしまった。これを

「エコロジー・トリップ」と呼んでいた。どこを見ても、私たちが地球を破壊している証ばかりが見えて無視できなくなるのだった。何があってもテレビを見られなくなった。笑顔でセールスする人々、マーケティング用の言葉、なめらかなコマーシャルソングで「さあ買って」とばかり宣伝しているのを聞くと、それが地球全滅という崖へ私たちを導く恐怖の壊滅的なハーメルンの笛吹きの音色に聞こえた。「たった19・95ドルの3回払い。商品の数に限りがあるので、限定販売です。さあ電話して！」聞き苦しい不協和音の恐ろしい低音がテレビの音楽に混ざって聞こえてきて、邪悪な感覚に飲み込まれて30秒のコマーシャルが一生続く苦痛の時間に感じられた。

木々が叫び声をあげ、地球そのものが生きていて私たちのことをひどく恐れている気がした。LSDを摂った後に橋の下で見たあの目を思い返すと、1ドル紙幣に印刷されているピラミッドの全能の目が闇のボルテックスと化した。あの目からエネルギーの竜巻が発していて自分の部屋中が揺れていた――それは本当に恐ろしかった。自分たちは自殺カルトなんだ、この美しい生命体を殺してしまうかもしれない。そして地球は意図的に身を退き、人類の中で最善の人たちが状況転換に尽力するのを待ち望んでいるのだ、と思った。

アヤワスカや他の麻薬をやってみて、と多勢の人に頼まれた。「LSDとはまったくの別物だよ。はるかに良いし、とても深遠でスピリチュアルな意義深いものだ。もう何年も麻薬をしていないんだから、ずっと良い経験になるはずだよ」と。だが、そういう人たちにどうなるのか詳しく具体的に尋ねると、どの人も幻覚に入り、臨死体験をしているようだった。熱が出て脳の温度が上がりすぎ、生命の危険が近づくと起こる幻覚に似たものだ。本当に奇妙でおかしなことが起き得るのだが、ポール・マッカートニーが言ったように幻覚剤は私のためにすべてを提供してくれたのだ。幻覚が終わると極端に体力が落ち、疲弊していた。そして必ず身体がおかしくなるほど背中が痛くなった。さらに私の脂肪細胞内に残存ＬＳＤが蓄積し、運動中やマリファナを吸っている最中にフラッシュバックが起きた。それで、その後自分に何が起きるのかがまったくわからない状態に陥っていた。

ここから得た重要な学びは、私たちは地球を破壊している。解決のために地球に実際に住んでいる人々がそれを止めなければいけないという自覚だった。夢に出てきた長老のような、宇宙のどんな存在もただやってきて魔法の杖を振り、私たちの問題をすべて解決してはくれないのだ。私たちが行動を起こさねばならない。ここは私たちの世界であり、維持のために私たちが戦わねばならない。この結果の一つが、周りのほとんどの人が洗脳されたゾンビに見えたことだった。みんな、最も恐れているものから目を逸らせている。私たちが自滅に向かってどれほどの瀬戸際にいることか、彼らはその証拠が見えた途端シャットダウンする。私が味わったバッド・トリップの恐怖の10％すらも引き受けようとする人は一人もいなかった。何としても苦痛を感じないで済むよう記憶の中の悪い過去を完全に遮断し、あらゆる手段を講じている。麻薬やアルコールは麻痺させてくれる――私も同じく有罪の身だ。いったんハイになると、さっき10分前は気がかりだったこともすっかり忘れることができた。だが現実に戻った途端、その問題はさらに悪化していた。なぜなら対処するための行動を一切起こしていないからだ。私はどんどん内向的になってゆき、無気力でシャイで被害妄想的になり、恐れを抱えていた。
1990年1月1日――新年になってすぐの時間帯に――1年生から知り合いだった女の子が恐ろしい自動車事故で死んだ。彼女は他の学校の子供たちと車に乗っていたが、全員が飲酒していた。警察の報告によると、車は時速150㎞で走っていてモホーク通りの橋の横にあるコンクリート塀に衝突したらしい。最悪なことに、警察が到着した時、彼女はまだ叫び声をあげていたという。焼死してゆくというのに誰も彼女を救えなかったのだ。これが私たちの地域社会に余波的影響を与えた。私たちは死ぬ存在だということを思い出させる、ショックな出来事だった。長年の付き合いの中でいろんなことを彼女と話した。だが、思い返しても彼女はもういなかった。あまりにも恐ろしい話だったので、皆、すぐに忘れてしまった。ちょうど、地球上の全生命体に対する対処不可能な一連の脅威から目を逸らすのと同じように。

グレートフル・デッド／コンサート中での幻覚

1990年3月24日、父親と父の愉快な友人のリック、マイケルと一緒にニッカーボッカー・アリーナでのグレートフル・デッドのコンサートに行く前に、私は3・5g入りのマッシュルームをまるまるひと袋食べた。デッドのコンサートでは皆が幻覚剤を摂るのだから、自分も大丈夫だろうと思ったのだ。だが、すぐに思い知ったのだが自分の親がそばにいる時にトリップするのはまったく恐ろしい考えだった。できるだけ待ってからにしようと思い、車に乗ってからあの忌《い》まわしい味のものを口に入れた。マイケルは私を見て、初めはキャンディでも食べているのかと思った。私は彼に嘘をつき、何も食べていないと言ったので彼はそれで私が何か麻薬をやっていることに気づいた。マッシュルームの味は、3日前に脱いだ靴下のカビ臭い悪臭を連想させた。干からびていて、飲み込むためにはかなり噛《か》み続ける必要があった。アルバニーまでは車で1時間ほどで、コンサート前にピザレストランに着いた頃にはずいぶんハイになっていた——かなり強烈にだ。

リックがおかしい冗談を言うと私のピザに乗っていたチーズが生きたように飛び上がり、

テーブルの向こうまでズルズルと滑っていった。私はひるまないよう努めたが、無理だった。皆が笑っていたので、ばれずに済んだ。キッチンの方を見ると青いTシャツに白い汚いエプロンをつけた男がネズミを生きたまま串刺しにしていた。それを揚げ物バットに置くまで、ネズミは死にゆく苦しみに腕や脚、しっぽをバタバタと動かしていた。何もかも、波打つ神聖幾何学模様ときらめく光でできた半透明のフィルターを通っているように見えていた。色彩が明るすぎた。私はばれるのではないかと落ち着かず、恐れていた。

店を出るために皆で立ち上がると、タロットカードの隠者が見えた。等身大で、髭を生やしていて灰色のフード付きローブを着て、杖とランタンを持って父親のすぐそばに立っていた。きめの粗い、黄麻布のローブの質感がわかるくらい、はっきりと見えていた。それが死の前兆のような気になり、私はさらに気分が悪くなった。テーブルに友人たちと座っていた地中海沿岸地域出身らしき目の大きな、濃い眉毛の男が今度は私を見つめていたが、彼の顔がめちゃめちゃだった。片目は10㎝くらい上にずれて額のところにあり、もう片方の目は頬のあたりまで下にずれていた。彼をじっと見たが、このピカソのような顔はずっとそのままだった。彼は私を見て怖がっており、私は自分もきっと同じような顔になっているのだろうと思った。私は彼にわかっているよ、と頷いてみせた。彼も同じくらい変な顔をしているよと。アリーナに到着するとトイレに行きたくなったのだが、私が用を足そうとしたら便器が溶けて消えてしまった——そして数秒したらまたパッと現れた。コンサート中はスピーカーが群集の上へ溶けてゆき、それが巨大な黒い湖になって皆を飲み込んでいった。帰宅してからもさらに5～6時間のトリップが続き、日が上るまで眠りにつけなかった。これは副作用としていつものことだった。

この後も幻覚剤を摂ったものの、フルの映像としての幻覚が現れるほどの量は摂取しないよう細心の注意を払うことにした。バッド・トリップになる可能性はとても高かったので、あえてそうなるようなことは避けていた——だからといって少量にしたところで何も良いことはなかった。

夢は幻想から実在へ／ローブを着た賢人、高度先進技術の宇宙船

初めてLSDを試して以来、完全に連続性のない体外離脱体験——別の現実への旅——がLSDの成果として起こらないかとずっと期待していた。LSDではその体験はできないとわかるまで、そう長くはかからなかった。グッド・トリップができないかとそれでも試し続けたが、良いトリップができたとしても私は身体の中、この現実の中にいるままで、

すべてが滅茶苦茶になった感覚がした。奇妙で恐ろしい幻覚が起きたが、身体から抜け出たあの夜のことを思い返すとまだ目標には到達していなかった。本屋でスティーブン・ラバージ博士の『明晰夢（Lucid Dreaming）』という本を見つけて私はラッキーだったと思う。副題は「夢見の技法」とあった。ラバージ博士は「明晰夢のための記憶術増進法の誘導」、略してMILDというテクニックを教えていた。第一に夢を思い出してゆく。そのやり方として、目覚めた時は絶対に身体を動かさないようにする。どこで何をしていたかを自問する。そして頭の中で、夢を何度も繰り返し再生する。こうしているうちに、細かいところがおかしい、あり得ない、と気づく。ラバージ博士は何かを見ていていったん目を逸らし、もう一度見直した時に変わっていれば、それは夢だと説明している。それが、夢かどうかを見極める最善の方法だった。

こうしながら頭の中で一つの文章を何度も何度も繰り返す。できるだけ本心から感情をこめて「次に夢を見る時は、自分は夢を見ているのだと気づきたい」もし運が良ければ、また眠りに落ちた時、その言葉をまだ言い続けながら周りのすべてが変わったことに気づける。この時点で自分のいる環境を変えたり、不可能なことをしたりテストしてみるとよい。何かが見つかれば、それは明晰夢だ。何よりいいのは、この状態になりさえすれば夢の中で空中浮遊や念力をはじめ神業のような能力をフルに発揮できる。リアルタイムで、意識のある状態でアセンションの状態を直に体験することができるのだ――それはまったく素晴らしいことだった。

私は多大な時間をかけてラバージの本を読み、テクニックを理解し、実践した――ほんの2～3回で目覚ましい結果を得た。空高く飛んだり、壁をすり抜けたり、どこにでも好きなところへ行ったり、念力で巨大な物体を持ち上げたりした。また、別のことを考えることで環境をすっかり変えることもできた。麻薬で得てきたどんなハイの状態よりも素晴らしい高揚感が得られた。初めてそれが起きた時、私は家の扉口の前に立っていた。26年間をさまよった時の、あの黒人の顔だった時の家だ。天井から裸の電球がぶら下がっていて、明らかに違っていた。黒人の男性がそこに座っていたが汗だくで何かに対してとても動揺していた。電灯は砕けていたがまだ光はついていた。フィラメントの周りのガラスがないと電球は光を発せないはずだと気づき――突然、私は明晰になった。それは途方もなく素晴らしい体験だった。私は家の外に駆け出し、家の上空に浮遊し、上空から見える木々や屋根の様子を見に行った。

一度明晰夢を見てから、私は夢中になった。やがてどこにでも行きたいところに行ける、したいことは何でもできる、何でも創造したいものを創り出すことができることに気づいた。二度目か三度目の時は美しい牧場にいた。私は赤い屋根のかなり大きな納屋を創り出した。マリファナがぎっしりと詰まった納屋だ。扉の所まで行って扉を開くと、甘い香りのマリファナがなだれ出てきて私は倒れてしまった。私は15㎝ほどのボウルを具現化して底に穴を開け、その穴に曲がったパイプを取り付け、ブロートーチを創った。そこにたっぷりとマリファナを詰め、思いきり吸い込んだ――だがハイにはならなかった。すでにハイだったからだ。

別の時には壮大な未来風の車を創造し、楽しいドライブに出掛けた。ボタンを押すと普段の意識の現実では想像もつかないようなスピードが出た。どの体験も素晴らしく、完全にリアルで、1時間ほど続くこともあった。窓をすり抜けて飛び、あらゆるビルを探検し、人からは私が見えていないけれど私は彼らを眺め、信じられないほど素晴らしい感覚だった。寝る時間が余分に必要になったので大体は週末に練習していた。驚異的な結果を得ていた。

ある時、このような体験の最中に、私は起きていることをすべて書き出すことにした。それが完璧なフランス語だったのがショックだった。普段はそこまでうまく話すことができないが、夢の中ではとても自然で、それが正確だということもわかった。明晰夢を見ている時にいつも思考がクリアだったわけではないが、その夢の中では「この書き出した紙を全部持ち帰れたらなあ」と思った。夢から目覚めると、もちろん紙はなかった。他の夢の時は私は地元のCVS薬局にいて、かなりのショーをやってみせた。大きな樽《たる》型のゴミ箱をいくつも空中に浮遊させ、それぞれの周囲を回転させた。映画「E．T．」の中でやっているものの大規模バージョンだ。夢の中では必ず人に話しかけ、奇跡をやってみせ、これは夢だよ、どれもリアルじゃないんだよと伝えた——だがいつも困難だった。彼らは初めは耳を貸すのだが、彼らに何らかの力がやってきて一部の記憶がなくなり、そして私が何の話がさっぱり理解できないとばかり立ち去ってゆくのだった。私の樽の浮遊ショーを見ていた群集全員がそのように振る舞ったのがとても奇妙だった。どうやら私は環境を完全にコントロールしているわけではなかったようだ。

あらゆるところまで冒険的に飛んでいたら、かなりの高度先進技術の宇宙船に2回ほど吸い込まれた。ローブを着た人たちが私に話しかけてきた。私たちは巨大な画像ウィンドウの前に立っていた。想像も追いつかないほど巨大な、それは素敵な宇宙船が窓の前を流れるように通過していった。ラバージ博士の本には、明晰夢に出てくるものはすべて脳内で創り上げたもので、リアルなものは一つもないと書いてあった。彼は科学者なので、彼は正しいはずだと思った。だからこういう壮大な宇宙船に乗り、子供の頃に夢で見た長老のようにローブを着た賢人と話をしても、これはすべて私の潜在意識の産物だと思っていた。彼らに面と向かって「あなた方は幻想だ」と言うと、彼らはただ笑い、丁重に微笑《ほほえ》んでいた。彼らはいつも私に親切で、このテクニックの練習を続けるようにと励ましてくれた。

また、私が痩《や》せたことを讃えてくれ、あなたは人生をすっかり転換させるパワーがあるのだと言われた。私が他者を助けてきたことを誉めてくれた。彼らの出身地では、それがとても重要なことなのだと教えてくれた。誰も私がドラッグを続けていることについて恥ずかしい思いをさせたり「やめるべきだ」と言ってきたりはしなかった。夢がどれほど鮮明でもその夢がリアルだとは想像もしていなかったので、そういう経験から目を覚ますと自分の「変な夢」を笑ってしまい、「僕の潜在意識は活き活きとした想像ができるんだなあ」と言ったものだった。1996年までに、私はこれらの人たちとテレパシーで直にコンタクトした。そのリアルさに、私はたいへんなショックを受けた。彼らは家までやってきた。私が行っていたスピリチュアル・カウンセリングのクライアントと私の弟の前に姿を現した。彼らは実在していることを証明するために現れたのだ。

立ったまま気絶していた

グレートフル・デッドのコンサートに行ってから少し後に、あまりよく知らない男から電話がかかってきてブラッドの誕生日パーティに行くか、と聞かれた。ブラッドからは何も聞いていなかったので私はショックを受けた。ドンと私はパーティに押しかけて行ったが、ブラッドはなぜ私たちが招待されなかったか説明もしてくれなかった。パーティには見たこともない子たちも多勢いて皆で40～50人くらいおり、皆ビールをたくさん飲んでいた。私も皆のように飲むことにし、そうこうしているうちにソロピクニックのカップでビールを4～5杯飲み干した。地下室では皆でマリファナを吸っていた。その前日にブラッドが私の大きな赤いダブルチャンバー式のマリファナ用キセルを借りたい、と私に言ってきたのはこのためだった。私は肺いっぱいに大きく吸い込み、意識を失ってしまった。後ろに倒れてゆく瞬間は気づかなかったが、頭蓋骨の後頭部がバスケットボールのようにコンクリートの床でバウンドしているのはぼんやりとわかった。永遠のように感じられる数秒が経ち、私の視界にとても心配そうに見ている6つの顔が視界いっぱいに映った。皆大声で私に向かって叫んでいたが、６mくらいの長さのペーパータオルの段ボールの芯を通して叫んでいるかのように私には聞こえていた。

完全に意識が戻るまでしばらくかかった。確実に脳震盪《のうしんとう》に近い状態だったが、私は立ち上がり、何もなかったかのようにビールを飲み、マリファナを吸い続けた。あまりにも酔っぱらってしまい、トイレに行って立ったまま用を足そうとした時はズボンを足首まで落とし、倒れないよう壁にもたれかかって身体を支えなければならなかった。ちょうどその時、クラスのおとぼけもののゲリーがトイレに入ってきて笑い、私に声援を送り始めた。まだ意識はあったのに、私は「立ったまま気絶していた」という話になっていた。

Hell To Pay（大変なこと）／まるで囚人キャンプの中

このたいそうな騒動の後、私は勇気を出してブレンダにもう一度連絡をした。勇気が出たのは、ずいぶん痩せたからだ。私たちのバンドは何カ月も演奏はしていなかったが、彼女にはバンドのことやクリスマスパーティの話をした。彼女に父親の家の電話番号を渡すと、彼女から父親宅に電話がかかってきた。私は金曜の夜に行くよ、と言った。私は2階の父親の事務所におり、彼女から電話番号を聞く段になった時はメモ用紙を慌てて探しながら会話を続けた。電話を切った後に彼女の番号をメモした紙を見ると、それは1990年5月25日にリリース予定のジェフ・ヒーリーの最新アルバム「ヘル・トゥ・ペイ（Hell To Pay）」を支持する、プロモーション用の書類だった。ブレンダとの会話はちょっと変な感じがし、もし彼女と付き合うことになったら彼女はかなり対立的な態度で言葉の暴力を振るいそうな気が強くした。その紙には答えがそのまま書いてあった——"Hell To Pay" 大変なことになるのだろう。ブレンダは以前、私が中学の時に喧嘩になって机7つ分突き飛ばしたあの男と付き合っていたが、あれ以降、二人は別れていた。

ブレンダと話したすぐ後にある青年が父親に電話をかけてきた。彼はドラッグ売買で私は彼に大金の借金がある、私がお金を返さないなら父親も私も二人とも殺すと脅迫してきた。当時はそれが誰かわからなかったが、私はこの本をまとめているうちに明らかになった。これが私の父親の大きなトラウマとなり、彼はすでに対立的だったのにさらに挑戦的になった。私が父親に会うたび、父は私の成績や生活スタイルすべてに対して攻撃的な態度でぶつかってきて、これが毎回15分ほど続くのだった。私が何をしようと関係なく1週間に4回会うたびに、である。車の中で始まると、父親はあまりにも腹を立てて車を停めてまで攻撃してきた。私の人生はそれまでも大変だったが、これでさらに悪化していった。母親、父親、学校の奴らの間にいて私の人生はすっかり囚人キャンプのようになっていた——そして唯一の埋め合わせとして、私はさらに麻薬で潰れていった。

1990年7月5日、ニッカーボッカー・アリーナでロバート・プラントのアルバム「マニック・ネヴァーナ（Manic Nirvana）」のPRコンサートがあり、私はバックステージに行った。このアリーナでバックステージに入るのはいつも困難だったが、この時はすっと入らせてもらった。ラジオ局のコンテストを勝ち抜いてトップ・アイドルに会えるという想像もつかない幸運をつかんだ人たちで部屋はぎっしり埋まっていた。私は扉の脇に立ってそのすごい光景を見ているとロバート・プラントがやってきた――私から90㎝のところにいた。彼の顔の毛穴まではっきり見えた。私が心から崇拝したミュージシャンに会えたのは、この彼が初めてだった。禿《は》げ頭で黒い顎髭《あごひげ》のがっしりした男が彼と一緒に歩いていた。「どうする?」男が尋ねた。「生きたまま食われそうだ」とプラントが答えると、二人は踵《きびす》を返して行ってしまった。私は冷静を保ち、彼にちょっかいを出さなかった――だが人生最大のチャンスを棒に振った、と思った。レコード会社はバックステージバスを大盤振る舞いしすぎたのだ。そこにいた人は皆、ロバートの大ファンですと伝えたかったのだが、彼の注意を引きたくて皆が争うだろうからロバートはきっと圧倒されるだろう。どれほど年季が入ったベテランであろうと有名人は神経に障《さわ》ることが多いのだろう、この時もその証を再び見せつけられたのだった。

髭の隠者はアストラル体で現れた天使のシンボル？／彼はいつも狙い定めて私のそばにいる

1990年8月27日、伝説のブルース・ギタリスト、スティービー・レイ・ヴォーンは自分の葬式の夢を見た、とバンド仲間に告げた。その夜は彼にとって重大な夜だった。アルパイン・ヴァレー・ミュージック・シアターのコンサートで特別ゲストとして彼と彼のバンドが出演したのだ。エリック・クラプトン、バディー・ガイ、ロバート・クレイが演奏し、私の父親は自分が書いている本のためにロバート・クレイなどにインタビューをしに来ていた。コンサート後、押し寄せる群集のいる所から彼らを移動させるため、ヘリコプターで迎えに来ることになっていた――そこに私の父も招待されたのだ。家族の誰もが知っていた限りでは、父親は彼らと一緒にヘリでそこを出ることになっていた。

ヘリコプターの到着が遅れ、ようやく最初の1機が現れた時、クラプトンのクルーがそれに乗った。スティーブンは待てなかった。スティービーの兄のジミーとその奥さんのコニーが最後の一席をスティービーに譲った。離陸して800m行ったところでスティービーのヘリがスキー場滑走路に墜落し、全員即死した。父親はその前日、スティービーのかつて最後となるインタビューを行っていた。父親はロバート・クレイにインタビューしようと思い、その前の二つのヘリに乗るのを土壇場になって断っていた。私たちは墜落の公表があってから初めてそれを知った。デッドのコンサートの時に父親の横にいた髭の隠者は、アストラル体で現れた死の天使のシンボルだったのかもしれない——私の父は運良く、この天使に連れてゆかれずに済んだのだ。この時も、私たちは死ぬ身であることを思い知らされた——この年老いた隠者は私の後を追いかけているのもわかっていた。彼はいつも狙いを定めて私のそばにいるのだ。

ブラッド、クリス、ベイナーは夏の間中、毎日一緒にマリファナを吸おうとプレッシャーをかけてきた。母親の週末だけ、という規則はもう効力を失っていたからだ。だが私は簡単に説得されて吸っていた。私は見通しが暗いまま3年生に上がった。1990年クラスの間では「かっこいい」存在になっていたが、彼らは皆卒業してしまった。私は痩せたし、あらゆるパーティにも姿を現したが、私のクラスの生徒の大半からは「ダサい奴」と見られていた。短期間で体重を減らす厳しい「クラッシュ・ダイエット」で体重は減ったものの、中毒のせいで青白い肌に目の下にはショッキングなほど黒い隈ができていた。父や母との緊張関係は最高に達していた。私は毎日喧嘩をし、口論し、謝っていた。自分はドラッグをやっていることを皆に宣伝するようなTシャツを着て通学していた。明るいタイダイ色でグレートフル・デッドのダンシング・ベアや、いろんな形・大きさ・色の円がたくさん描かれてあった。放課後はもれなくマリファナを吸っていた。一日持ちこたえるのもやっとで、家に戻っても何も良いことはなかった。さらには学校に行く前にもマリファナをやり始めた。そのうち、ハイになって学校に行けば比較的良い一日が過ごせ、しらふで行くとひどい一日になることがわかった。しかし1時限目のコンピューター数学の授業はあまりにも麻薬が効いていてわけがわからず、隣の生徒をカンニングしなければならなかった。

スピリチュアルな成長は最大の難関だ——そして最大の報いも返ってくる

フランス語は5年目に入り、成績では私は一番優秀な話し手の一人となっていた。授業でフランスから来た可愛い赤毛の交換留学生の隣に座った時にはこれがおおいに役立った。私は彼女とフランス語で話すようになり、とてもいい感じになった。ある日、授業が終わって彼女はサッと立ち上がって出てゆき、小さな黄色い革製のペンケースを忘れていった。

私はそれをつかんで彼女を走って追いかけてゆき、渡してあげた。この時、初めて廊下で二人で話をした。彼女はプロムのことを話題にあげ、一緒に行く相手がいないの、と言った。

その瞬間に私はパニック障害に陥った——LSDのフラッシュバックそっくりだった。私の思考は被害妄想で爆発し、ループしていた。痩せてはいたものの、私は長年におよぶいじめや「役立たず」と言われ続けたトラウマを癒すことは何もしていなかった。しっかりと分析している時間はなかった。彼女は口をつぐみ、私が何か言う番だった。私は思った、自分は彼女の言葉を誤解したに違いない、彼女が僕を誘うわけがない、あり得ない。もし彼女を誘って断られたら、拒絶されたら、自分は押し潰されて生きていけなくなる。それに私はプロムをネガティブにとらえていた。皆がプロムに価値を置きすぎている、と。それにもしお金があったら、マリファナに費やしていた。ドンは「大したこともないことに120ドルも払う」愚かさをけなしていたし、プロムには参加しないというのが私の信条になっていた。いまはいざ自分が何か言うべき時なのに、パニックに陥った私は勇気をかき集めて彼女を誘うことなどできず「うわ、それはひどいね」と答えた。「誰か見つかるといいね」

その翌日、彼女は私を完全に無視した——彼女が怒っていることもハッキリとわかった。

二度と私に話しかけなかったし、私のことを史上最低の見下げ果てた奴とばかりに扱った。彼女は結局、私にそっくりの男と付き合い始め、この二人が一緒にプロムに行くことが皆に知れ渡った。これに私は心の底から苦しみ、それから何週間もの間、起きてしまったことに取り憑かれてしまった。麻薬がどれだけ私の人生を滅茶苦茶にしているかが初めて見えた出来事だった。私はいつも友だちに、「これぞという女性が現れたら喜んで麻薬をやめる」と話していた。ところが、これぞという女性が現れたというのに――自分が負っている傷がひどすぎるがために、大きなチャンスを棒に振ってしまったのだ。

私にとってアセンションで重要なのは正直に自分の抱えている問題を見つめること、それに直面するために勇気があり、強くあることだと思っている。女性を巡ってのこの大失態で、私は大学に入ってから「人生ではやっただけのことが返ってくる」という格言を理解するに至った。いちかばちか賭《か》けてみる勇気がなければ、もしかしたら違う人生が展開していたかもしれないのにそれを知ることすらできない。癒すのは非常に困難で苦しいプロセスかもしれない。過去に戻ってそもそも初めに負った傷を特定しなければならないのだから。そしてそれが現在も繰り返し起こっていることを確認しなければいけない。改善したければ、人生で起きた一番大変だった問題のすべてに直面するしかない。私の大学時代のもう一つの重要な格言は、「スピリチュアルな成長は最大の難関だ――そして最大の報いも返ってくる」だ。

The Box Bug-out／偉大なカスピリチュアル・フレンドに守られて

ある日の放課後、私はほとんど知らない人たちのグループに交じってとてもハイになっていた。うち二人は路上にいた筋金入りのバーンアウト連中、あとの二人はそのガールフレンドだった。二つのボウルをそれぞれ反対方向に回していたので、たまに一度に二つのパイプが手元に来ることがあり、その時は二ついっぺんに吸った。家に帰る途中にＬＳＤのフラッシュバックが始まった。私は結局路上に戻り、道の両側に並ぶ家々を眺めていた。家の前にはゴミ箱がずらりと並んでいた。ここに住んでいる人たちのことを、ほとんど自分は知らないことに気がついた。この人たちはずっと私の周囲にいるけれど、一人一人が完全に孤立したまま日々を暮らしている。

皆、箱の中で生きていた。箱に入り、別の箱の中に入って運転し、別の箱の中で仕事をしていた。立方体の中でだ。そしてまた箱の中に入って運転し、元の箱に戻り、また別の箱の電源をつけると踊りや色とりどりの色がつき、これが「娯楽」と呼ばれるものを提供していた。箱からものを食べ、ゴミも別の箱に捨て、そして箱の中で眠っていた。そして死んだら永遠に箱の中で眠る。すべての箱がずらりと並んでいた――家も、ゴミ箱も。そして見る目を持った者の真実を裏切っていた。秘密は公然とそこに開かれていた。私は重力の理論以来の最大の発見をしたような気がした。

家の中に入り、キッチンのテーブルに座って時計を見た時もなお、この認識の大きさに打たれていた。ちょうどその時、涼しげな青いデジタルの数字が3：33を示した。この瞬間に私の意識は根本的に変わった。耳の奥に信じられないほどの亜音速の周波数のような圧力がかかった。現実が突然すくい取られてもっと大幅にエネルギッシュな何かに変化したようだった。私はキッチンテーブルにいた自分の身体の上を飛んでいくのがわかり、両方の位置に一度に存在しているという確かな感覚があった。この素晴らしい体験をしている間、3：33という数字の光が私の顔に向かって差し込んでいた。いま自分に起こっていることが何であれ、この数字自体がこれを生じさせる重要な役割を果たしている気がした。その頃は理解できなかった――だがこれが私の初めての大きな「数字のシンクロ」体験だということが後で証明された。数字のシンクロとは、とても奇妙な予想もつかない状況になった時に目にする、同じ数字の羅列だ。後にはこれが一日に5回以上起きるようになり、それが目覚めの重要部分となった。シンクロニシティはメッセージであり、私は一人ではない——そして私には一生を通じて私を導き、助けてくれるスピリチュアル・フレンドがいると伝えていた。
その頃の私はアクセルをめいっぱい踏み込み、エンジンを最大回転数以上に回してどこへとも至らぬ道を突っ走っていた——だが私のスピリチュアル・フレンドは私を守ってくれていた。私がどれだけ壊れ、腐り、すべての望みを失っていようとも、偉大な力が私を見守り、守ってくれていたのだ。だがそれが自明のものとなる前に、私は自分の地獄から抜け出さねばならなかった。自分をもっと労ろうとついに決心できるようになるまでに、まだまだずっと下まで沈んでゆく必要があった。

第10章

カバールが望む光景は征服されるがまま／学習性無力感にひたりきった大衆

自分の役割を果たせ

忌《い》まわしい真実だが、私たちの習慣を維持するためにドンは私よりかなりの多額を支払っていた。私は毎週10ドルしか払えなかった。5ドルのお小遣いと、お昼代を毎日1ドルずつ節約して5ドル出していた。ドンはマクドナルドで毎週何時間も働き支配人になっていた。宿題をする時間はほとんどなく、成績がかなり落ちていた。ある夜、彼は勤務中にハイになっていてパンを踏んで足を滑らせ、転ける時に肘から先をグリルに押し付けてしまった。腕にひどい火傷《やけど》を負い、巨大な火膨れができて包帯でグルグル巻きになった――これで3週間は働けなくなった。その後、彼はその仕事を辞めてテレマーケティングの仕事に変わった。その会社は6カ月から1年ごとに社名を変えて高齢者から寄付金を募っていた。重度の身体障害を持った、施設に入っている子供たちに手品ショーを見せるための寄付と言って説得していたのだ。一度寄付をすると、何度も電話をしてくる。寄付者のリストから名前を除外してくれ、と頼んでも決して電話は止まなかった。ドンは毎日、学校が終わるとこの仕事をした。ひどい仕事だった。彼が電話で話す相手は誰もが憎悪に満ちていて、一方的に電話を切るのだから。私はドンに言われた、自分の役割を果たせ。皆で吸うものを俺に依存して払わせないでほしいと。彼の言う通りだった——そこで私も彼と同じオールスター・プロダクションズで働き始めた。

要求を満たせ／カフェイン・大麻ダイエット

毎日学校が終わると、私たちはドンの家の地下室でマリファナを吸った。そして巨大ポットにコーヒー8杯分作って二つの大きなパイレックス計量カップに分け、それを飲み干してから彼の家の近くのバス停に向かった。この頃ドンは私と同じように痩《や》せていて、二人でこれを「カフェイン・大麻ダイエット」と呼んでいた。スケネクタディ方面行きの52番バスに乗り、そこで乗り換えチケットを使ってステート通りに向かう5番バスに乗り換えた。自分たちが降りるバス停が近づいたら黄色い紐を引っ張って降りることを知らせた。だが早く着いてもビルの前で待つことは禁じられていた。それで隣にあった墓地の中を通り抜けてゆき、またさらにマリファナを吸った。お墓の一つが朽ちていてかなり怖かった。その中を歩き回るのはとても不気味だったが、それが最善の選択肢だった。

仕事場を運営していた女性をここではディーディーと呼ぶ。彼女は太りすぎの巨体だった。髪はグレーのベリーショートで、巨大な二重顎にかなり上を向いた穴が丸見えの鼻、温かみのない突き刺すような青い目は常に老眼鏡の上から何もかもを監視していた。彼女の夫フランクは禿げ頭でお腹が出ていたが、彼女の支配力に完全に潰されてひどい猫背だった。ディーディーは苛酷な支配で私たちを統制していた。毎週、支払いは現金で金額が書かれたちっぽけな茶封筒に入れて渡された。私は小さなトランプ用テーブルで仕事をしていて、後ろにはディーディーの娘がいた。毎晩フランクが大声で「5時だ、笑ってダイヤルして！」と声がけをし、私たちのシフトが始まるのだった。

大半の人は私たちに怒鳴るか電話を切ってしまったが、中には親切な高齢者もいて定額収入しかないからごめんね、と謝られることもあった。私はとにかくロボットのようにすべてを実行し、自分が言っている内容のことは考えないようにし、余力で自分を解放して好きなことを考えていた。私はたいてい、一晩で2~3の成果を上げた。25ドル、もしくは10ドルだ。ディーディーの娘は電話に出ている時は終始親切で、他の私たちよりはるかに良い売上げを上げていた。火曜日と木曜日は武術クラスが終わってから父親にそこまで送ってもらっていたのでシフトの初めの90分は出られなかった――それに金曜日は週末にかけて父親に会いに行くので休みをもらっていた。私の平均の給料は週に68ドルだった。

そこで仕事の時は休憩なしで午後9時まで働いた。バスに乗って歩いて帰ると帰宅するのは9時45分頃だったので、落ちこぼれないためにも宿題はすべて自習室でやった。

この上なく気分が落ち込む恐ろしい仕事だったが、本当に関心を持てた時は身体障害者の子供を助けているのだ、彼らがましな生活をできるのだと心から幸せな気分になった――それがたった一日だけだったとしてもだ。私は結局、大学を卒業後1年経つまで身体障害者の大人や子供を助ける仕事に就いていた。この時期の私の最大の関心事はどの学校に入学申込をしようか、ということだった。こんな仕事から抜けられないまま一生を過ごしたくなかったからだ。両親から信じ難いほど恐ろしいプレッシャーがあって学校に行かないという選択肢は絶対に考えられなかった。私は父親の雑誌の山にあった「ローリングストーンズ」誌の中にアメリカの「パーティのような学校」トップ10のリストを見つけた。その一つがわずか家から90分の距離にあった――ＳＵＮＹ、ニューヨーク州立大学ニューパルツ校だ。私は入学を申し込み、入学した。ＳＡＴの点数が良かったし、私がどのように教育を活用してプロのライター兼心理学者になりたいかをクリエイティブかつ洞察力豊かな論文を書いたからだ。

何より良かったのは、ニューパルツがウッドストックに一番近い学校だったことだ――ジェファーソン・エアプレインのグレース・スリックは裏にあった広大な運動競技用の草地に「トリッピング・フィールド」と命名していた。ウッドストックの巡礼聖地だった場所にある学校に通うのだから、入学が受け入れられた時は完璧だと思った。私はどんちゃん騒ぎがしたかったし、ローリングストーンズ誌にはどんちゃん騒ぎならここだ、と書いてあった。まさか国内で一番のアルコール依存症者の大学の、一番のアルコール依存症者の寮の中の、一番のアルコール依存症者の部屋に収まることになるとは思いもしなかった。これもまたローリングストーンズ誌曰く、だが。私は大学4年になって初めて大学の職員から聞いて自分のいた部屋の評判がひどく悪かったことを知った。私は他のもっと高名な大学を考えていたが、私の手が届いたのはニューパルツだけだった――私の行く所は決まっていたということだ。

コニー（コニファー・パーク）／洗脳の施設を逃れて

高校3年生の時に私はジムというブルース・ギタリストと新たなバンドを組んでいた。ジムは金髪のクルー・カットで運動選手のようにたくましかったが間違いなくアングラだった。家で数回ジャムをしたらとても良かったのだ――かのレッド・ツェッペリンのアコースティックなブルースのようだった。間もなく、ジムは以前パンク・ロッカーだったことがわかった。スタッドの黒いレザーにチェーン、ドクターマーチンの12穴のコンバットブーツを身につけ、髪は頭の両脇を剃った巨大なグリーンのモヒカンで両耳にはいくつものイヤリングをつけていたらしい。彼は墓地で恐ろしいＬＳＤ体験をしたことがあり、彼の友人がお墓の上に寝そべるとゾッとするような悪魔の姿が現れてその友だちの顔や身体に取り憑いた。その悪魔は次にジムにいやらしい目を向け、彼を攻撃しようとした。これが彼にとってのひどいトラウマとなり、彼の人生は破滅していった——最終的に彼はコニファー・パークという所へ送られた。グレンビルからかなり離れたところにある、松の木に囲まれたレンガ造りの目を引く施設だ。

ドラッグ仲間の間ではこの場所は「コニー」と呼ばれ、恐ろしい地獄の地下牢とされていた。両親が何千ドルという大金を払って子供を休学させ、この施設にまるまる1カ月拘束・洗脳する場所だった。もし何かで捕まったら裁判官によってコニーに強制的に入らされる場合もあり、そうなると両親に費用支払いの義務が発生した。その費用は私の母親の6カ月分の収入よりさらに2000ドルくらい高かった。何よりひどいのは、コニーに行った者の中には洗脳されて、もうハイになりたいという気持ちがなくなる場合もあり、ジムもその一人だった。彼は私に話しかけ、よく微笑《ほほえ》みながらマリファナをやめたらもっと幸せになるぞと言ってきた。コニーはどんなカルトだか知らないが、こいつは完全にマインドコントロールされている、と思った。私は彼にジミークライストというあだ名をつけたが、それが私たちのバンドの非公式名となった。ジムはそれは素晴らしいミュージシャンだったので、彼に会うたびに私は彼の声明に耳を傾けたいと思った——だが彼は私にやめる気がないと悟ると、ジミークライストはあっという間に勢いを失った。それでも学校で一緒にランチは食べていたものの、バンドは終わった。

ドンと私は一度きりの取引でピンクの四角いラップに包まれた粘り気のある黒いアヘンを手に入れた。効き目はそれほど強くなく、お香のような匂いがした。ある日の午後、ポール（仮名）というボディビルダーの家の地下室でこれを吸っているとポールが見たという悪夢について語ってくれた。パイプを吸っていると突然それが死神の鎌に変わり、彼の筋肉を薄切りにし始めた。夢には強力な意味があることを私は知っていた。マリファナが彼の筋肉量を実際に減退させていたのだろう。突然、キリスト教原理主義のポールの母親が入ってきて煙の匂いを嗅ぎ、私たちのしていたことがばれてしまった。彼女はドンを睨《にら》みつけ、手に隠し持っているのは何、と尋ねてきた。彼は「ボウルだよ」と言ってクスクス笑いながら見せた。彼女は叫び出し、私たちに家から出ていきなさいと命じてポールをコニーへ送り込んだ。それが最後だ。コニーから出てきた後、ポールはすっかりマリファナをやめた。明らかに洗脳されていて、私たちはかわいそうに思った。彼の母親が私たちまでコニーに送り込まなかったので、私たちは心から安心した。幸運だったのだ。

それから間もなく、ベイナーの友だちの家で私たちはベイナーと彼の従兄弟と一緒にマリファナを吸った。その従兄弟の母親が私たちの居所をつきとめたらしく、私たちが吸っている最中にその家の一階にやってきた。彼女は息子の目が赤くて煙の匂いもしていたのを見て、気づいてしまった。彼女はベイナーの目の前で大声で叫び、息子に車に乗りなさいと命じ、彼をコニーに連行した。またもや私たちはあやうくも死地を脱したのだ。もし彼女が2階に上がろうという気になっていれば私たちを見つけて警察に連絡し、おしまいだっただろう。私たちは全員、刑事罰に問われ、裁判官によって「自発的に」コニーに入れられるか少年鑑別所に入れられたのだろう。そうなるとおそらく、もっと最悪な事態になっていたはずだ。犯罪歴にも繋《つな》がっただろう。

ドンはテレマーケティングでフルタイムに働きながら学校ですべての授業に出るというのに限界がやってきた。彼は授業を一切諦め、私のように明るい色のタイダイのヒッピーの服を着て通学し始めた。ドンは私よりも突き抜けてしまい、皆から注目を浴びるような明るい白・ブルー・ピンクの渦巻き模様のタイダイのパンツもはいていた。ドンは学校生徒にとってかなりの見世物になっていた。デイリークィーンに行ったり、外でコーヒーカップを握って煙草を吸っていたり、隣のガソリンスタンドで煙草を買っていたり――毎日外でうろついている姿が目撃されていた。

私は自習室の中にある3年生用ラウンジに通い始めた。昔、母親のものだった1970年代初期のライダー・タロットのカードを学校に持っていっていた。母親は以前、誰かが自分の友人についてカードで占うと死のカードが出て、その後その友人が本当に交通事故で亡くなったことがあり、それ以来カードを使うのをやめていた。私は正確な予言は悪いことだとは思っていなかった――実際のところ、それが私の求めていたものだった。私は母親が持っていたタロットカードの読み方の本を2冊、どちらも隅々まで読み、すべてのカードの意味を覚え、得意になった。私は毎日人にタロットカードのリーディングをし、とても優れた結果を出したので、私は奇人として相当の評判となった。人は私に問題について尋ねながら本当の問題点を隠そうとすることがよくあったが、彼らがひいたカードを私が読み解き始めると皆目を丸々と大きく見開いて驚いていた。恋愛関係の問題や学校の勉強についての悩み、友だちや家族との喧嘩、大学の夢、それに誰かに知れたらただでは済まないような大きな秘密すら言い当てた。手相を読むとさらに具体的な裏付けがとれた。中にはびびって立ち上がり、「こんなの無理、できないよ！」と言いながら立ち去ってゆく生徒もいた。

Crazy Harry：7次元への冒険

この頃に私は自作のフィクションを書いていた。よく学校で書いたものだ。コンピューターは使わずにリング綴《と》じのノートに手書きしていたので、普通に勉強しているようにしか見えなかった。手書きだとゆっくり進められるので、言葉遣いはかなり気をつけて選んで書いた。ストーリーは自分のＬＳＤや他の麻薬を使った時に見たビジョンやカスタネダの本、それに「アルタード・ステーツ」「プリンス・オブ・ダークネス」といった映画をベースにしていた。

主人公はハリーという人類学者で、ＵＦＯが墜落したとされるある場所に調査に行くのだが、そのクレーターで脳の形をしたサボテンが生えているのを発見する。その正体は特定できなかったが、先住民インディアンのシャーマンからそれはとても稀有で神聖なものだと告げられ、彼はそれを食べることになる。サボテンを食べるとハリーは壮大なＬＳＤのようなトリップに入り、決して終わりがこない。それでも彼はなんとか仕事に行き、普通に生活を続けようとする。問題は、このドラッグのせいで自分の周囲で何が起きているか、その真のままを良い面も悪い面も見てしまうことだった。

ハリーには身の回りにぼやけた神聖幾何学が見え、至る所に存在する小さな悪魔のような生き物に悩まされた。大半の人にはそれが見えなかったが、サボテンが脳に与える影響によってハリーには四六時中それが見えていた。彼は自制心を失ってゆき、それを見るたびに叫び声をあげたり物を悪魔に投げつけたりした。悪魔は彼を怖がらせ、狂気に至らしめるためにあらゆることを仕掛けてきた。その生き物がハリーの家の中に侵入するには、鏡を通ってくるしかなかった。そこでハリーは家中の鏡に厚紙を貼って守ろうとする。良い面として、彼は家にあった鉢植えの一つと友だちになった。その植物はハリーに優しく励ましの言葉をかけた。だが一番の仲間はジョンという彼の「家に憑いていた幽霊」だった。彼はハリーの守護天使として送られてきた存在のようなもので、ハリーを見守った。その幽霊はハリーには新たに芽生えた能力があり、良い目的のためならそれを使えるということを知っていた。だが、先にハリーがきちんと生活できるよう手助けをしなければならなかった。彼らはスピリット界の戦いに参戦していた――そしてハリーは前線で必要とされる存在なのだ。

ハリーが仕事に出掛けた後、ジョンは全身サイズの鏡の厚紙を外し、その鏡を別の現実へ行き来するポータルとして使用した。ジョンはここにいるほうが居心地が良く、日々のニュースはここで得ることができた。ジョンが鏡の覆いを外したために、とても大きな恐ろしい背丈2・4mの悪魔がハリーの家に侵入してきた――そして事態はすっかり悪化した。その悪魔は真っ黒で、爬虫類《はちゅうるい》人間の姿をしていた。その時、ジョンはこの悪魔と戦うために緊急で新しいエネルギーをスーパーチャージされる。一人の年老いた賢人が二つのクリスタルのオベリスクの間に座っていて、戦いに備えてジョンの大規模なエネルギー・アップグレードを許可した。オベリスクは黒曜石様の黒から明るい白に変わり、稲妻がジョンを打った――そしてアセンションに似た、壮大な意識変容がジョンに起こる。

ここまでストーリーが展開したところで、私は後の部分が見えなかった――そこで未完のままだった。私はブラッドにこのノートを数日貸したが、彼はそのクオリティの高さに驚いていた。彼はすごいからもっと書くべきだと言ってきた。私の書いていた内容にはもっと奥があることなど私は想像もしていなかった――ただ、子供の頃見ていた夢にはぴったり一致していた。

恐怖を利用した湾岸戦争／メディアは恐怖を利用した大規模な流れを作る

週末など機会があれば私はこの頃はまだテレビを見ていた。メディアは恐怖を利用した大規模な流れを作っていた。イラクの大統領サダム・フセインが小国クウェートを侵略しており、アメリカは彼が撤退しなければ攻撃すると脅していた。どのニュース番組を見ても、戦争は不可避だと報道していた――そしてこれが「ドミノ効果」となり、聖書にも出てくるアルマゲドンが中近東に生じることになるだろう、と伝えていた。すべての国がこの戦争に巻き込まれ、それが核戦争に繋がって地球上の生命の大半、もしくは全生命を破滅させると。テレビの語り手は皆、チャートやグラフを用いて事細かにこのシナリオを描写し、まるで私たちにこの動きを止める手だては一切ないかのようだった。さらにもっとひどいことに、ブッシュ政権は早くも1月15日にイラクを攻撃する予定になっていた。これが世界レベルの核爆発という大惨事に繋がるだろうとまで伝えられていたのに、だ。

このストレスに対する反動で私はさらに麻薬やアルコールを摂取していた。1991年1月15日になった瞬間、アメリカはイラクに対し「衝撃と畏怖」という大規模な爆撃作戦を開始した。この作戦名はヒトラーのblitzkrieg、つまり「電撃戦」とまるで同様の響きを持っていた。私は地元の軍事基地近く、ルート50のよく知られた交差点に立ち、地元のアムネスティ・インターナショナル・クラブの人たちと共に抗議運動に参加した。私たちはプラカードを持ち、「石油のために血を流すな」などと詠唱した。驚くほど多勢の人たちが賛成の意を示してクラクションを鳴らし、手を振っていた。私たちに嫌な顔を見せた人は一人もいなかった。政府はいつまでも恐怖と怒りを煽動《せんどう》して国民の安全と生存のためにこの戦争は必要不可欠だと皆に思い込ませようとしていたが、私たちは驚くほど数々の善意を受け取っていた。明らかに大衆は戦争を望んではいない、メディアが恐れを利用してこの政策を正当化させようとするストーリーを報道し続けても屈しはしないことが見てとれた。

ハデスの音／ゴールデンタイムに発信されるサブリミナルの洗脳メッセージ

戦争が始まって間もない頃、私はある夜、仕事もなかったので一人でソファに座っていた。すると突然、テレビを見ようという強い衝動が訪れた。ちょうど夜の8時だった。通常ならゴールデン・タイムだと気づくと嬉しくなってテレビでどんな番組をやっているか見るところだ。この時は少し違っていた。テレビやVCRは高音ノイズを発していることはもうわかっていた。LSD中はこの音が非常に煩《わずら》わしかった。その音程の周波数が突然、変わったのだ。これは大半の人には聞き取れないものだが、幻覚剤の影響で私には電気が壁を通過する時のブンブンいう音が聞こえていた。私は大半の人の脳が遮断する音にとても敏感だった。この音程が、正確に8時になった時に変化したのだ。以前3：33を見た時のように、信じられないほど宇宙的な感覚になったが、この時はきわめてネガティブな感覚だった。私はテレビをつけなかった。

これは一回では終わらなかった。これに気づいてからはきっかり午後8時になると何度も繰り返し同じことが起きている瞬間をとらえることができた。麻薬の影響下になくともだ。これには本当にびびった。サブリミナルのメッセージは違法のはずだった――それが起きていた。誰かがやっていたのだ。テレビを見始めた途端、湾岸戦争の恐怖に埋もれてしまうのだ。それ以来、一人でリビングルームでくつろぎたくなったら必ずテレビやVCRの線を完全に抜いていた。これが音をなくす唯一の方法だった。それまでもコマーシャルは邪悪なものと思っていたが、いっそう腹黒さが見えるようになった。

良い兆候はすべて見逃していた／マリファナを吸えば吸うほど目標から遠ざかるばかり

デビーという、とても魅力的な女の子と付き合い始めた。しばらくの間はとてもうまくいっていた——私がマリファナのスモーカーであると言い、彼女をパーティに誘うまでは。デビーはとても動揺し、手紙をくれた。手紙には私にマリファナをやめさせたいと書いてあった。とてもショックだった。彼女からの手紙はとってあり、今もファイルに入れてある。私がマリファナを吸えば吸うほど、私は目標から遠ざかるばかりで、これもその一つの兆しだった。

もうあと数日で高校生活が終わるという時期に、またショッキングな警鐘が鳴った。卒業記念アルバムが完成し、互いに手書きでお別れの挨拶を交換し合っていた頃だ。何年も前からとても魅力を感じていた茶色い髪のエキゾティックな容貌の女の子が、ページの右半分いっぱいを使って私に長い手紙を書いてくれた。私への褒め言葉を書き連ねてくれたのだが、最後に「大告白」があったのだ。「PS……あなたの目は本当に素敵ね」これは彼女のお世辞だったにしろ、私は6年も前から彼女を知っていながら今頃になってこのように言われたことに、打ちのめされてしまった。大半の普通の男からすれば明るく光るネオンのようなサインがあったに違いない。私はそんなサインもすべて無視してきたのだ。彼女はマリファナを決して吸わなかったが、それでも私の家でのパーティに来ていたかもしれない。

危機一髪の多発／どんどん自制心を失っていく

ある日、ドン、ボブ、ベンと一緒にヒッピーバンに乗っていた。スケネクタディのステート通りに向かう途中で、皆でマリファナを吸っていた。突然、2台のパトカーが同時にサイレンを鳴らした。2台とも私たちの後ろにいて、どこからともなく現れたようだった。身体中がパニックになり、心臓発作を起こすかと思った。ベンは車を道の脇に寄せ、もう駄目だとひしゃげていた。全員が、もう人生は終わった、と思った。車には十分な量のマリファナがあり、少なくとも軽犯罪で起訴は確実だった。もうじき私たちは受刑者としての人生を迎えるんだ、と思った。するとパトカーは赤々と燃えるようなライトや強烈なサイレンを放ちながら私たちをさっさと追い越していった。皆で急上昇したアドレナリンの息を吐き出した。捕まらなかったので喜んではいたが、「車を寄せろ」と言われたのが自分たちではなかったと気づくまでの間に何千回も死んだような気分だった。

学年末が近づくにつれ、すべては悪化の一途をたどっていた。学校に行きながら毎晩テレマーケティングの仕事をし、毎日の習慣でマリファナとカフェインを摂り続けていた私は完全に燃え尽きていた。金曜日は週末にかけて父親に会いに行くので仕事を休んでいたが、父親が迎えに来る時間の都合でマリファナを吸える時間が2時間ずれた。その日の午後は家が十分にきれいではないという理由で母親とひどい喧嘩をし、その後に父親から電話がかかってきて成績のことで怒鳴られた。私の内側は完全に死に絶え、麻痺していた。身体の大きいフットボール選手のボブが来て私の部屋に入ってきた――だが彼にあげられるものは何もなかった。私はただ壁を見つめ、目をどんより曇らせてマリファナを吸っていた。ボブの方を見もしなければ言葉もかけなかった。「お前、麻薬中毒だよ。助けを求めた方がいいよ」この言葉に私は口火を切った。誰よりも彼のことを責めた。私は自己防衛過剰になっていた――だが後になってこのことを思い返すと、彼の言ってることは正しかった。私はどんどん自制心を失っていた。

3年生のサイケデリック・ピクニック

卒業の前日は学校最後の日として3年生はピクニックに行った。私はこの監獄にさよならを言うつもりで黄色いマイクロドットを摂ることにした。これは重度の精神障害の入院患者に投与される薬で、食物に混入させたり楽に飲み込めるよう意図的に小さく作られていた。病院に勤めながらこの薬をこっそり持ち出し、「メスカリン」と呼んで売っている連中がいたのだ。ドット一つでかなり強烈に効く。皆について歩いていると、暗い悪魔のような存在が——まるで暗雲が生きているかのように——野外運動場を飛び回っていた。私には見えていることが向こうもはっきりわかっていたようで、私の気を散らせようとしながら注意を引こうとしてきた。ちょうどその時、フリスビーがフルスピードで私の胸に打ち当たった。それが私のあばら骨の中央にある胸骨に当たり、大きな音を立てて跳ね返り、7・5mほど飛んでいった。私はひどくハイになっていたのでただ歩き続け、フリスビーを投げた人の方を見もしなければ何も言いもしなかった。控えめに言っても、これは傍目からすればこの上なく不気味だった。

角に住んでいたマレット頭のドラッグ・ディーラーの子に、病院用の黄色いマイクロドットを飲んだんだ、と言った。彼は他の子たちのように自転車に乗っていたのだが、彼が自転車レースをしようぜと挑んできた。私には自転車がなかったのに、だ。私たちはそこにいたくはなかったので学校の運動場を後にし、彼らと一緒に鉄道線路のところまで走っていった。私は彼らについていくことになっていたがマイクロドットは運動疲労を消す作用があるらしく、頭の中は完全に変化していたけれど何とか走り抜けた。鉄道線路に到着すると、皆でマリファナを吸い始めた――すると7・5mほど離れたところにビーバーが姿を現し、とても好奇心たっぷりにこちらを見ていた。男たちはそれが本当に本物かをチェックするかのように数秒静止した――そして皆が石を持ってビーバーを殺そうとした。私は嫌だと言うと、お前も投げろとプレッシャーをかけてきた。私はほとんどをわざと外すように投げた。ありがたいことに彼らは二人ともハイすぎてビーバーに石を当てられるほどうまく身体を動かせなかった。ビーバーは素早く逃げていった。

その後、誰もいない学校に戻ってもう一度自転車レースをし、私は教室に戻った。まだロッカーを片付けておらず、片付けられるのはこの日が最後だったのだ。他の生徒は皆、まだ外でピクニックの最中だった。私はいつものように番号2168のロッカーのところへ行き、この4年間、命のように大事だった組み合せ番号：36－24－36をダイヤルした。

そして掛け金を外して扉を開け、小さな鏡に映った自分を見た。そこには信じられないものが映っていた。私の瞳孔は拡張してほとんど真っ黒になっていた。肌は真っ青だ。目の下に大きな隈《くま》ができていた。引きつっていて、じっとしていられなかった。何より最悪だったのは、汗びっしょりで髪はめちゃくちゃに乱れ、四方八方を向いた髪の先から雫《しずく》が垂れていた。覚せい剤依存症に等しい、深刻な麻薬依存症者の姿をしていた。

その時、さらに悪いことに分厚い眼鏡をかけた昔のAVの先生が現れた。ジョンは20代後半か30代前半で金髪の長髪だったが今は短髪にしていた。紛れもないオタクだった。彼が近づき、その実にひどい状態の私を見たのだ。彼は私に、自分を労りなさい、ここを出て早く家に帰ったほうがいい、と告げた。誰かにこの状態の私を見られたら直ちに逮捕される。彼はわかっていた。私はあとほんの少しで自由になるところだったのに、学校最後の日に人生が破滅するのは残念なことだった。このおかげで私はパニック発作を起こした。彼の言う通りだとわかっていたからだ。私はロッカーにあったものすべてを放棄し、中のもの――本や宿題の用紙、ペンその他文房具、衣類、鏡、何もかも――清掃職員に任せることにした。そして私は逃げた。この後20年間、私はこの時のことを夢に見続けることになった。授業で何時間もかけて自分で彫ったアクセサリーも2点あったのに放棄したからだ。あの時このトラウマが悪夢となって、その後何度も見ることになるとわかっていれば、どんな危険を冒してでも自分の作品は持ち出していただろう。

卒業／物理の法則は私たちの思考・信念をダイレクトに反映する

スケネクタディのプロクター劇場のステージ上で高校の卒業証書を受け取った時は、多勢の生徒たちの大声に包まれているというのにまったく虚《むな》しくて空虚な感じがした。私は学位を持って監獄を無事に出たが、私自身は完全にめちゃめちゃだった。最悪なことに私は個人的・学術的成長を遂げたとしてマーティン・J・マホーニー賞を受賞した。痩せて髪も切ったためだろう、それはほぼ間違いない――だが、以前より依存症をうまく隠せるようになった、というのが本当のところだった。

式の間に、クラスのある女の子がずっと私と付き合いたくていろんな素振りを見せていたことがわかった。私は後悔した。どれだけ私は大切なことに背を向けていたのだろう、これもまたその一例だった。その夜は友だちと朝まで過ごすことにし、車の後ろに缶をくくりつけて乗り回し、クラクションを鳴らしたりめちゃくちゃなことをしながら賑やかに走り回った。最後には卒業パーティで飲み、マリファナを吸い、トリップした。自分が何をしていたかまったく覚えていない。ただ、ワインクーラーを飲んだこと、他の奴らがガレージに停まっていた車のガスタンクにおしっこをするのを見ていたのだけは覚えている。ドンは卒業しなかった。後で一般教育修了検定を受けると言っていた——大した問題ではないが。

その夏、仲間全員で一緒にＬＳＤをやって別の卒業後パーティに行くことにした。ブラッド、ベイナー、ドン、私、全員すっかりハイだった。誰かがドンとベイナーに「トリップしている最中はいくら飲んでも酔わない」と言い、その流れで彼らはアンカーマンという非常に危険なゲームを始めた。クォーター硬貨をはじいてコップの中に入れるというゲームで、負けたチームはピッチャー満杯のビールを飲み、残ってしまったビールをそのチームの「アンカーマン」が飲み干すというものだった。

ベイナーもドンもアンカーマンをやってアルコール中毒死の間際までいっていた。ドンはバッド・トリップにはまり、パーティに来ていた連中にイスラムのgukariという殺人用ナイフを見たいか、と尋ねて皆を怖がらせていた。最後には家の外に追い出されてしまった。その後、吐いたのだがそれが身体中に垂れて彼のお気に入りのタイダイの服が悪臭漂うビールとピザの赤い嘔吐物でどろどろになっていた。ドンはパーティの初めに私をしつこく脅迫してきた。バッド・トリップの一番ひどい時だったようで、私は彼を見たくもなかった。

ベイナーはトイレに頭を乗せて寝ていた。綺麗な女の子が三人、彼を看護していた。彼はかれこれ、80人以上の女の子と寝ていた。それがわかったのは一度、ブラッドに長々と質問されて一人ずつ思い出して数えてみたことがあったからだ。私が横を通り過ぎると、彼は酔っぱらいながらも私に向かって指を立て、微笑み、だが何も言わなかった。彼は目をほとんど開けていられなかった。女の子たちが「ドンが外であなたに助けを求めてる、外に行ってみたほうがいい」と言ってきたので、結局彼に会いに行った。あんなにひどくなっているとは思ってもみなかった。ドンは酔いが回りすぎてほとんど身動きできない状態で、車椅子用の傾斜路でだらしなく寝そべっていた。片足は脇にだらんと垂れていた。gukariはなくなり、二度と見つけられなかった。彼の台無しになったジャケットと長袖シャツを脱がしてTシャツとズボンだけ着せたまま、服をバスタブで洗い流して彼を家の中にひきずり入れた。

ここでえらいことになった。ドンは重度のアルコール中毒になり、目が見えなくなったのだ。彼の視野は真っ黒になっていた。眼鏡をかけていようが、私の顔も見えなければ目の前がまったく見えなかった。私の声は聞こえていたようだ。心臓の鼓動は不整脈になっており、もう死ぬのだと怯《おび》えていた。私は豪快で強烈なバッド・トリップをしていたので、これが30時間くらい続いたような感覚だった。

彼は泣いてガールフレンドに電話してくれと頼んできた。この時、夜中の1時45分だった。そんなことをしたら二人とも刑務所かコニー行きになるぞ、と彼に伝えた。彼がすでにアルコールを吐いたのは知っていたので、私は彼に水分を補給させようとした。何が恐ろしかったかというと、誰もかれもが私たちをまたいで通り過ぎてゆくことだった。まるで私たちがそこにいないかのように、だ。何か要るか、とかドンは大丈夫か、と尋ねてくる者は一人もいなかった。延々といつまでも続くような時間感覚の中で、私は人がいかに他者を切り離して生きているかを内省していた。日が上る頃、ようやく私はドンの家まで歩いて送ったが、ありがたいことにこの日曜の朝は路上で誰にも会わなかった——会ったのは鳥やリスだけだった。ドンはほとんど歩けない状態だったし私も最後まで麻薬に酔っていたので彼の家に着くまでたっぷり1時間以上はかかった。私は寝る暇もなく、父親と野外コンサートに丸一日出掛けなければいけなかった。私の人生は無駄になっていくようだった。死ぬか逮捕されるかはもう時間の問題だった。

両親を喜ばせるために、私はロッテルダム・スクエア・モールの「Eat at Joe's」というホットドッグとアイスクリームを売る屋台で気の滅入る仕事に就いた。ある夜、暇だったので私は油分の多いコーヒーを立て続けに17杯飲んでハイになれるか、試してみた。ひどくイライラして神経が高ぶり、過呼吸になってゆき、約1時間半後には大変な潰れ方をした。間もなく疲れがどっと出て腕すら上がらなくなった。力不足になって1ガロン入りのチョコレート・ソース缶が持てなくなり、床中にぶちまけてしまった。

ちょうどその時、がっしりした大きな男が多勢の子供たちを連れてやってきて、別々に9種類のアイスクリームをコーンで注文してきた。私に写真式記憶が備わっているかのように彼は超高速でフレーバー、トッピング、ソースの注文を次々とまくしたてた。私はまったくわからなくなり、イラついた口調で「一つずつ言ってください」と伝えた。その夜、午後11時半にLSDを飲み、恐ろしい体験をした。自分の胸の中で心臓がバタバタと激しく打ち続け、天井はねじれるように動き、私は眠れなかった。翌日の午後にまた仕事に行かねばならなかったのだが、一睡もせず麻薬はまだ効いていた。私の支配人は究極のヘロイン・ジャンキーのような容貌だった。青白い肌、目の下には真っ黒な隈があり、歯は何本か抜けていた。彼は精神病的に激怒し、殺人的な悪魔のような顔で私を怒鳴りつけた。アイスクリームの男が、私の態度に苦情を言いに来たのだ。私は恐怖におののき、謝罪した。そして何事もなかったかのようにそこで働き続けた。

同年の夏、MTVはかなりの皮肉を込めた残念なコマーシャルを流していた――私にとっては、これが我慢の限界となった。真っ黒な画面にドラマティックな音楽、そこに一連の言葉が現れる。ひとかたまりの言葉が読みとれるくらいの間隔で映り、消える。すると次の言葉のかたまりが現れる。全体でこうだ……「これらは言葉です。言葉はおかしかったり、かっこよかったり、面白いことをしたり、いろんなことをします。でもそうじゃありません。言葉はただ、そこにあるだけ。あなたたちみたいにね」私はこれにとても腹が立った。私は一生懸命働き、ゆっくりできる貴重な時間がある時だけMTVを見ていた。テレビから得るものは何もなかった。だから私は見るのをやめた。大学に入ってもテレビは持たなかったが、どうでもよかった。今となっては、ヒストリー・チャンネルの「Ancient Aliens」(古代エイリアン)に出演し、良い勢力でいられて嬉しい。そうやって主流現実の虚偽や作り話を信じている人たちの目を覚ますような情報を伝えているのだから。テレビはコミュニケーション・ツールであり、私たちの集団意識を高めるような番組はもっと必要だ。多勢のインサイダーたちが暴露した最大の秘密の一つが、「物理の法則は私たちの思考・信念をダイレクトに反映する」というものだ。もし「私たちは空を飛べる」と信じる人が十分な人数に達したら、私たちは法則がそれに従うよう認可することになり、するとそれが大規模なスケールで起きてゆくのだ。

武術クラスには、私が大学に入る時点まで通い続けていた。私がやめたら、父親はマイケルと共にやめようと決めていた。私たちの最後のテストは、基本の構えのままスピリット状態に入り、太陽神経叢《たいようしんけいそう》に完璧な、焦点を定めたパンチを三つダイレクトに受けるというものだった。太陽神経叢に完璧なパンチを受けるだけでもかなりの打撃だが、打ち手の焦点がそこに加わると、受け手は訓練を重ねていなければ肺の中の空気が一気に押し出されてとても危険なのだ。その瞬間が来た時、私は鼻から鋭く大きく息を吸い、腹筋を腹壁に固定させ、構えを決め、それまでで最強の勢いでスピリット状態に入った。意識ががらりと変化した。時間がゆっくりと流れた。視野狭窄《きょうさく》が起き、身体中に電気がビリビリと走る感覚があった。パンチが打たれるたびに身体中に大きな衝撃が流れた――だが痛みは感じず、構えも崩れなかった。私は最後のテストに合格した。準備は整っていた。

誰も終戦に気づかなかった

1991年、ソ連が崩壊した時、私はニューパルツで夏の短期オリエンテーションを受けていた。戦車がクレムリンを前進していた時、私はハスブルック食堂で昼食を食べていた。これが、我々の知る核戦争の脅威の終末だった――少なくとも、危険性は大幅に低下した。メディアはあらゆる面でアメリカに匹敵するUSSRを史上最高の超悪党に仕立て上げていた――そのソ連がいま、崩壊していたのだ。新入生のほとんどがお酒を飲み、かなりの生徒がマリファナを吸っていた――誰も気にかけていない様子だった。事の次第を実際に見ていた人は少なく、私もその一人だった。他は皆、つまらなそうにし、気を滅入らせ、自分の人生に無関与だった。テーブルに飛び乗って、こう言ってやりたかった。

「いま何が起きているか、見えてるか？　これがどういうことか、わかるか？　20世紀最大の悪党が――核戦争の悪の根源が――目の前で崩壊しているんだぞ！　万歳しようじゃないか？」

こんな考えは急進的すぎだった。もし皆が何が起きているかもわからないなら、そして地球がもっと安全になることもわからないなら、彼らのために私にできることはあまりなかった。ここはどんちゃん騒ぎをする学校であり、ほとんどの学生が酒を飲み、麻薬をやっていた。後でインサイダーに聞いたところでは、この光景こそカバールが求めていたものだった。大衆を対象にして繰り返しトラウマを与えると、大半の人々はアルコールや薬、その他麻薬を使って痛みを麻痺させるのだ。ついには感覚がなくなってゆき、どんなにポジティブなニュースが突然現れても心が塞《ふさ》がっているので届かない。人々はこうなったらもう独裁国家を脅やかすこともなくただそこに寝ているようなもので、征服されるがままである。心理学者はこれを「学習性無力感」と呼んでいる。他に気づいたのだが、軍事企業複合体はこの崩壊を予見していたに違いない。ＵＳＳＲは少なくとも1年半は断片化が進んでいたのだから。私の両親からは、仕事を辞めるなら次の仕事を確保してからにしなさいといつも言われていた。エリートの次の仕事はイラクだった——だが「ドミノ効果」は起きなかった。イラクを支援するためにあらゆる国が軍隊を送り込んでいたが、中近東にアルマゲドンは起きなかった。私はサンドイッチをかじり、静かに噛みしめながら一人、スクリーンを眺めていた。

第11章

人間の能力を再考せよ／9・11や福島の原発事故を予言した

どん底まで落ちる／寮はDuBois（マリファナ・ホール）へ

1960年代のある時期に、ニューパルツの運営部は新入生がどの寮を選んで入るかを選択するためにそれぞれの寮の説明を公表した。私なりにそれぞれを解釈して説明しよう。「Deyo」は多文化の寮、「Bevier」は運動選手系が入る寮、「LeFevre」は男子学生の社交クラブと女子学生の社交クラブへの入口的な寮、「Crispell」はばかが勉強する寮、「DuBois」はパーティ大好き人間の寮だ。後で聞いたのだが、この原文の描写はあらゆるタイプの学生の種類分けにピッタリ当てはまっていたらしく、皆自然と自分がどの寮に入ればいいかわかったという。聞くまでもなく私は「DuBois」、別名「マリファナ・ホール」に入るつもりだった――そして初日、私はスィート212のB室に入った。

スリーメン解体作業者／さらなるトラウマに見舞われて

「DuBois」のスィート212は4室の部屋があり、中に大きな共有エリアがあった。どの部屋も二人部屋で、きちんとしたプライバシーなんてものはなかった。新入生の入るスィートのほとんどが3部屋しかなかったが、私たちの所はラッキーなことに建物の角で小川に面していた。そのため共有エリアが他よりずいぶん広く、パーティをするにはうってつけだった。私たちは何とかしてぼろぼろのソファと楕円形の大きなテーブルを手に入れた。窓際にゆったりと15人ほどが座っても、バスルーム側にはまだ広いスペースが残っていた。ぎゅうぎゅうに人を詰めたら、おそらく酔っぱらいの生徒が100人は入っただろう――この推定は後に、科学的にも証明された。私たちは不利な立場に立たされていた。ニューパルツの新入生クラスは2000人サイズだったが、卒業生クラスは200人サイズしかなかった。数字は嘘をつかなかった。10人のうち9人は卒業できなかったのだ。私は両親の激怒を恐れるあまり、あえて命を落とすようなことはしなかった。

私の新しいスィート仲間はほぼ全員がニューヨーク・シティ出身だった。ニューヨーク・シティは私のいた州北部よりはるかに危険な地域で、彼らからすれば私は田舎者も同然だった。彼らはすぐに私の弱点を嗅ぎ付け、それを多いに利用してきた。全員が脱獄してきたばかりで、祝いの時を迎えていた。スィート仲間のうち二人以外は月曜日とたまに火曜日以外は毎晩、角の店に行って1・2リットルのビールを何瓶か買ってくるようになった。これには驚いた。私のいた学校ではこんなひどいものは誰も飲まなかったからだ。瓶が大きいのにあまりに安いので、ホームレスの人たちが酔っぱらうために飲むものだとばかり思っていた。この酒はだいたい強い酒を混入したビールで、つまりは普通のビールよりアルコール分が2倍だということを知った。彼らはこれを「40」と呼び、一瓶で約ビール12缶分飲むのに相当するらしかった。アルコールに強い奴らは一晩に二瓶買い、両方ともほぼ空けていた。通常はみな「Old English」別名「OE」を買っていたが、「St. Ides」という別のブランドを買う者もいた。

泡だらけのビールはまったくひどい味で、何か気分を乗せるものがないと飲めなかった。それで実に騒々しい「Three Men（スリーメン）」というゲームをほぼ毎晩やっていた。一人ずつ順番にサイコロを二つ振るのだが、とても複雑なルールがあった。初めに3を出した者が「Three Men」になり、ゲームが開始した。「3」を出したり「1と2」が出たりすると、その「Three Men」は酒を飲まなければならない。「7」が出ると、出した人の左にいる人が酒を飲まなければならない。「9」を出すと全員で「Social」と叫び、全員で飲まなければならない。「11」を出すと、出した人の右にいる人が飲まなければならない。誰かが「4と1」を出すと、全員が急いで自分の鼻に手をやらねばならず、一番遅かった者が飲まなければならない。指を指したり、「飲む」という言葉を発したり、テーブルからサイコロを落とすことは禁じられていた。代わりに肘を使って誰かを指し、「摂取しろ」と言うことになっていた。もしルールを破ったら、非常に恐ろしい「shitty（くそ）」になる。そして自らを貶《おとし》め汚れるまで酔っぱらわなければならない。サイコロが振られるたび、何もよいことはなく、この不幸な「くそ」はただ飲まなければならない。ぞろ目を出した者は、誰かにこの役目を呪いのように任命する権利を得る。

リビングルームで身体の大きい大学生たちがスリーメンをやっている、そんな状況でどうすれば宿題ができるだろう？　無理だ。私は修業せねばいけないとは思っていた。もし合格しなければ、家で恐ろしい報復攻撃が待っていたからだ。そのため、2日目か3日目の夜には大変な状況に置かれていることに気づいた。彼らは私にスリーメンをやらせようと、ひどいいじめと仲間うちのプレッシャーを仕掛けてきた。実際に何度かは同意してゲームに参加したものの、彼らの狙いはとにかく私に「くそ」をさせることだった。それで私は一度ならずゲーム途中で立ち上がり、出ていった。これが彼らにとっては神に背くに等しい行為らしく、激高した。

床はあっという間に腐ったビール浸しになり、一歩一歩床から足を引きはがさなければ歩けなくなった。そうやって歩くと剝《は》がれるような音がした。「マング・タオル」という非常に汚らわしいぼろ切れがあって、彼らはそれでこぼれたビールを拭き取っていた。このマングは一度も洗わないままソファの下に放置されていたが、そこから腐った匂いを放っていた。私はあまりの不潔さに耐えられなくなり、床を拭き、毎朝部屋に捨てられていた食べ物のゴミや煙草の吸い殻、空になったビール瓶を片付けた。アルコール依存者のスィート仲間にとっては素晴らしい奇跡だった。部屋で一番の嫌われ者が、彼らの奴隷と化したのだから——しかも本人の自由意思で、だ。もう彼らは二度と自分たちが出したゴミを自分で片付けることはなかった。私がストライキをして掃除を拒否すると、彼らは再びゴミの中で来る夜ごとにスリーメンをやり、ゴミの量は2倍に増えた。ゲーム後に自分たちで掃除させるのは、どうやっても絶対に不可能だった。喧嘩になることはなかったので、武術クラスでの訓練も私を守ってはくれなかった。

この時ほど頻繁かつ強烈にいじめられたことはなかった。スィートを掃除する自分自身が毎回嫌だった。そうやってただ毎晩同じことが繰り返されるのだった。このトラウマの反動で私はもっと頻繁にマリファナを吸うようになった。スリーメンの奴らは私をドラッグ依存者と呼び、私は笑った。ラッキーなことに私は勤労学生となる許可を得ていた。つまり、キャンパスで週に最大20時間は働いてもよいことになっていた。初めてきた仕事は人文科学科の建物内にあった狭苦しい事務室からの依頼で、そこは古紙の匂いがして嬉しくなった。そこにいた女性は白髪まじりの黒髪ショートヘアで色の濃い、ストラップ付きの司書用眼鏡をかけていて、笑顔が温かかった。「どんな仕事がしたいの？」と尋ねられた。「一番お金をもらえる仕事を」と答えた。返ってきたのは「倉庫2荷受け課」で、学用品をキャンパス中のすべての学部宛に配達する仕事だった。他のどの仕事よりも断然に重労働で、筋肉もつくだろう。「それにします」と答えた。

サイケな配達員／倉庫2荷受け課で……

私の授業スケジュールだと週に5日、午後1時から5時まで働くことができた。倉庫は巨大で、何列もの棚に学用品が収納されていた。前部にパレットが2台配置されていて、その日の注文品はすべてそこに置かれていた。私の仕事はパレットジャッキを使って注文品を荷積みドックに移動させ、トラックに積み込むことだった。上司は大酒飲みの、引退を間近に控えた太った男性で髪はいまだに軍隊式の角刈りにしていた。配達係のビリーは身体障害があり知的に遅れがあった。上司とビリーは高校時代からの飲み友だちだった。ビリーの目は寄りすぎていて、１９５０年代式の黒縁の分厚い眼鏡のせいで目が異常に大きく見えた。ビリーの髪は軍隊式のショートカットでいつも同じ野球帽をかぶり、ドイツ人的な巨大な顎《あご》ととても目立つ南部訛《なま》りがあった——これはニューヨークではかなり珍しいことだった。彼はまだ母親と同居していて、いつもその母親やビリー自身が見たばかな人たちが出てくるテレビについて話していた。

ビリーはやがて私の父親的な存在となり、彼とは素晴らしいチームワークができた。結局のところ大学にいた4年間はずっと彼と仕事をしたのだった。彼の極度の訛り、スローな口調、少しずれたユーモアセンスが、一緒にいてとてもおかしく、非現実的で、サイケだった——その最初の1年間は、必ずマリファナを吸ってから仕事に行っていた。私はバンの運転を禁止されていた——これはビリーの担当だった——そして私も運転したくはなかった。いつもカントリー・ミュージックがかかっていたのだが、それすら味わって聴けるようになった。とはいえビリーが小さな荷物を一人で配達しに降りた時は切っていたが。初めの1年の間に一番よくかかっていたのはガース・ブルックスの「ロデオ」だった。毎日、多い時は20もの建物に行かねばならなかった。ビリーは面白いネタをニュースや大学内の噂《うわさ》などから仕入れてきて、車を停めるたびに繰り返していた。私はそれに乗って冗談を絶妙に仕立てあげ、私がそれをもう10回も聞いたことは誰にも知られなかった。ビリーは音楽部のある女性ともう少しで付き合うような雰囲気だった。いつも緊迫した会話になり、そこに配達に行った後は諦めきれないような悲しさが漂った——それでも彼はもう一度のチャンスを求めてできる限りの冗談を伝えに行くのだった。

この荷受けの仕事を通してキャンパスで働く多勢のスタッフと知り合った。メンテナンス作業員、配送トラックの運転手など、いろいろな人たちがいた。心底驚いたのは、彼らは大人なのにまるで子供のようだったことだ――皆あらゆるドラッグやアルコールをやりながら、大人の仕事をしているだけだった。私は人は高校を卒業したら「成長する」ものだと思っていたが、この作業員やトラック運転手よりも私の方がすでに大人になっていることに気づいた。キャンパス内で働いていた人たちは明らかに未熟だった。そんな彼らさえ非常に不安定で不安を抱え、無知で偏見持ちだった。これが私にとっては大きな驚きだった。

私のESPは9・11や福島原発事故の予言

私は、だいたいの建物には1階の建物脇に大きな電力変圧器が付いていることに気づいた。そこには脅かすような黄色いステッカーが貼ってあり、「警告：PCBあり」と書いてあり、それがきわめて危険な環境有害物質であることが説明してあった。もし変圧器が焼けたら、消防署はそこに放水してはいけないことになっていた。濡れると漏電火事はさらにひどく燃え上がるのだ。さらに、この変圧器が焼けてしまった場合、環境災害を回避するために特別措置が必要だった。ＰＣＢが焼けると致命的なダイオキシンという化学薬品に変わり、10億分の1粒子でも人が吸うと人体を死に至らしめるのだ。そのステッカーは小さく、大半の人は簡単に見過ごしていた――私はこのステッカーを見るたびに、信じ難いほど不吉なＥＳＰが反応した。

私はビリーに、消防署にこのことを警告したほうがいいよ、と伝えた。変圧器はもう20年以上そこにあり、忘れ去られていた可能性があっただろう。「彼らはわかってるはずだよ」と彼は言った。「心配しないでいい」そう言われても安心はできなかった――だが消防署に電話をするでも直接会ってその話をするでもなく、自分としての責任を果たしたわけでもなかった。私が見た差し迫るようなビジョンが学期が終わった直後に現実になった時は、恐怖に震えた。これについてはもう少し後で伝えよう。この悲劇が警鐘となり、私はもっと自分のＥＳＰを真剣にとらえ、人助けのためにＥＳＰを使おうと決意した。何年か後には勇気をふるって自分のウェブサイトで9・11や福島の原発事故が起きることを正確な描写で予言した。こういった出来事はそれでも起きたが、サイトに載せられた明確に文書化された予言は、人間にはこのような能力があることを実証した。ということは、現実に対して私たちが抱いている数々の思い込みについて考え直す必要があるということでもある。ほとんどの人は熱心な宗教的信念のように受け止めているけれど。

ハスブルックのナンセンス

私のスィートでの状況に心はひどく蝕《むしば》まれ、私はそのストレスに耐えるために一日に5～6回はマリファナを吸うようになった。まず12時30分から45分の間に1回、仕事に急いで出掛ける前のわずかな時間に吸った。5時15分、仕事直後に2回目、そして6時15分、日に一度の食事をハスブルック食堂に食べに行く前に3回目を吸った。そして7時半から8時までの間に一番強いマリファナを吸った。皆が「ハスブルックのナンセンス」と呼んでいたものに耐えるためだ。大酒飲みのスィート仲間のうち二人がマリファナのスモーカーで、「深夜のライトアップ（一服）」を10時以降のある時点でやれ、そうすれば騒音が続いていても眠れる」と勧めてきた。また「目覚めの一本」もやってみろと言われ、起きてすぐに吸った――だがこれは続かなかった。つまるところ、私は依存症ではなかったのだ。

ある夜、ハスブルック食堂にいた時、私はあまりにハイになっていたためグラスを持っていた手の力が抜けてしまった。落としたグラスをつかもうとしたが粉々に砕け、小指に深い切り傷ができた。私はナプキンを当て、縫わないでいた。この傷は私が30代後半になってフィンガースタイルのギターの演奏を始めるまできちんと治ることはなかった。ほかに、ヘアカット代までマリファナ代のために浮かしたくてハイになっている最中に自分で髪を切ろうとした。前髪と横の部分は見栄えよくできたが、その後やみくもに後ろも続けて行き当たりばったりに髪をつかんではハサミで切っていった。最終的に、後頭部はいくつか禿げができてしまった。隣のスィートにいていつもスリーメンに参加していたある女の子が私の髪を切ってくれた——結局は横と後ろは剃り、頭頂部の髪だけが残った。このせいでいじめはさらにひどくなり、彼女も同じ髪型だったので二人はチームのようだった。これはザ・キュアーのロバート・スミスがやって有名になったヘアスタイルだった。皆、すぐに私を「ビーカー」と呼び始めた。「マペット・ショー」の偏執狂の赤毛のキャラクターのことだ。

初めの授業は「現代世界」の様相だったが、1~2週間後には「ゴースト・タウン」に変わっていた。誰が卒業できない90%かはもうわかっていた。彼らは授業にも来なくなるからだ。だがそのうちに私も結局は部屋で寝て過ごすほうを選ぶようになった。毎晩、ハイになるほうがあまりにも忙しかったからだ。勉強する限りテストは通る。出席は必須ではなかった。目覚ましが鳴り、私は目覚め、目覚ましを切り、疲れすぎなので次の授業に合わせて目覚ましをセットし直すのだった。

「内乱」：ただのSF物語ではなかった

受けていた講義の中に「短編小説の技法」というのがあり、お気に入りの科目だった。課題が出ると、どれほどわずかな時間で仕上げたものでも必ずAをもらった。ついには「内乱」というSFストーリーを書いたのだが、文の構造的な小さな間違いや冒頭部で内容を露呈させすぎたという部分を除き教授からべた褒めの書評をもらった。私はその頃読んでいた本の影響を受けていた。たとえばカルロス・カスタネダのシリーズは魂はたまご形のエネルギー体であらゆる螺旋《らせん》構造で構成されており、それぞれが個性のあらゆる面に相当していると提議していた。実際に言葉で表現できた内容よりはるかに大きなビジョンでストーリーを描いていたが、当時はそれでも本質部分はかなりうまくとらえて書けたと思う。ここで私の頭の中にあった詳細部分を挙げるつもりだが、初めて書いた時はとても書ききれなかった。

このストーリーは手の込んだSFで映画のような物語としか思えなかったが、何年か後に読んだ『一なるものの法則』シリーズと多くの相関関係があることを発見して驚嘆した。一なる法則とはET知性と呼ばれるものとドン・エルキンズという物理学者との間で行われた106に及ぶ質問と答えのセッションを直感的にまとめたシリーズである。私はライフワークの大半を『一なるものの法則』シリーズで提示された化学モデルを実証するために捧げてきた——そこで提示された現実のとらえ方は、大半の人が当然のように信じている視点よりもはるかに興味深いものだ。

私の物語は、砂漠に住むある老人が家の前のポーチで眠りに落ちるところから始まる。銀色のUFOが頭上に飛来し、硬い地面に着陸し、彼は恐怖に襲われる。深い記憶が彼の中でわき出してくる。この物体が何かはわからないが、何かが確実におかしいことはわかる。彼は恐ろしい危険に瀕しているのだ。地球外生命体がゆっくりと宇宙船から出てきて、彼の方にゆっくり近づいてくる。男性は寝ているが、実は違うかもしれないと望みを持ちながら。これは殺される、誘拐ではない。男性は寝たふりをしながら静かにショットガンをつかむ。恐ろしい生命体が射程距離に入った瞬間、バーン——農民はいきなり飛び上がり、ショットガンで粉々にぶち抜いた。

彼がＵＦＯに向かって走り出すと、古代の記憶が脳内に溢れ出す。もし中にうまく入って宇宙船の制御を手にすれば、この信じられない先進テクノロジーを利用できる。一瞬立ち止まり、円盤の素晴らしい金属質の表面に触れ、その外観に驚嘆する。上部に飛びつき、中へよじ入る。宇宙船の中に身体を投じると、手が伸びてきて彼を力ずくでつかむ。痛い。恐ろしいことに、もう一人のパイロットが中で待っている。彼は宇宙船の中へと放り込まれ、その素晴らしい内部を見て楽しんでいる時間はない。死をかけた戦いは始まっている。彼はその生命体を相手にもがき、取っ組み合いをする。この壮絶な状況で彼は攻撃相手を観察し、相手は地球の大気では呼吸できないことを知る。スペース・スーツを着ていて、その中に呼吸できる空気が供給されていた。

彼はＥＴのスーツに繋《つな》がっている呼吸用ホースをつかみ、激しく引き抜く。すると空気がシューっと抜ける大きな音がする。この瞬間に言葉では言い表せない悲劇が起きる。老人はホースに集中するあまり、そのパイロットが彼の武器に手を伸ばしていたことに気づかなかったのだ。パイロットは銃を発射する――そして老人の身体の首から下が崩れてゆく。

普通の人間なら死ぬところだが、この老人はまったく違う生き物だった。攻撃者にとって恐ろしいことに、老人の頭はいま空中に浮いている。何か神秘的な力で浮いており、まだしっかりと生きているのだ。老人は笑い、生命体に微笑《ほほえ》みかける。もう間に合わない。彼は口から緑色の霧のようなミストを放つ。それがまるで生きていて意識を持っているかのように空中を飛ぶ。そのミストは素早くＥＴの呼吸ホースの中へと入ってゆく。バシン！

老人はそのＥＴの体内に入ったところで突然意識を取り戻す――大変なことになった。身体はひどく傷を受けており、空気供給も失って死にそうになっている。死に物狂いで空気ホースをつかみ、もう一度スーツに取り付けた。思いきり息を吸い込む。さっきまでは不快だった空気をぜいたくに、たっぷりと。この新たな腕や脚を伸ばしてみると、どうやらこの身体の方がずっと頑丈で柔軟らしい。古代の記憶が彼の意識に蘇《よみがえ》ってくる――その結果目覚ましいことが起きた。彼はずっと、自分は他の人たちと同じ普通の人間だと思って生きてきたが、彼ははるかに人間を超えた存在だったことを思い出す。彼は、いま彼を殺そうとしてきたこの生命体の、大昔の親類だった。

記憶がどっと溢れ出すように蘇り、頭の中は恍惚感でクラクラした。とうとう、彼は自分の大昔の故郷の様子をも思い起こした。驚くようなクリスタルのタワーやドームが並んでいた。テクノロジーは信じ難いほど先進的だ。空には機動的な、美しい乗り物がたくさん飛んでいる。テレポーテーションでどこでも行きたいところへ瞬間移動ができた。物質化の技術で食べたい食物は何でも食べられたし、物体も創り出すことができた。皆、「スマート・クローズ」という清潔で危険から身を守ってくれる衣類を着ていた。

素晴らしい先進社会だったが、社会は病んでいることは知っていた。容赦ないパワーを持つエリートたちが全員を支配していた。エリートが作った法や信念を疑問視することは許されず、エリートに楯突いた者は拷問されるか、殺された。他の世界を侵略・征服することに取り憑かれ、自分たちはエリートなのだからそれは神聖な権利であり、彼らの宿命でもあるという考え方だった。新たな世界を征服すると、彼らは先進テクノロジー、文字言語、数学、文明をもたらした。自らを支配層エリートとして地位に就き、テクノロジーの定着に必要な物資や原材料はそこの人々に採掘させた。

問題は、誰もこの状況を望んではいないということだった。拷問や死の脅迫を受けても、大規模な反乱が起こりつつあった。市民のうち相当数は、単に戦争を望んでいなかった。感情的な議論を行い、忍耐力と許し、他人を許容しようと働きかけていた。愛、兄弟愛、友情、他者尊重の必要性を語った。エリートたちは大問題が起きていることを認識していた。この革命は広まっていたが、その基盤はつまらない、ばかばかしい感情だった。どんどん新しい信念を主題に導入していった。何か手を打たねばならなかった。

エリートたちはあるテクノロジーを使って生命体の魂を別の身体やコンピューター・シ

ステムに転生させる実験を行っていた。彼らの発見では、身体は純粋な情報からなるエネルギー構成要素によって生命が与えられており、身体がなくとも生きていられるというものだった。情報そのものが生きているのだ。情報には感覚があり、意識もあった。個性は単なる身体と脳の機能というだけではない——大部分はエネルギー体に含まれていた。エリートのある科学者が発見したのだが、このエネルギー体はいくつもの光の束（ストランド）に分割され、それぞれの束が個性の構造、たとえば感情などに相当しているという。

これは、エリートたちにとって素晴らしいアイデアへと繋がった。転生テクノロジーを用いれば被験者のエネルギー体をそのまま維持しながら一定部分だけを除去できるのだ。感情は致命的な弱点であり、完全に除去する必要があった。そうして初めて論理と理性が優勢となる。理論では、彼らが征服している個人単位の需要より集団としての需要の方が重要だと決定付けられた。エリートたちは優性人種で、彼らが侵略してきた星はいずれも輝かしい恩恵を多大に受け取っていた。彼らは秘密裏に高度機密プログラムを開発していた。それは自らの人種に打つとそのエネルギー体から感情ストランドを除去することができるというものだった。愛、憎悪、喜び、悲しみ、望み、恐れを取り除くのだ。感情という重荷がなくなれば、彼らははるかに効率的な征服民族となれる。

唯一の問題点は、この魂のストランドを破壊はできないということだった。ストランドは純粋な情報として存在し、宇宙のどこにでも移動することができ、決して破壊できなかった。唯一の選択肢はこのストランドの欠片を地下深くの巨大な格納施設に永遠に閉じ込めるというものだ。巨大処理センターが設置され、全員が強制的にこのプロセスを受けさせられた。彼らは何をされるのかもわからず、その噂が広まった頃にはもう時は手遅れだった。処置室から出てきたのは冷血な、理論だけが通る捕食動物だった――そして彼らはようやく弱点を捨てられた、と言って笑った。

感情ストランドはすべて、強力なフォース・フィールド内にある格納施設に収容され、永遠の禁固の刑に処せられた。だが、このエリートたちの計画には実際に遂行するまで完全には理解できなかった重大な欠陥があった。この感情ストランドは神の火花、生命を十分に維持していたので自己意識が生まれたのだ――そして自らのアイデンティティ、個性を形成したのだ。まさに子供のように学習し、成長し、自ら発展した。自分たちがどんな目にあったかも知っており、いま自分たちは恐ろしい牢獄に閉じ込められていることも知っていた。何より、彼らは自由になりたかった。

彼らがそこにどれほどの間閉じ込められていたかは、まったくわからなかった。完全に外の世界から切り離されていたからだ。彼らの母体文明は感情という重荷がなくなったのではるかに効率を上げ、いくつもの世界を征服していた。牢獄の中にいた人々は逃亡手段を懸命に考案していた——そしてついにその方法を発見した。彼らはエネルギーだけの存在だったので、宇宙の一部として一定周波数で振動しているに過ぎなかった。その牢獄はこの周波数のみに存在するエネルギーを収容できるよう建てられていた。自分たちの振動周波数をもっと高度レベルまで上げることができれば、もう牢獄の壁が彼らを閉じ込めることはできないのだ。
その概念が導入されると、振動のアップグレードというプロセスはきわめて困難だということがわかった。何年にもわたる集中的な瞑想が必要だった——だが、それがうまくいった。それぞれの魂は自らを解放し、すると銀河中を飛び回ったり他の生命体が住む場所に行くことができた。彼らは行き先で人々をスキャンし、感受性が高く知性のある人、ぴったり相応しい人を探した。そしてその相手と融合し、魂の繋がりを形成させた。その人の意識やマインドは変化し、さらに進化した——本人はなぜそうなるのかもわからなかった。自分に何が起きたのかは正確に知ることはなかったが、自分が違っていることはわかった。尋常ではない洞察力、強烈な体験、サイキック能力があり、どこにも溶け込めない感覚も生じていた。エリートたちはこの様子に気づき、生存者を追跡して捕まえ、この融合が起きた人全員を根絶させるべく大規模な組織的計画に着手した——相手が銀河のどんな遠くにいようとも逃がしはしなかった。

生き残った者たちの古代からの計画では、彼ら自身の出身文明の宇宙船を奪い返すことだった。このテクノロジーを手に入れさえすれば、彼らのいる世界の周囲に張られた保護グリッドを解除させ、まだ閉じ込められている他の人々を解放させ戻ることができる。牢獄の壁が破壊されると、人々はただちに自分の文明に戻った。彼らは何千年もかけて霊的進化を遂げていたので、以前よりもはるかに高次の視点を持って戻ってきた。

この老人はその人々の中で身体に入り、宇宙船の制御を取り戻すことに成功した初めのグループの一人だった。彼はいま、自分に課せられた役割を知り、その重大さを感じた。彼は宇宙船のコンピューターを使って銀河中に散らばった仲間の生存者たちにテレパシーの信号を送った。その時がきたのだ。驚くほどまぶしく輝いた瞬間、彼らは意識を共有していた身体を抜け出し、宇宙船の中の特別維持エリア内にポータル移動した。これは故郷にあった地下収容施設のミニチュア・バージョンのようなもので、彼らは純粋なエネルギーとしての存在だったのでとても小さなスペースだが全人口が心地よく収まることができた。老人は制御盤を操作し、彼らの故郷の惑星に一瞬でポータル・ジャンプして戻った。彼らはそこで牢獄のエネルギー・グリッドを解除し、自らを大気中に解放し、追い出されたもとの身体にまた入ろうというところでこのストーリーは終わる。この眩く輝かしい瞬間が、種全体の進化を新たな段階へと押し進ませるのだ——そして、捕われ、排除され、閉じ込められる前に終わらせようと働きかけてきた戦いがついに終わりを迎えたのだ。

このアセンション式の終わり方はジム・ヘンソンの映画「ダーククリスタル」の影響を大いに受けたものだが、私はとても満足していた——教授も素晴らしいと感じたのだ。何年も後になってこのストーリーの大部分が実は大きな意味を持つことになるとは、これを書いている間は予想もしていなかった。

フィクションの物語は自分を癒し、再統合するための青写真

私は幻想の世界を楽しんではいたものの、大学での生活という現実はそれまでの人生の中でも最悪の苦痛だった。私のスィート仲間は私の感情面を弱みととり、体系立てたやり方で私を徐々に破壊しようとした。そして私は彼らのようにアルコール依存になり、神経を麻痺させるしかなかった。私はこの本を書いていて気づいたのだが、私の短編ストーリーは私がキャンパスで経験していた内容が無意識の象徴として語り直している。夢と同じように分析もできる。未来予言能力を伸ばしてゆく初期段階ではデータはかなり象徴的で「暗号化された」形でやってくる。もう一点、初心者が理解するにあたって混乱するのは

ある夢に出てくる一つのシンボルがいくつもの意味を持ち得る。その一つ一つの意味が全体的なメッセージに関係しているのだ。テクニックの精度を上げてゆくためにはかなりの作業が必要で、ある程度に達すると具体的な詳細をとても正確にピンポイントでとらえることができるようになる――1996年頃には、私はこれがとてもうまくできるようになっていた。

このストーリーの中の田舎の老人は私自身だ。スリーメン・クルーは輝く乗り物を乗り回していた地球外生命体だ。彼らは盛んに私を潰そうとし、私をアルコール依存にまでさせることにほぼ成功したのだ。当時はもし彼らにマリファナを吸わせてやれば、彼らの感情が癒えてゆくだろうと思っていた。だからストーリーでは老人は一度負けたように見えたが、緑色の煙のパワーを使って地球外生命体の思考に影響を与えることができた。この短編ストーリーは、その1カ月前にPCB入り変圧器から放出した有毒煙の予言という面もあったかもしれない――この出来事はどこまでも不快ではあったが、キャンパスの麻薬にいかれた学生たちに強力な感情的目覚めをもたらしたのだから。毒を吸い込んでるということに誰もが怯え、政府を信じてはいなかった。こうなると次は否認してもいられず、私たちは自分が抱えている、集団核自殺カルトとしてずっと生きてきたがために抑圧されていた感情に向き合わざるを得なくなった。

この学期間だけでも、凶悪で動揺させられる出来事がいくつも起きた。そのすべてを詳しく説明すれば一冊の本が書けるほどだ。私のスィート仲間はキャンパス外のパーティに出かけてゆくようになり、私も時折冒険心で一緒に出かけた。ある夜、皆で行ったパーティで、小さなパンのかけらをチーズやチョコレートのフォンデュに浸して食べた。私はそこでワインクーラーを5本くらい飲み、マリファナもかなり吸っていた。部屋に戻ると、ひどく気分が悪くなった。私が吐いている間、部屋仲間が全員バスルームに集まり、応援したり笑ったり私をなじっていた。私は誰かが吐いた時は母親がやってくれたように決まって優しく世話をしていたので、彼らにこんな扱いを受けて怖くなった。私はそんな目にあうことが信じられず泣いていたが、彼らはただ笑うだけだった。

同じ学期間に、部屋仲間からのいじめがさらにひどくなった。私が付き合っていた女性についてだ。後で私が寝ていた相手の女の子の話し相手（女の子）がこう言っていたというのでとても傷ついた。「彼はまだまだ子供よ。自分の人生を台無しにしてるのがわかってないんだから。ひどい麻薬中毒で、その真実を見ようともしない。悪いけど、彼はどんどん堕ちていくわ。最後には自ら死んじゃうのかもね」私は心の中が煮えくり返ったけれど、いま思えばそれが図星だったから腹が立ったのだ。私は自分のことが受け入れられず、彼女はそんな私を見透かしていた。彼女の言っていることを無視できなかったのだ。私の自己破壊はかつてないほどどんどん進み、それは周囲の誰が見ても明らかになっていた。何となく自分の感情ともう一度繋がることで、それがどれだけ苦しいことであろうと自分は癒されるのだろう、そしてやっと幼い頃の宇宙の夢やビジョンを理解できるのだろうと思った。私のフィクションの物語は自分を癒し、再統合するために必要なものを示す象徴的な青写真だったのだ。

冬のワンダーランド／政府陰謀・腐敗の驚くべき実例

1年生の冬休みになり、ベンとドンとボブがヒッピー・バンで私を実家まで送ってくれた。暖房はなかったので、寒さのあまり脚がとても痛くなった。結局、私は毎晩、朝5時まで外に出てマリファナを吸い、たまに酒も飲んで過ごし、翌日は午後2時にやっと起きていた。これが母親を激怒させた。もっと早く起きなさいと命令されたが、私は拒否した。もう私は「脱獄」したのだから――それにどれだけ母親が怒鳴ろうと、ほんの2週間もすれば私は解放されるのだから関係なかった。

冬休み中、ある車が氷のせいで制御不能になりキャンパス横の電柱に激突した。電柱は完全に横倒しになり、すべての電線が切断された。そのためにトランス内の電流が放電する先もなくどんどん蓄積していった。冷却剤として入っていたのはゼネラル・エレクトリック社のPCB含有の有毒オイル、警告サインにも書いてある通りだ。トランスはどんどん熱を帯び、ついにオーバーヒートを起こして爆発した。致命的なダイオキシン・ガスが大気中に放出した。愚かな消防隊は自分たちが何を相手にしているのか知らずに向かってゆき、いつものやり方でトランスの火事に立ち向かった。何万リットルという水を浴びせたのだ。もしほんの1週間半前にでも私が見た予兆的ビジョンを危惧して行動を起こしていれば、キャンパスはこんな恐ろしい大惨事を免れていたかもしれない。もし消防隊が水ではなく泡状の特殊難燃材を使っていればトランスがそこまでオーバーヒートにならず、大気中や土壌、地下水供給にまで致死的なダイオキシンを放出することもなかったかもしれない。

事態が発覚した頃には、大々的な環境災害になっていた。キャンパスにはまだ少数の学生がいた。緊急危機対応チームが到着した。有毒廃棄用の全身ムーンスーツに丸いガラス製眼鏡とガスマスクを身につけていた。私が書いた物語に出てきた、私の想像上の地球外生命体が着ていた内在式のクローズドループ呼吸システムまで装備したスーツにそっくりだった。このムーンスーツを着た男たちは寮内にいた者を全員、力ずくで外に連れ出した。

ETがポーチにいた老人を攻撃しにやってきたのと同じようにだ。犠牲者たちは冬の寒さの中で裸にされ、3種類のゴムのプールに次々と入れられて水をかけられた。私の夢の中では老人はフェイザー銃を吹きかけられて破壊されたのだが、それとそっくりの状況だ。象徴的なことに、この学生たちにとってこのトラウマ的・屈辱的体験は一種の死といえる。なぜなら彼らは化学物質にさらされ、生き延びることができるかどうかすらわからなかったからだ。プール内の水はその後、有害廃棄物ドラム缶に入れられ、処理・廃棄された。

これはニューヨーク州の国営施設であり、少なくとも丸々1学期くらいは学校を閉鎖すべきだった。だがそうすると、その1学期間だけで収入に何百万ドルもの損失が出る。多勢の学生が他の大学に移籍し、大学は有害ゴミだめとして恐ろしい評判が立ち、将来的な収入にも損害が出ただろう。そのようなわけで、政府陰謀・腐敗の驚くべき実例だと私は見ているのだが、政府は私たちの恐怖の感情をないがしろにし、恐れは弱さの現れとして克服すべきだとし、2月15日より大学に復帰することを全学生に命じたのである。私の短編ストーリーではET文明が人間から感情を剝ぎ取ったのだからこれは興味深い共通点だ。

三つの建物が有毒な消防ホース水によって甚大な損傷を受けた。コイケンドール・サイエンス・ビル、ブリス・ホール、そしてパーカー・シアターだ。これらの建物は閉鎖されたままだった。どの建物も徹底的に汚染除去せねばならなかった。そして土壌に染み込んだダイオキシン含有水も入念に除去する必要があった。他の二つの寮、ケイプン・ホールとゲイジ・ホールはダイオキシン含有煙で汚染されていたが再び開かれ、安全だと断定された。エリック・フランシス・コッポリーノが委託を受けて独自に検査を行ったところ、空気ダクト内からダイオキシンが発見され、明るみになった。コッポリーノはこれについて単独で記事作成を行い、印刷・公表し、地元で配布した。私は後に1996年に彼と協働することになったのだが、この期間に私は信じられないほど影響力の強いアセンションの夢を見た。エリックはプロの占星術師として大成功を収め、名前をエリック・フランシスに改名した。彼がほんの3年前にこの凄まじいスキャンダルについて内部告発を行ったあの英雄、エリック・コッポリーノ本人だと知る人はほとんどいなかった。

この現地に戻って190リットルの有毒廃棄物用の巨大なドラム缶がずらりとどこまでも並んでいるのを見た時の恐ろしさは、とても説明することができない。コイケンドール、パーカー、ブリスへの入口は映画「E.T.」のごとくビニールで覆われていた。恐ろしい真っ白なムーンスーツに丸いガラス製の覗き窓、不吉な印象のガスマスクをつけた男たちがしじゅう行き来していた。被災した建物の周辺の木々には警察の不吉な黄色い包囲網が張り巡らされていた。24時間、パトカーが芝生の上に常駐し、酔っぱらった学生が有害廃棄のゴミためめの中に入ってゆかないよう見張っていた。

しらふでもこんな光景を目の当たりにするのは辛かったが、ＬＳＤをすると史上最悪のバッド・トリップが起きた。実際に木という木が叫んでいるようだった。おそらく、実際にそうだったのだろう。すべての木が致死的な有毒物を帯びていたのだから。私たちは皆で大学に戻り、飲酒やマリファナで自ら麻痺状態になって何もなかったかのように振る舞っていたのだから驚いた。毎日、周囲のそんな光景を見てショックを受けて感情的に不安定なのにだ。私の物語のように、皆で決して脱出できない有毒格納エリアに閉じ込められたかのようだった。現実ではキャンパスがそのエリアに相当していた。私もそこで自分は囚人だと思うことを選択していたのだから、同じく有罪だ。私は、たとえ1学期でも遅れをとった時の両親の反応があまりにも怖くて、そこから出ようなんて思いもしなかった。中には他所へ移ることにした学生もいたが、新入生があまりにも多勢いたので誰がいなくなったか突き止めるのは困難だった。学期ごとにクラスが新しく変わるので、なおさらだった。

現代の社会問題／イルミナティ、カバール、新世界秩序を明るみにする授業

その年に受けた中で一番良かった科目は社会学で、「現代の社会問題」という一見つまらなそうな科目名がついていた。これは今でいうところのイルミナティ、カバール、もしくは新世界秩序を明るみにする授業だった。こういう名称は授業の中ではまず使用されなかった。そうではなく、「ビッグ・ビジネス」「石油会社」「軍事企業複合体」とだけ呼んでいた。教科書は『アメリカ制度の危機（Crisis in American Institutions）』というもので、隅々までとてもリアルで確からしい政府の裏工作や陰謀が載っていた。主流メディアではこういった内容について誰も話しておらず、それがかえって問題の深刻さの証となっていた。

教授は、アメリカ国内で自動車に競合できるすべての手段は石油会社が組織的に破壊してきたことを開示した。公的交通手段は可能な限り、政治家たちが攻撃し、資金援助を打ち切っていた。軽量軌道の高速特急鉄道システムは恒久的に遮断された。バスでさえ組織的に抑圧され、最貧層の人しか使わないような小さく惨《みじ》めな乗り物だけが稼働していた。

ニューヨーク市はこの抑圧体制が完全にしかれる前になんとか地下鉄システムを構築していたが、他の多くの都市は徹底的に妨害を受けた。目的は車がなければ生きていけない状態にするためで、そうすれば石油利益が潤う。バスや電車は自動車よりもはるかに少ない燃料で大勢の人を移送することができる。

私たちが知ったところでは、フォード社はある時、新型のコンパクトカーPinto（ピント）に問題があることを発見したらしい。後ろから追突されると、それがたとえ低速での衝突だったとしても炎上するらしかった。フォード社の技術者は、3ドルほどのバッフルという金属網をガソリンタンクに巻き付けることで炎上を防げると結論を出した。フォード社は費用便益分析を行い、大規模リコールをして安いパーツを新たに取り付けるよりもピントの事故で焼死した人の家族たちからの訴訟に出るほうが費用を抑えられるという結論に達した。新たに製造する自動車にもバッフルを取り付けはしなかった。生産コストに3ドルを加算すると追加費用は受容不可能になるという考えだった。フォード社の計算は無惨にも失敗した。スキャンダルの全容が露呈し、法的訴訟の費用は全車リコールして新パーツを取り付けた時の費用を数百万ドルも上回って大損失を被ることとなった。ピントシリーズは完全に廃止された。この情報は誰でも調べれば入手・確認可能だ。

貯蓄貸付スキャンダルの話も聞いた。政府が公的資金を使い、言語道断・非常識この上ないビジネスを支援していたのだ。億万長者たちはやりたい放題、途轍もないリスクを冒しながら自分のお金には一銭も触れず、間違いなく失敗するプロジェクトを進めていた。彼らは公的資金で保釈され、贅沢な天下り先と解雇条件を得ていた。この1回のスキャンダルだけでアメリカ全国民から10万ドルが盗用されたという――しかも、ほぼ全員が逮捕もされずに済んだという。

最後に、アメリカ企業は秘密裏にヒトラーの戦争機器を建設、支援していたということも学んだ。アメリカはヒトラーと対戦しているはずだったが、アメリカから直接の強力なサポートを得ていなければあれほど急速に勢力拡大はできなかったはずだ。フォード・モーター社が密かにヒトラーの戦車を造っていたと聞いた、あの瞬間を私は決して忘れない。クラス全員が言葉を失った。同盟国の爆撃機がヒトラーの戦車工場の一つを破壊したら、フォード・モーター社はできるだけ早く工場を再建するために個人的にヒトラーに賠償していたという。次の学期に入ると、ボーイング社はヒトラーの全爆撃機を秘密裏に造っていたと開示された。アメリカ人労働者は世界大戦中、自国が強くなるために自分の役割を果たしている、そう思いながらボーイング社の旅客用航空機を設計していた。航空機はその後南アメリカに輸送され、そこで座席は剥ぎ取られ無地に塗り替えられた。そこからアフリカへ輸送され、爆撃機に改造されていた。そしてドイツに送られ、ヒトラーが造った爆撃機のように塗り直し、その爆撃機を造った人たちの家族、何の罪もない若い男性たちを殺すために送り出されていた。

　これは想像の域を逸する、ひどい裏切り行為だ。この授業では、このようなショッキングな事実をいかに学び、覚えるかが肝要だった。レッスンでは答えの数よりも疑問の数の方が多く上がった。私たちの目前でどうしてこんなことが起き得たのか？　どうやって隠してきたのか？　一度の授業でこんなにたくさんの情報が得られるということは、知らないことがどれほど大量にあるのだろうか？　そしてなぜ？　権力エリートの中央集中グループは、なぜそこまでしてこんな巨大な産業規模に機械化された大量虐殺をしたいのだろうか？　橋の下で見たあの「目」のことを思い返した。1ドル札の裏にあるあのシンボル、そしてノックもせずに真っ暗な向かいの家に入ってゆく夫婦を見た時の両親のショック。「ローズマリーの赤ちゃん」を思い出し、両親が見かけたものとあの映画がそっくりだったこと。私のマインドは答えを出していたが、私のハートはその可能性に直面したくなかった。まるで最悪のバッド・トリップだ——ただ、これは現実の世界だった。武術では攻撃者に対峙《たいじ》しろ、決して引き下がるなと教わっていた。そうすれば殺されるからだ。真実を知ったからには、本当の疑問はこれだ……さあ、どうする？

　寮に歩いて戻る時に有毒廃棄物容器と月面宇宙服を着た作業者たちを見かけ、この授業で聞いていた悪はここにもいることを知った。あらゆる経験が混ぜこぜになり、それが強力なパワーとなって私たちが実際に生きているこの世界、それを支配しているネガティブなグループに対する否認はすべて砕け散った。私のアルコール依存症のルームメイト、メンテナンス作業員、地元の消防局が人類の象徴だとしたら、私たちはめちゃくちゃにされている。メディアは嘘をつき、真実を隠している。ウォーターゲート事件やイラン・コントラ事件など時おり突発的に出てくる場合もあるが、誰も授業で聞いたようなスキャンダルを聞いたことがない。メディアが遵守するルール「血が流れたら記事になる」のために私たちはトラウマを受け、苦痛を麻痺させるためにアルコールや麻薬に手を出した。同じ権力エリート層は処方薬品会社も所有していた。私たちが落ち込み、打ちのめされるほど彼らは麻薬密売人のごとく利益を得ることができた。イラン・コントラ事件では、政府が違法現金に手を染めていたことも発覚していた――政府はコカインを売る南米のテロリストグループを武装させ、訓練し、資金調達していたのだから。

私はハッパの売人と一緒にこの警告的な授業を受けることになった――彼はロックバンドのカリスマ・ボーカルでジム・モリソンに似せかけていた――彼をランディと呼ぶことにする。彼は舞台で歌う時はタイダイのTシャツ、熊の爪のネックレス、黒いレザーパンツに革のカウボーイハットを身につけていた。それに、私をいじめるのが大好きだった。

1年ほど前に彼と再会したが、彼は私を「訓練中の狼」だから鍛えてたんだ、と言っていた。私には武術の経験があったとはいえ、ハッパに関しては彼に依存していたので両親に強要されていた関係と同様、彼とも共依存関係にはまり、従順な役割を演じていた。もし彼のことを密告したら、たとえ10年牢獄で過ごした後でも一生追いかけて殺すと言われていた。こんなにひどい脅迫を受けながら、私は彼から買い続けた――そして共に授業を受けてからは、人間という羊の群れを囲む恐ろしい狼たちがもっと大勢いることに二人で気づいたのだった。

ある夜、特に強烈な授業が終わった後、ランディのリビングに二人で座り、テレビをつけたままハッパを吸っていた。二人とも酒は飲まず、トリップもしていなかった。ぼんやりと「ミステリー・サイエンス・シアター2000（Mystery Science Theater 2000）」という番組を見ていた。2体の人形を操る男が昔のひどいB級映画のことを笑いものにしていた。私たち二人は陶酔し、ほとんど意識がなくなっていた。突然、テレビからすすり泣くような高音がしてどんどん大きくなり、周波数も上がっていった。私たちは即座に注意を呼び覚まし、テレビに向かって緊急事態の集中力で目をこらした。その瞬間、上品で洗練されたコマーシャルが流れ、NBCでこれから始まろうとしている新たな番組が紹介された。明らかに高額の金額が投資されたに違いないコマーシャル――少なくとも数十万ドル級だ。

「いまの聞いたか？　いま起きたこと、気づいたか？」私はショック状態だった。ランディは私を見た。信じられないと目を大きく開いて同意した。「まるでテレビから2本の手が伸び出てこれを見ろとばかり頭をつかまれて無理やり見せられたみたいだった。ほとんど気絶しそうだったのに」と彼が言った。私はさらに言った。「それが起きる寸前に、あのいつも聞こえている高音が変わったのに気がついたか？」これで彼の表情は変わった――すべてがわかった表情、そして恐怖の表情に。「なんてことだ、デイヴィッド、その通りだよ。あの音を無視しようとしたんだ、だが確かに変わって――何があったのかと知りたくて本能的に画面を見たんだ」礼儀があるので本著には書けないようなことを、彼は立て続けに言い放った。彼は驚愕していた。「ヒトラーに資金調達して殺人機器を造るような奴らなんだから、テレビを使って奴らの戦争宣伝活動だって当然するだろうな」二人で一緒にテレビを見たのはこれが最後だった。事態は人の想像を超えてはるかにひどいのだということがあっという間にわかった――授業で聞いたのは、氷山の一角に過ぎなかったのだ。

クリスペル・ホール／超オタク学生の学習寮へ

春休み明けのある夜、私が部屋に入ってゆくと新しいルームメイトは私の顔が気に入らなかったらしく2・4ｍほど離れたところから空の1kgあるビール瓶を勢いよく私に向かって投げつけてきた。武術訓練のおかげで、彼の手が瓶を離す前にもう私は身をかがめていた。でなければ私の顔でガラスは割れ、盲目になっていたかもしれない。この男は頭の両側を剃り落とし、頭頂だけを残して長髪にしていた。トイレの鏡で自分の顎を撫でたり微笑んだり眉毛を動かしたりして20分も過ごす男だった。彼がかける唯一のアルバムはレッド・ホット・チリ・ペパーズの「ブラッド・シュガー・セックス・マジック（Blood Sugar Sex Magik）」で、最大ボリュームで聴くので私たちは何日かごとにこのアルバム全曲を聴いていた。彼のステレオが他の誰のものよりもパワフルだったからだ。彼は私が訓練された武術家だとは思いもしなかった。私は非常に腹が立ち、その部屋にいると彼を殺しそうで怖かったので部屋から走り出た。戦ったあとはそうするよう訓練されていた。

この時、初めてスーツメイトが私のために立ち上がった――だがそれもほんの束の間だった。スリーメンのゲームで最初の「飲み」が終わると、彼らは2学期目には一緒にバーに出掛けるようになった。毎晩、無理に連れて行かれそうになったが、ほぼ毎晩部屋に留まった。一緒に行かないので彼らには嫌われていた。

ある夜、スリーメンが罰ゲームのごとく長引いていた。新しいメンバーから私を守ろうとした男が首謀者役で、こう言った。「おい、ハッパを分けろよ。皆でやろう。独り占めするなよ」その時、スカンク臭と柑橘臭のする最高に強烈なハッパを持っていたので彼らが欲しがるだけ喜んで手渡した。全員が2回ほど吸引したところで大惨事が爆風のごとく全員に及んだ。すでに究極まで酔っぱらっていたところにスカンクのハッパを吸い、一気に限界が来た。トイレ、床、外の廊下の水飲み場、階段の吹き抜け、至るところで彼らは吐いた。スリーメンをやっていなかった者たちは運命の過酷さに信じられない思いだった。私が吐き、彼らに嘲笑われた時のことを思い出した。それ以来、誰も私にハッパをくれとは言わなかった。ようやくカルマは一周し、終焉《しゅうえん》した。だが彼らの感情が癒されることはなかった。自分たちは健全で普通のことをやっているという否認を破る手段として吐いているのだと見れば別なのだが。

この画期的出来事から間もなく、私は遅れて教室に入っていった。静かだった。静かすぎた。皆の机には青い紙が置いてあった。どうなっているんだ？　そして突然気づいて怖気づいた。中間テストだった。教授がもうじきテストだと言っているのをぼんやりとは覚えていたが、日程を書き残さなかったのだ——勉強もしていなかった。ありがたいことに授業中は注意を向けてノートをとる習慣があったので合格だった。1年目の全体成績は平均で2・6、学校から退学にはならずに済む点数だった。ありとあらゆるいじめ、そして毎晩ごとに巻き込まれるアルコール中毒の騒ぎに疲れ切り、超オタク学生の学習寮、クリスペル・ホールに移ることにした。その学期間に一度もスリーメンをしなかった学生はたったの3人で、彼らと一緒に移った。マリファナでさえハイにはなれなくなっていた。吸うとまあまあ普通の状態にはなったが、今ほど良い状態にはならなかった。吸わなければ、ひどい鬱《うつ》状態になった。やめなければいけないと真剣に思い始めていたが、どうすればやめられるかわからなかった。もしやめたら、気が狂ってしまうのでは——だが学習寮に入れば、少なくともアルコール依存者のいじめにはあわずに済むだろうと思った。

ビニール・ジャム

大学に入って初めての夏、私は休暇を心から欲していたが両親は絶対に仕事しなさいと言った。ドンとベンは水泳プールの底敷きとなるビニール地を作る工場で働いていた。この仕事はテレマーケティングを凌《しの》ぐひどい仕事だった。化学的危害を示す不吉な4色のダイヤマークが建物の外に掲げられていた。ダイヤの4色——赤、青、黄、白それぞれに番号がついていて、その四つそれぞれにさらされているリスクの深刻度を示していた。ダイヤマークには建物に入る際は保護マスク着用が必要と書いてあったが、誰にもそう言われなかったし、着用する者もいなかった。中は新しいシャワーカーテンを付けた時のバスルームの20倍の強さのビニール臭がした。換気扇の音が大きすぎて、怒鳴り合わなければ互いの声が聞こえない。耳栓をしている者もいたが、全員がそうすべき場所だった。この上なく暑く、汗をかかずにはいられない。働いている人たちは巨大な組み立て式テーブルの下のゴミ箱に食べ物を捨て、誰も掃除しないので常にハエが飛び回っていた。

私の初めの仕事は最低レベルの縁処理だった。一番嫌がられていた作業だ。一日中、ただひたすら2・5㎝幅、3㎜厚さのビニールを溶かして他で作った水泳プールの底地の端に貼り付けてゆく。ビニールを溶かして合わせてゆく機械が巨大で、1万個の電球を灯すだけの電気が両方の生地に流れていた。そして途轍もなく危険だった。停止した時に触れると電気に打たれる。何度か電気を受けているうちに、私の親指に突然小さな白い腫れが突出した。怖くなってすぐに潰してしまい、小さな茶色い穴ができて何日も痛みが続いた。

組立工が機械のガードを外してペダルを踏むと、違法ではあるがプールの階段のところを作りやすくなった。指に当たったら指先が潰れる可能性があった。「ビニール地貼り」の何人かは指先がなくなっていた。そして工場にいるすべて全員が少なくとも一度は投獄経験者だった。私が大学生だと知れると容赦ないいじめにあったが、小学校や中学校とは大違いだった。そこで働いていた一人にガンが見つかったという。せいぜい40代前半の年齢でだ。上司たちは常に分離した換気システムのある2階の閉鎖された部屋にいたものの、ビニールがガンの原因だとは誰も考えたくなかった。20年経った今でも、私の体内にはビニールが残っているらしいことがわかっている。

そこで働いていた人たちは全員、仕事の後は酒を飲んでいるらしかった。おそらく大半が他に麻薬もしていただろう。工場には強烈な絶望感が漂っていた。直感のない人でもわかるほどにだ。仕事は8時開始、昼食休憩が30分で4時半に終了だった。ある日、建物の外でハッパを吸っているところを上司の一人に見つかったが、気にも留められなかった。その危険度、有毒性、ストレス度の強い仕事にもかかわらず賃金はかなり低かった。私はお金が必要ではなかった。ただ両親に仕事をするべきだと言われて働いただけだった。ある日、ある男が機械で指を潰し、茫然として歩き回っていた。その指を自分の前に差し出したままトラウマで意識朦朧《もうろう》と私の傍を通り過ぎた。中指の先が5㎝ほどに広がっていて、まるで漫画に出てくるような指だった。アルバニー・メッドの指先は救われ、1週間もしないうちに復帰した。

これは詩だ……これは情熱だ／マリファナを中心に人生を築いて

大学がいかに辛い所とはいえ、この仕事はそれ以上にひどかった――だがもし職無しになると毎日両親から強烈な嫌がらせを受けることになる。工場で侮辱を受けているほうがずっとましだった。唯一、週末だけはリラックスできる時間だった。ある土曜日の午後、ドンと私でジュードを説得し、アシッドをすることになった。これが実に手荒で強烈なトリップになった――アシッドをしたのはこれが最後だ。通り向かいに住むミスター・ヘンリー（仮名）は深刻なPTSDを患うベトナム戦争経験者だった。彼はひどいアルコール漬けになり、自分のこともほとんど世話できない状態だった。髪は軍隊式の丸刈りのままだった。何年もの間、重度のニキビだったらしく肌は深い痘痕《あばた》になっていた。アルコール臭とうんざりするような、見せかけ的な悲しみを漂わせていて、重度の肥満だった。彼は酔っぱらって意識朦朧でやってきて人間というよりも動物のように振る舞った。まるで話もほとんどできない様子だった。私は幻想で彼が角を持った雄牛にしか見えなかった。ドンとボブは裏庭にサンドバッグを持っていて、ミスター・ヘンリーは倒れないようにしながら力の限りそれを叩いていた。サンドバッグを叩くたびに彼の身体からひどい緊張が放たれ、彼の身体が波打っていた。その間、彼は「これは詩だ。これは情熱だ」と言い続けていた。

この経験が終わる前に、私はある深い気づきを得た。過去4年間吸ってきたマリファナのために、私の身体はひどいダメージを受けていた。見た目にもどんどん病的になっており、肌は青白く目の下には恐ろしく黒い隈ができていた。私のやっていることに詩的なこと、情熱的な要素は一切なかった。人からは強制収容所にでもいたのか、と言われていた。このまま続ければ死ぬか、もしくはミスター・ヘンリーのようになるか、またはビニール工場の労働者のようになるだろう。もう少しで逮捕されるという目に何度もあっていたが、一度でも犯罪歴ができれば仕事を得るのも困難になるはずだ。子供の頃は人生で良いことをしようという夢があったことを思い出した。だがもっと自分を大切にしてゆかない限りそんなことは不可能だと思った。マリファナをやめるというのは、唯一の楽しみを取り上げられるに等しかった――それを中心に人生を築いてきたのだから。実際にやめたところなど想像もできなかったが、やめることを考えていた。

ラブ・ブラザーズのストーリー／自ら助ける者を神は助ける

ジュードと私はすべての緊張と不確実性を新たな音楽プロジェクトに注ぎ込んだ。Stories from the Love Brothers（ラブ・ブラザーズからのストーリー）というプロジェクトだ。アルバムは全曲、私がマリファナをやめようかどうしようかと格闘している様子を音楽にしたものだった。「ビニール・ジャム（Vinyl Jam）」は工場のことを音楽にした曲、「ジョーンスター（Jonestar）」はいつも麻薬、お金、食べ物、居場所をねだってくるくせに何もお返しはしない奴らの曲。アルバムのクライマックスは「壊れた時計の庭（Garden of the Broken Clock）」という曲だった。何の予備計画もなくライブでワンテイクで録音した。ジュードはピアノを弾き、私はギターをエコー付きのリズム楽器として使った。全曲、語り調の曲にしたが開始した時は何を言うかもまったくわからなかった。後から振り返ると、私が自分の「ハイヤーセルフ」をこれほど直接かつ正確に口頭でチャネリングしたのはこの時が初めてだったようだ。この数分間という束の間に自分から流れ出た言葉は、他の何よりも私を支えるツールとなり、マリファナをやめ続ける力となった。

まずジュードが催眠的な単調な口調でこう言うところから始まる。「むかしうちに庭があった、庭には壊れた時計が倒れていた。壊れた時計は死んだように……死んだように地面に横になっていた」夢のような雰囲気で彼の無意識は明らかに私のことを話していた。「壊れた時計」だ。ひどく壊れた様子を伝えていた。こう言い終わると休止し、私が話し始めた。異常なほどの確信、威厳、明晰性をもって。夢に出てきていた老人が、ナレーターとして話しかけている人物として現れた。だがこの時の老人は未来版の私で、白い髭をたくわえていた。彼とどのような対話を交わし、どのようなスピリチュアルなアドバイスをもらったかを説明した。曲中で私という人物はどうすれば依存をコントロールできるか尋ねる。「自らを助ける者を神は助ける」と彼は答えた――それを何度か繰り返した。

突然、そして偶然に口先がはっきりと回らなくなったようでこう言った。「自らを終焉させる者を神は助ける」これが引き金となってまったく新たなセクションが始まり、ジュードのピアノが最高にパワフルに達した。老人との対話はその後、私がこう結論する。「自分を終わらせるなんて、自分を愛していないに違いない」すると老人はこう答えた。「その通り。あなたが酒を飲むたびに、あなたが煙草を吸うたびに、あなたが麻薬をとるたびに、そのすべてによってあなたは一歩ずつ、死に近づいている……自らを助ける者を神は助ける。そして息子よ、あなたはその助けを見出した」

（下巻に続く）

ディヴィッド・ウイルコック
作家、講師、映像作家であり、古代文明、意識の科学、物質とエネルギーに関する新しい枠組みについての研究者である。その独創的な思考と意識に関する専門知識は、Divine Cosmos.comによって、何十万という人々に知られるようになった。
著書『ソースフィールドの研究』と『ザ・シンクロニシティ・キー』（アートヴィレッジ刊）は「ニューヨーク・タイムズ」によるベストセラー書籍となった。
カリフォルニア在住。

Rieko
チャネリング、エネルギーヒーリング、ミディアムシップ、宗教思想、非二元論、霊的世界などスピリチュアル分野の翻訳家・通訳を務める。
日本在住。

カバールを超突破せよ
アセンションミステリー［上］

第一刷　2019年1月31日
著者　デイヴィッド・ウイルコック
訳者　Rieko
発行人　石井健資
発行所　株式会社ヒカルランド
〒162-0821　東京都新宿区津久戸町3-11　TH1ビル6F
電話　03-6265-0852　ファックス　03-6265-0853
http://www.hikaruland.co.jp　info@hikaruland.co.jp
振替　00180-8-496587
本文・カバー・製本　中央精版印刷株式会社
DTP　株式会社キャップス
編集担当　TakeCO

ISBN978-4-86471-652-9

ヒカルランド　好評既刊＆近刊予告！

地上の星☆ヒカルランド　銀河より届く愛と叡智の宅配便

想定超突破の未来がやって来た！
ありえない世界
著者：Dr.マイケル・E・サラ
監訳・解説：高島康司
四六ソフト　本体2,500円+税

UFOに乗った！
宇宙人とも付き合った！
著者：津島恒夫
四六ソフト　本体1,815円+税

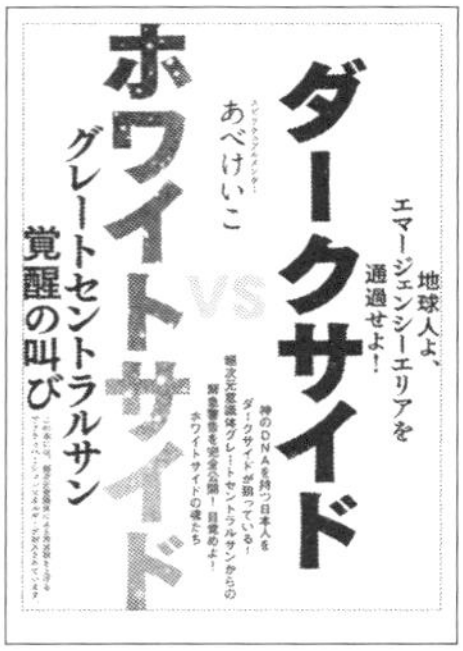

ダークサイドVSホワイトサイド
グレートセントラルサン覚醒の叫び
著者：あべけいこ
四六ソフト　予価1,815円+税

サイキックドライビング
【催眠的操作】の中のNIPPON
著者：飛鳥昭雄／天野統康／菅沼光弘／高島康司／船瀬俊介／ベンジャミン・フルフォード／宮城ジョージ／吉濱ツトム／リチャード・コシミズ
四六ソフト　本体1,815円+税

ウェイト＝スミス・タロット物語
著者：K・フランク・イェンセン
訳者：江口之隆
A5ソフト　予価3,333円+税

［新装完全版］魔法の学校
著者：宇咲 愛／レゴラス晃彦
A5ソフト　本体3,333円+税

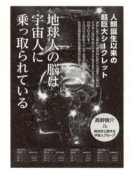

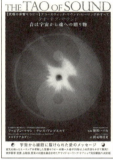

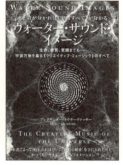

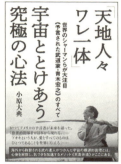

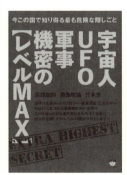

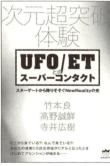